Geulnuri
2025-D-08

ㅣ가난한 자를 위한 경제ㅣ

성서와 경제사상

이상훈 지음

들어가며

성서와 경제사상, 이 책은 성서와 신학에서 찾아볼 수 있는 경제사상을 탐구한다. 성서를 당시의 시대적 맥락과 지역적 배경을 염두에 두면서 그 안에 담긴 경제사상을 살펴보고자 한다. 성서 속에 담긴 경제사상뿐만 아니라 성서를 해석하는 성서학자 또는 신학자들의 경제사상을 함께 논의한다. 구약성서와 신약성서, 교부신학, 중세 신학, 종교개혁사상 속에서 경제를 바라보는 관점을 탐구하고자 한다.

신학과 경제학

성서와 경제사상, 이 주제는 신학과 경제학, 두 분야가 얽혀있다. 신학자 또는 성서학자가 바라보는 시각과 경제학자가 보는 시각이 다를 수 있을 것이다. 이 책은 경제사상을 탐구하는 경제학자가 성서와 신학 속에 담긴 경제사상을 탐구하는 여정을 소개한다.

필자는 경제학자로서 경제학의 입장에서 성서를 바라보고 있다. 물론 성서는 경제학 문헌이 아니므로 경제사상 또는 경제이론을 직접적으로 제시하지 않는다. 다만 모든 문헌이 그렇듯이 그 안에는 저자의 사상과 세계관이 내재해 있다. 성서와 같은 고대 문헌에도 당시 성서 저자의 경제사상은 곳곳에서 나타난다. 이러한 경제사상은 이후 신학자들의 사상 속에서 이어져 나타나고 있다. 이렇게 성서 속에 드러나 있는 경제사상을 탐색하다 보면 신학과 경제학 양 분야 모두 의미 있는 시사점을 얻을 수 있을 것이다.

경제학의 입장에서는 근대경제학 이전의 경제사상을 살펴보면 근대와 현대 경제사상의 뿌리가 어떻게 형성되었는지 이해할 수 있을 것이다. 고대 히브리 사상과 그리스 철학은 중세를 거쳐 근현대 경제학의 경제사상 속에서 여전히 큰 비중을 차지하며 존재한다. 예를 들어 경제적 가치에 대한 아리스토텔레스의 관점은 중세 신학자 아퀴나스의 시각으로 정리되어 근대경제학에서 재현되고 있다.

경제학자로서 필자가 생각하는 성서 속의 경제사상은 여러 가지 특징을 가지고 있다. 그중 가장 중요한 것은 가난한 자 또는 사회적 약자에 대한 배려이다. 성서에는 경제적으로 취약한 계층이 어려움에 부닥치지 않도록 끊임없이 여러 방법을 제시하고 권고한다. 이제는 널리 알려진 희년 사상은 대표적 사례이다. 이러한 사상을 개인의 윤리적 차원에서 호소하고 동시에 종교적 제도 차원에서 선포한다. 당시 고대 사상가들의 저술에서 발견되는 공통된 요소들도 있지만 사회적 약자에 대한 배려는 성서에서 특히 눈에 띈다. 이러한 정신은 중세 신학자들의 저술에서 지속해서 나타난다.

저술 배경과 후기

필자의 신학에 관한 관심은 대학 시절 시작하였다. 필자가 입학한 대학교는 신학과가 있는 대학이었고, 우연히 친구의 권유로 함께 '신약개론' 강의를 듣게 되었다. 다른 학과 전공과목임에도 굉장히 흥미로운 내용이 많았다. 이후 신학과 몇몇 과목을 더 수강하면서 신학에 관한 관심은 지속되었다. 경제학박사 학위를 받고 경제학자가 된 이후에도 성서학과 신학에 관한 관심은 결국 이 책을 저술하게 된 동기가 되었다.

기본적으로 이 책은 경제학과 신학, 성서학의 학술적 내용이 담겨 있지만, 전공자보다는 일반인을 독자로 상정하고 저술하였다. 아마도 성서에 익숙한 기독교인은 이 책을 쉽게 읽어나갈 수 있을 것이다. 물론 때때로 경제학 전공자에게 익숙한 학술적 내용도 있지만 그러한 부분은 최소화하였다. 또한 필자는 개신교 배경을 가지고 있기에 이 책은 개신교에 기반한 용어들과 맥락들이 주로 사용되었다.

이 책은 기존 학자들의 연구 결과에 바탕을 두고 있다. 수많은 논문과 저서들을 기반으로 해서 이 책이 탄생했다. 그 중 특히 Brue & Grant (2012)와 Oslington (2014)은 이 책의 저술에 큰 도움을 주었다고 할 수 있다. 이 책에 나오는 성서 구절들은 성서 개역개정판에서 발췌하였고, 신학자와 사상가들의 저서에서 발췌한 내용은 대부분 영어판에서 번역한 내용이다. 인터넷 아카이브 문헌을 인용하였을 때는 페이지가 표시되지 않는다. 인명과 지명 등은 영어, 불어, 독어, 라틴어 등 중에서 하나를 선택하여 사용하였는데, 특별한 기준과 의도가 있기보다는 필자에게 또는 많은 사람에게 익숙하다고 생각한 용어를 사용하였다.

이 책은 한남대학교에서 필자에게 2024년도에 연구년 기회를 주어 미국 University of Utah에서 1년간 연구 활동을 하면서 저술하였다. 항상 사랑을 전해주는 부모님과 가족에게 이 지면을 빌어 감사를 표하고 싶다. 이 책은 복음주의 신앙과 개혁적인 목회를 조화롭게 실현하신, 존경하는 목회자 이용식 목사(청량리중앙교회 원로목사)께 바친다.

2025년 8월
저자 이상훈

CONTENTS

Chapter

03 구약과 경제사상 II

Chapter

04 희년 사상

Chapter

05 신약과 경제사상 I

Chapter

06 신약과 경제사상 II

Chapter

07 교부신학과 경제사상

Chapter 11

이자와 고리대금

Chapter 12

종교개혁과 경제사상

Chapter 13

칼뱅의 경제사상

Chapter

1

경제사상의 역사

- 고대와 중세
- 고전파 경제학
- 마르크스 경제학과 신고전파 경제학
- 케인스 경제학

가난한 자를 위한 경제:
성서와 경제사상

Chapter

1

경제사상의 역사

성서와 경제사상이라는 주제를 본격적으로 들어가기 전에 간략하게 경제사상의 역사를 소개하고자 한다.

경제학의 시작은 언제일까? 일반적으로 18세기 고전파 경제학을 언급한다. 대표적인 고전파 경제학자들은 애덤 스미스Adam Smith, 1723-1790, 데이비드 리카도David Ricardo, 1772-1823, 토머스 맬서스Thomas R. Malthus, 1766-1834, 밀John S. Mill, 1806-1873 등이 있다. 하지만 고전파 경제학 이전에도 경제 현상을 분석한 학자들은 있었다. 고대와 중세 시기에는 신학, 철학, 법학 등의 분야에 다양한 학자들이 있었고, 이들이 경제 현상에 대한 논의를 이끌었다. 경제학의 시초로 알려진 애덤 스미스도 원래는 도덕철학자이다.

고대와 중세

고대 사상으로 그리스 철학과 히브리 사상을 생각할 수 있다. 고대 그리스 철학자로서 유명한 사람은 소크라테스Socrates, BC 469-399, 플라톤Plato, BC 427-347, 아리스토텔레스Aristotle, BC 384-322, 이 세 사람이다. 그중 플라톤과 아리스토텔레스의 저작들에서 경제 영역에 대한 언급을 찾아볼 수 있다. 경제가 어떤 방식으로 운영되어야 하는지에 대한 내용이 주로 있는데, 경제 현상을 분석하기보다는 경제가 나아갈 방향을 제시하고 이를 위해 어떻게 사회가 통치되고 운영되어야 하는지를 논의하였다.

플라톤은 진정한 선과 좋은 삶이 궁극적 목적이고, 이를 위해 사람은 사회의 위계 구조 내에서 자신의 역할을 다해야 한다고 주장한다. 좋은 삶이라는 목적을 추구하는 과정에서 물질적 부는 도구일 뿐이고 부차적인 존재이다.

아리스토텔레스는 교환, 화폐, 가치, 가격 등 여러 경제 문제들에 대해 보다 자세히 언급하였다. 그는 가치를 사용가치와 교환가치로 구분하였다. 예를 들어 신발은 발에 신어서 보호하는 기능을 가지고 있는데 이런 측면을 사용가치라고 부른다. 신어서 발이 편하고 잘 보호되는 신발일수록 사용가치가 높은 것이다. 반면 신발은 다른 물품과 교환할 수 있는데 이렇게 교환할 때 가치를 교환가치라고 부른다. 신발 1켤레가 감자 10개와 교환된다면 신발의 교환가치는 감자의 10배에 해당한다. 사용가치와 교환가치의 구분은 이후 고전파 경제학과 마르크스 경제학에서 중요한 요소로 다시 등장한다.

아리스토텔레스는 교환은 자연스러운 것이나 돈을 빌려주고 이자를 받는 것은 비정상이라고 주장한다. 농사를 통해 씨앗이 수확물이 되는 것은 정상이지만 교환을 매개하는 것에 불과한 화폐가 스스로 이자라는 수확물을 낳는 것은 불가능하다는 것이었다. 플라톤과 마찬가지로 화폐는 목적을 수행하기 위한 도구에 불과한 것이다.

고대 철학의 또 다른 한 축은 히브리 사상이다. 히브리 사상 속에서 들어있는 경제사상은 이 책의 주제이다. 히브리 경제사상은 중세 신학자와 종교개혁가들의 사상으로 이어진다. 이 내용은 다음 장에서부터 자세히 살펴보자.

고대와 중세 시대 사상가들은 경제 문제에 대해 언급하기는 하였지만 경제 문제가 중심 주제는 아니었다. 자신의 사상을 기반으로 이상적인 경제는 어떤 모습이어야 하는지 설명하였고 개인들이 경제 분야에서 어떻게 행동해야 하는지에 대해 선언하였다. 당시 경제라는 영역은 사회 전체적으로 봤을 때 그다지 중요한 영역은 아니었다. 하지만 중세가 저물어 가면서 상황은 바뀌었다.

고전파 경제학

고전파 경제학자들은 경제 문제를 본격적으로 분석하기 시작하였다. 즉, 본격적으로 경제학이라는 학문 분야가 시작된 것은 18세기 고전파 경제학이다.

18세기 경제학의 시작 이후 경제학 300년 역사는 대략 1기(1730-1830), 2기(1830-1930), 3기(1930-현재), 이렇게 100년씩 3가지 시기로 구분할 수 있다. 각 시기 활약한 경제학파들을 살펴보자면, 1기는 고전파 경제학, 2기는 마르크스 경제학과 신고전파 경제학, 3기는 케인스 경제학이다.

1기(1730-1830)는 18세기 후반 산업혁명을 배경으로 생산이 급격히 늘어나는 시기이다. 또한 원거리 무역과 상업이 전례 없이 확장되기도 하였다. 즉 경제학의 주요 주제인 생산과 교환 영역이 엄청나게 확대되고 사람들의 삶과 사회 전체에 큰 영향을 미치게 된 것이다. 사회에서 경제가 급격히 큰 비중을 차지하게 된 것이다. 철학, 신학, 법학에 매진하던 학자 중에서 경제 분야에 관심을 두게 된 학자들이 이 시기에 생기게 된 것이고, 그들이 바로 고전파 경제학자들이다.

최초의 경제학자로 인식되는 애덤 스미스는 생산력이 급속히 상승한 현상에는 분업 시스템이 공헌하였다고 생각하였다. 중세 유럽에서 생산 활동은 장인의 작업장을 중심으로 소규모로 이루어졌다. 이후 산업혁명 시기를 지나면서 대규모 공장 시스템이 등장하였고, 점차 노동자들 간의 분업이 자리를 잡으면서 공장 시스템은 생산성 상승에 큰 공헌을 하게 되었다.

고전파 경제학의 주요 주제 중 하나는 가치이론이다. 생산물의 가치는 어떻게 결정되는가? 생산물의 가격은 가치를 잘 표현하는가? 아리스토텔레스의 사용가치와 교환가치 구분, 중세 스콜라 철학의 공정가격 이론 등이 고전파 경제학의 가치이론 논의로 이어진다. 고대와 중세 사상가들이 언급한 내용들이 고전파 경제학자들에게 와서 좀 더 정교한 분석과 논의로 확대된다.

마르크스 경제학과 신고전파 경제학

2기(1830-1930)는 19세기 근대 자본주의가 본격적으로 작동하던 시기이다. 생산성의 급속한 상승으로 인해 생산이 엄청나게 확장하였고, 동시에 지나친 이윤 추구로 인해 비인간적인 노동 환경과 부의 불평등이 심각하게 드러난 시기이기도 하다. 자본주의의 양면성은 그대로 경제학에 반영된다. 이 시기에는 자본주의에 비판적인 마르크스 경제학이 대두되고, 동시에 자본주의를 옹호하는 신고전파 경제학이 시작되었다.

마르크스Karl Marx, 1818-1883는 고전파 경제학의 노동가치설을 비판적으로 계승하면서 자본주의의 작동 방식을 분석하였다. 마르크스에 따르면 새로운 가치는 노동만이 창출하기 때문에 자본가는 노동자를 착취하여 노동자가 만들어 낸 가치를 가져가려고 한다. 이러한 노동착취는 자본주의에서 다양한 방식으로 나타난다. 마르크스에 따르면 자본주의는 이윤 증식을 목적으로 하면서 놀라운 생산력을 보여주지만, 이윤 추구를 위해 노동착취가 심해지고 노동자들의 저항 또한 강해진다. 마르크스는 자본주의 경제에서 호황과 불황이 규칙적으로 나타나는 현상도 설명하고, 자본주의는 경기 호황과 불황이 반복되는 경기순환 현상이 지속되다가 공황이라는 파국적인 경기 침체 상황을 피할 수 없게 된다고 설명한다.

19세기 중후반 경제학에서는 한계혁명Marginal Revolution이라는 새로운 이론적 흐름이 나타난다. 이 흐름은 이후 신고전파 경제학의 뿌리가 된다. 한계혁명을 설명할 때 주로 거론되는 3명의 경제학자가 있는데, 제번스Wiiliam S. Jevons, 1835-1882, 발라Leon Walras, 1834-1910, 멩거Carl Menger, 1840-1921, 이 세 학자다. 이들을 한계학파라고 부르기도 한다. 고전경제학과 마르크스 경제학은 생산물의 가치를 노동이 결정한다는 노동가치이론에 기반해 있는데 신고전파 경제학에서는 생산물의 가치를 소비자가 그 생산물을 소비함으로써 획득하는 주관적 만족에 있다고 보았다. 한계혁명으로 시작한 신고전파 경제학은 의사결정의 주체인 사람들이 합리적이어서 최적의 결정을 하게 되고 이에 따라 경제 전체적으로 최적의 균형점이라는 결과에 도달하게 된다고 주장한다. 소비자는 효용을 추구하고, 생산자는 이윤을 추구하는데, 그 결과 경제는 최고의 효율성을 달성할 수 있다는 가설을 제시하면서, 일반적으로 현존하는 자본주의 시스템을 옹호하는 주장으로 나아간다.

케인스 경제학

3기(1930-)는 전 세계를 강타한 대공황과 함께 시작한 시기이다. 1929년 미국에서 나타난 경기 침체는 전례 없이 가혹하였고 유럽을 포함한 전 세계가 엄청난 경제적 어려움을 겪는 상황으로 전개되었다. 자본주의의 놀라운 생산력에 감탄하며 지속적인 번영을 예상하였던 사람들은 이러한 엄청난 경제 공황을 경험하면서 자본주의 경제에 대해 근본적인 의문을 가지게 되었다. 시장에 맡기면 경제는 잘 굴러갈 것이라는 주장은 더 이상 현실을 설명하지 못하게 되었다. 이러한 와중에 정부의 역할을 강조한 케인스John M. Leynes, 1883-1946의 주장이 등장하였다.

케인스는 기본적으로 자본주의 경제가 불안정하다고 생각했다. 신고전파 경제학이 생각하는 이상적인 경제, 즉 사람들이 합리적으로 판단하여 효율적인 경제 균형이 나타나는 경제는 현실과 거리가 멀다는 것이다. 케인스가 보는 사회는 불확실한 상황에서 충동적인 결정을 내리는 사람들로 이루어진 사회이고, 그 결과 한쪽으로 쏠렸다가 다시 다른 반대편으로 쏠리는 현상이 나타난다. 케인스 이론에 따르면 상품이 많이 생산되어도 사람들이 상품을 구매할 여력이나 구매할 마음이 없으면 창고에 재고만 쌓일 뿐이다. 자본주의에서는 이러한 상황이 주기적으로 나타난다. 이러한 상황이 극단적으로 발생한 것이 대공황이다. 케인스는 이러한 난관을 타개하기 위해서는 누군가가 상품을 구매해야 한다고 말한다. 그러면 상품을 판매한 생산자는 소득이 생기고, 그 소득으로 다시 본인이 필요한 상품을 구매할 수 있고, 그 상품을 판매한 누군가는 다시 자신의 소득이 생기게 된다. 이런 방식으로 사회 전체적으로 소득 수준이 올라가는 선순환이 나타난다. 케인스는 경기가 침체할 때 처음 구매를 시작하는 역할을 정부가 담당해야 한다고 주장했다.

근대경제학의 역사를 간단히 정리하자면, 18세기 등장한 고전파 경제학은 자본주의의 놀라운 생산력을 보면서 자본주의를 분석하기 시작하였다. 19세기는 자본주의를 비판하는 마르크스 경제학과 옹호하는 신고전파 경제학이 대립하던 시대였다. 20세기 대공황의 여파 속에서 케인스 경제학은 정부의 개입을 통해 자본주의의 문제점을 교정하고자 하였다. 여기까지 간략하게 경제학 또는 경제사상의 역사를 살펴보았다. 자, 이제 본격적으로 성서와 경제사상을 살펴보자.

Chapter

2

구약과 경제사상 I

- 구약성서에 대하여
- 고대 이스라엘의 농업
- 안식년 제도
- 희년의 시기 논쟁
- 희년과 토지(와 재산)의 가격
- 부와 가난
- 축적의 무익함

가난한 자를 위한 경제:
성서와 경제사상

Chapter

2

구약과 경제사상 I

구약성서에 대하여

구약성서는 기독교, 유대교, 이슬람교의 경전으로 히브리 성서라고도 불린다. 유대교의 히브리 성서는 하나님이 유대인을 선민으로 삼는다고 아브라함과 언약한 내용을 기록한 경전이다. 기독교의 구약성서는 이러한 언약(구약)이 예수 그리스도를 통해 전 인류의 구원으로 이어질 것(신약)을 예언한 경전이다. 구약, 즉 과거 언약이라는 이름은 하나님과 이스라엘의 언약을 의미하며, 이를 대체할 새 언약은 신약성서에 등장한다. 구약성서에 나타나는 메시아는 이스라엘의 메시아로 이해되었다면, 신약성서의 메시아는 모든 사람의 죄를 위해 고난을 받고 죽었다가 부활하는 메시아를 의미한다.

유대교에서는 히브리어 성서인 마소라 본문을 정경으로 인정한다. 히브리어 성서 본문은 기원전 300년경 알렉산드리아에서 그리스어로 번역되기 시작했다. 이러한 초기 그리스어 번역본을 칠십인역이라 부르고, 그리스어를 공용어로 사용한 초대 교회의 경전으로 주로 사용되었다. 로마 제국 시대 서방 기독교의 공용어는 라틴어이다. 교황 다마스쿠스 1세(Damasus I, 366-384)는 라틴어 성서 제작을 학자 제롬(Jerome, 342,347-420)에게 의뢰하였다. 제롬은 그리스어 본문이 아닌 히브리어 본문에서 라틴어로 번역하였고, 이를 불가타(Vulgata) 역이라고 부르며, 칠십인역과 내용이 다른 부분도 존재한다. 히브리어 성서, 그리스어 성서, 라틴어 성서가 널리 알려진 성서 본문이다.

각 종교에 따라 또는 종교 내 분파에 따라 이 경전의 범위는 다르다. 유대교의 히브리 성서는 24권, 로마 가톨릭의 구약성서는 46권, 동방 정교회는 49권, 개신교는 39권으로 구성된다. 개신교의 39권은 기독교의 모든 구약성서에 공통으로 포함된다. 39권 구약성서는 수 세기에 걸쳐 여러 저자에 의해 저술된 다양한 책들로 구성되어 있다. 전통적으로 네 가지 부분으로 구분하는데 '모세오경 - 역사서 - 시가서/지혜서 - 예언서'이다. 구약성서의 첫 다섯 권(창세기, 출애굽기, 레위기, 민수기, 신명기)을 모세오경이라고 하고, 역사서는 여호수아, 사사기, 룻기, 사무엘상하, 열왕기상하, 역대상하, 에스라, 느헤미야, 에스더, 이렇게 열두 권이 포함된다. 욥기, 시편, 잠언, 전도서, 아가서, 이 다섯 권은 시가서 또는 지혜서라고 부르며, 예언서에는 대선지서 다섯 권(이사야, 예레미야, 예레미야애가, 에스겔, 다니엘)과 소선지서 열두 권(호세아, 요엘, 아모스, 오바댜, 요나, 미가, 나훔, 하박국, 스바냐, 학개, 스가랴, 말라기)이 포함된다.

구약성서 전반적으로 하나님은 세상을 창조하신 분으로 묘사하며 선택된 백성 이스라엘과의 특별한 관계를 강조한다. 이스라엘은 하나님을 섬기고 하나님은 이스라엘을 보호한다는 언약이 표현되어 있고, 이러한 언약의 조건으로 지켜야 하는 율법은 주로 신명기에 열거되어 있다. 하나님이 요구하는 윤리와 신실함이 강조되면서 동시에 사회 정의에 대한 요구도 들어있다. 공정한 권력 행사와 사회적 약자에 대한 배려를 하나님의 속성으로 설명한다. 또한 바빌론 유수, 즉 유다 왕국 멸망 후 바빌론에 포로로 잡혀간 사건과 같이 이스라엘 민족이 겪은 고통에 대한 해석도 중요하게 다뤄진다.

구약성서의 배경은 고대 이스라엘(히브리) 민족의 사회와 역사다. 이스라엘 민족은 기원전 15세기경 청동기 시대부터 가나안 지방에 살았다. 후기 청동기 시대에 가나안 공동체는 이집트 왕국에 조공을 바치는 속국이었고, 이집트 지배권이 무너진 초기 철기 시대에 이스라엘 민족이 형성되기 시작했다. 이스라엘인들은 농사와 목축업에 종사하였고 경제적으로 자급자족하면서 활발한 교류를 하였다. 후기 철기 시대에 이스라엘 왕국과 유다 왕국이 발생하였다. 이스라엘 왕국은 지역 강국으로 발전하였으나, 기원전 8세기에 아시리아에 의해 멸망하였다. 유다 왕국은 기원전 597년 멸망하면서 바빌론에 포로로 잡혀갔는데, 이를 바빌론 유수라고 한다.

고대 이스라엘의 농업

고대 이스라엘에서 가장 중요한 자원은 농경지였다. 구약성서에서 경제와 관련된 언급은 대부분 농업과 관련된 것이었다. 예를 들어 레위기에 따르면 십일조는 농사를 지어 획득한 생산물의 십분의 일을 의미한다.

> **30** 그리고 그 땅의 십분의 일 곧 그 땅의 곡식이나 나무의 열매는 그 십분의 일은 여호와의 것이니 여호와의 성물이라
>
> (레 27:30)

모세오경의 세 번째 책인 레위기는 제사를 관장하는 레위인에서 이름을 따온 책이다. 모세가 시내산에서 하나님으로부터 받은 율법에 관한 내용을 담고 있다. 모세오경의 다섯 번째 책인 신명기는 모

세가 출애굽을 경험하지 않은 젊은 세대에게 설교한 내용이 주를 이룬다. 신명기에도 경작물의 십일조 언급이 나온다.

> 22 너는 마땅히 매 년 토지 소산의 십일조를 드릴 것이며
>
> 23 네 하나님 여호와 앞 곧 여호와께서 그의 이름을 두시려고 택하신 곳에서 네 곡식과 포도주와 기름의 십일조를 먹으며 또 네 소와 양의 처음 난 것을 먹고 네 하나님 여호와 경외하기를 항상 배울 것이니라
>
> ...
>
> 28 매 삼 년 끝에 그 해 소산의 십분의 일을 다 내어 네 성읍에 저축하여
>
> 29 너희 중에 분깃이나 기업이 없는 레위인과 네 성중에 거류하는 객과 및 고아와 과부들이 와서 먹고 배부르게 하라 그리하면 네 하나님 여호와께서 네 손으로 하는 범사에 네게 복을 주시리라
>
> (신 14:22-29)

농산물의 경우 십일조를 내야만 소비가 허용되었다(Wilson, 1997, p.50). 율법에서 가난한 이들을 위해 밭모퉁이에 있는 곡식을 남겨두거나, 떨어진 이삭을 줍지 않고 내버려 두게 한 내용이 나온다. 모두 농업을 배경으로 하고 있다.

> 9 너희가 너희의 땅에서 곡식을 거둘 때에 너는 밭 모퉁이까지 다 거두지 말고 네 떨어진 이삭도 줍지 말며
>
> 10 네 포도원의 열매를 다 따지 말며 네 포도원에 떨어진 열매도 줍지 말고 가난한 사람과 거류민을 위하여 버려두라 나는 너희의 하나님 여호와이니라
>
> (레 19:9-10)

여기서 거류민은 자기가 사는 곳을 떠나 낯선 곳에서 잠시 머무는

나그네를 말한다.

22 너희 땅의 곡물을 벨 때에 밭 모퉁이까지 다 베지 말며 떨어진 것을 줍지 말고 그것을 가난한 자와 거류민을 위하여 남겨두라 나는 너희의 하나님 여호와이니라

(레 23:22)

농산물을 가난한 사람들을 위해 남기라는 구절의 근거는 토지가 하나님의 소유라는 생각이다. 성서에 따르면 사람은 하나님의 소유인 토지를 빌려 쓰는 경작자에 불과하다.

23 토지를 영구히 팔지 말 것은 토지는 다 내 것임이니라 너희는 거류민이요 동거하는 자로서 나와 함께 있느니라

(레 25:23)

이 세상을 창조하신 하나님이므로 세상 모든 만물이 하나님의 소유라고 하는 것은 논리적 귀결이다. 특히 토지가 하나님의 소유인 것을 강조한 것은 고대 이스라엘 경제에서 농업과 토지의 비중이 크다는 것을 반영한다.

24 너희는 이 모든 일로 스스로 더럽히지 말라 내가 너희 앞에서 쫓아내는 족속들이 이 모든 일로 말미암아 더러워졌고

25 그 땅도 더러워졌으므로 내가 그 악으로 말미암아 벌하고 그 땅도 스스로 그 주민을 토하여 내느니라

26 그러므로 너희 곧 너희의 동족이나 혹은 너희 중에 거류하는 거류민이나 내 규례와 내 법도를 지키고 이런 가증한 일의 하나라도 행하지 말라

27 너희 전에 있던 그 땅 주민이 이 모든 가증한 일을 행하였고 그 땅도

더러워졌느니라

28 너희도 더럽히면 그 땅이 너희가 있기 전 주민을 토함 같이 너희를 토할까 하노라

(레 18:24-28)

22 너희는 나의 모든 규례와 법도를 지켜 행하라 그리하여야 내가 너희를 인도하여 거주하게 하는 땅이 너희를 토하지 아니하리라

(레 20:22)

이스라엘 백성이 하나님의 율법을 지키지 않는 경우 처벌을 받는다. 처벌의 내용은 분배한 토지를 취소하고 쫓아낸다는 것이다.

18 너희는 내 규례를 행하며 내 법도를 지켜 행하라 그리하면 너희가 그 땅에 안전하게 거주할 것이라

19 땅은 그것의 열매를 내리니 너희가 배불리 먹고 거기 안전하게 거주하리라

(레 25:18-19)

율법을 지키는 경우 받는 보상은 토지와 풍족한 식량이다. 토지의 중요성은 지속해서 나타난다. 성서에서 나타나는 많은 사회적 묘사가 농경 사회임을 보여준다.

7 네 하나님 여호와께서 너를 아름다운 땅에 이르게 하시나니 그 곳은 골짜기든지 산지든지 시내와 분천과 샘이 흐르고

8 밀과 보리의 소산지요 포도와 무화과와 석류와 감람나무와 꿀의 소산지라

(신 8:8)

하나님이 이스라엘 민족에게 약속한 번영과 풍요의 지역을 묘사할 때 밀, 보리, 포도 등 경작물을 언급한다. 반면 하나님의 분노와 심판은 경작물에 내리는 재앙으로 표현한다.

> **9** 내가 곡식을 마르게 하는 재앙과 깜부기 재앙으로 너희를 쳤으며 팥중이로 너희의 많은 동산과 포도원과 무화과나무와 감람나무를 다 먹게 하였으나 너희가 내게로 돌아오지 아니하였느니라 여호와의 말씀이니라
>
> (암 4:9)

이렇듯 성서에 나오는 많은 상징은 당시 사회가 농업 위주의 농경사회임을 짐작하게 한다.

안식년 제도

고대 이스라엘에는 토지와 관련된 제도로서 7년에 한 번씩 돌아오는 안식년이 있다.

> **10** 너는 여섯 해 동안은 너의 땅에 파종하여 그 소산을 거두고
>
> **11** 일곱째 해에는 갈지 말고 묵혀두어서 네 백성의 가난한 자들이 먹게 하라 그 남은 것은 들짐승이 먹으리라 네 포도원과 감람원도 그리할지니라
>
> (출 23:10-11)

안식년은 율법에 명시된 제도로서 6년 동안 경작한 토지를 그다음 해 1년 동안 쉬게 하는 제도이다. 휴경 없이 계속 농사를 지으면 토지의 비옥도가 고갈될 수 있다. 안식년은 토지의 비옥함을 보존하는 기능을 하는 제도이다.

고대 사회에서는 토지를 계속 경작하면 결국 생산량이 줄어든다

는 사실을 경험으로 알게 되었을 것이다. 고대 농부들은 토양 영양의 자연적 과정과 과도한 경작으로 인해 토양이 어떻게 고갈되는지에 대해 과학적 지식을 가진 것은 아니겠지만, 여러 세대에 걸친 경험을 통해 가끔 휴경하는 것이 밭의 결실을 늘린다는 지식이 생겼을 것이다.

출애굽기와 마찬가지로 레위기에도 안식년이 명시되어 있다.

1 여호와께서 시내 산에서 모세에게 말씀하여 이르시되

2 이스라엘 자손에게 말하여 이르라 너희는 내가 너희에게 주는 땅에 들어간 후에 그 땅으로 여호와 앞에 안식하게 하라

3 너는 육 년 동안 그 밭에 파종하며 육 년 동안 그 포도원을 가꾸어 그 소출을 거둘 것이나

4 일곱째 해에는 그 땅이 쉬어 안식하게 할지니 여호와께 대한 안식이라 너는 그 밭에 파종하거나 포도원을 가꾸지 말며

5 네가 거둔 후에 자라난 것을 거두지 말고 가꾸지 아니한 포도나무가 맺은 열매를 거두지 말라 이는 땅의 안식년임이니라

(레 25:1-5)

여기서 의문이 생길 수 있다. 안식년에 농사를 쉬게 되면 사람들은 무엇을 먹고사는가? 성서에서 이는 하나님이 해결할 일로 바라본다.

20 만일 너희가 말하기를 우리가 만일 일곱째 해에 심지도 못하고 소출을 거두지도 못하면 우리가 무엇을 먹으리요 하겠으나

21 내가 명령하여 여섯째 해에 내 복을 너희에게 주어 그 소출이 삼 년 동안 쓰기에 족하게 하리라

22 너희가 여덟째 해에는 파종하려니와 묵은 소출을 먹을 것이며 아홉째
해에 그 땅에 소출이 들어오기까지 너희는 묵은 것을 먹으리라

(레 25:20-22)

성서 전반적으로 보호자와 공급자로서 하나님의 모습을 묘사한다. 물질적 재화는 하나님이 제공한다는 것을 강조한다. 레위기에 따르면 안식년 동안 먹을 것을 걱정하는 사람들을 위해 하나님이 안식년을 포함하여 총 3년, 즉 7년째부터 9년째까지 필요한 식량을 안식년 직전 6년째 해에 공급한다.

6 안식년의 소출은 너희가 먹을 것이니 너와 네 남종과 네 여종과 네 품
꾼과 너와 함께 거류하는 자들과

7 네 가축과 네 땅에 있는 들짐승들이 다 그 소출로 먹을 것을 삼을지니라

(레 25:6-7)

안식년에도 소출은 존재한다. 여기서 핵심은 안식년에 경작하지 않고 휴식을 취한다는 것이고, 토지는 여전히 생계의 원천이다. 경작하지는 않더라도 생계를 유지하는 데 필요한 채집활동은 계속할 수 있다.

희년의 시기 논쟁

앞서 보았듯이 성서에 따르면 토지의 주인은 사람이 아닌 하나님이다. 농경지를 매매할 수는 있지만 영구적으로 소유할 수는 없다. 또한 50년이 되면 원래 소유자 가족에게 소유권이 돌아가게 된다. 이를 희년(Jubilee)이라 한다. 희년은 히브리 민족의 독특한 제도였다. 희년 제도를 통해 부의 집중을 막고 대토지 소유자가 토지를 적

게 소유한 자의 토지를 취득하는 것을 방지하는 기능을 한다. 희년은 부의 불평등을 막는 역할을 하였다.

> **8** 너는 일곱 안식년을 계수할지니 이는 칠 년이 일곱 번인즉 안식년 일곱 번 동안 곧 사십구 년이라
>
> **9** 일곱째 달 열흘날은 속죄일이니 너는 뿔나팔 소리를 내되 전국에서 뿔나팔을 크게 불지며
>
> **10** 너희는 오십 년째 해를 거룩하게 하여 그 땅에 있는 모든 주민을 위하여 자유를 공포하라 이 해는 너희에게 희년이니 너희는 각각 자기의 1)소유지로 돌아가며 각각 자기의 가족에게로 돌아갈지며
>
> **11** 그 오십 년째 해는 너희의 희년이니 너희는 파종하지 말며 스스로 난 것을 거두지 말며 가꾸지 아니한 포도를 거두지 말라
>
> **12** 이는 희년이니 너희에게 거룩함이니라 너희는 밭의 소출을 먹으리라
>
> (레 25:8–12)

희년은 안식년이 일곱 번 지난 후 돌아온다. 안식년은 7년에 한 번씩 돌아오며, 희년은 50년에 한 번씩 돌아온다. 일반적으로 희년은 50년째 해를 말한다. 7년 주기의 안식년 제도가 일곱 번 시행되면 49년이 지난다. 이후 50년째 해에 희년을 선포한다. 하지만 49년째 되는 해가 희년이라는 주장도 존재한다.

일반적 계산에 따르면 49년째 해는 일곱 번째 안식년이고 50년째 해에 희년을 맞이한다. 즉 49년과 50년, 2년 연속 휴식을 취하게 된다. 무언가 어색하다는 생각이 들 수 있다. 따라서 이러한 현실적 문제를 고려해서 사실 49년째가 희년이라는 주장이 있다. 기록에 따르면 사마리아인은 49년 주기를 기념했다. 또한 탈무드에 희년을 언급한 두 가지 사례가 등장하는데 모두 49년 주기를 뒷받침한다. 이렇

게 역사적 기록에 근거해서 49년 희년이 주장되기도 한다.

히브리식 계산이 포괄적이었다는 점에 근거해서 49년 주기를 주장하는 견해도 있다(LeFebvre, 2015). 예를 들어, 예수의 죽음과 부활을 생각해 보자. 금요일 저녁에 예수께서 묻히시고 일요일 아침에 부활하신 것은 금요일, 토요일, 일요일을 포함하여 3일 동안 무덤에 계셨다는 뜻이다. 일반적인 관습에 따르면 무덤에서 이틀을 보낸 것으로 계산한다. 금요일부터 토요일까지 하루, 토요일부터 일요일까지 하루로 계산한다. 시작점에서 끝나는 지점까지의 시간을 측정할 때 시작일은 포함하지 않지만, 히브리인의 계산은 포괄적이었고 시작일을 포함한다. 포괄적 계산의 의미 중 하나는 성서에서 안식일을 계산하는 방식에서 분명하게 드러난다. 성서에서 안식일은 한 주의 일곱 번째 날이기 때문에 일곱째 날이라고 부른다. 그러나 안식일을 이전 안식일과 함께 계산할 때는 여덟째 날이라고 부른다.

> **39** 너희가 토지 소산 거두기를 마치거든 일곱째 달 열닷샛날부터 이레 동안 여호와의 절기를 지키되 첫 날에도 안식하고 여덟째 날에도 안식할 것이요
>
> (레 23:39)

두 번째 안식일은 포괄적으로 계산할 때 이전 안식일로부터 여덟 번째 날이다. 이러한 방식으로 레위기는 희년을 이전 희년과 관련하여 오십 번째 해라고 부른 것일 수 있다. 희년은 일련의 안식년 중 일곱 번째 안식년이라고 주장한다. 즉 이에 따르면 희년은 한 세대에 한 번씩 지키는 특별한 안식년이다.

희년의 시기 논쟁은 그저 학자들의 소일거리 논쟁처럼 보일 수도 있다. 하지만 희년 기간이 정확하게 어떻게 되는지는 토지의 가격에 큰 영향을 준다.

희년과 토지(와 재산)의 가격

희년 제도는 토지 가격에 영향을 미친다. 50년마다 토지가 자동으로 원소유주에게 반환되는 경우, 토지 가격은 구매자가 실제로 토지를 사용할 수 있는 기간을 반영할 것으로 예상할 수 있다. 토지에 대한 수요와 가격은 다음 희년까지 남은 기간에 따라 달라진다. 남은 기간이 충분하다면 큰 영향은 없겠지만 얼마 남지 않았다면 이는 중요한 사항이다. 희년까지 5년이 남았다면 이 토지는 5년짜리 토지이다. 5년이 지나면 원소유주에게 반환하게 된다. 이 경우 토지의 가격은 일반적으로 통용되는 가격보다 훨씬 낮을 것이다.

> **13** 이 희년에는 너희가 각기 자기의 소유지로 돌아갈지라
>
> **14** 네 이웃에게 팔든지 네 이웃의 손에서 사거든 너희 각 사람은 그의 형제를 속이지 말라
>
> **15** 그 희년 후의 연수를 따라서 너는 이웃에게서 살 것이요 그도 소출을 얻을 연수를 따라서 네게 팔 것인즉
>
> **16** 연수가 많으면 너는 그것의 값을 많이 매기고 연수가 적으면 너는 그것의 값을 적게 매길지니 곧 그가 소출의 다소를 따라서 네게 팔 것이라
>
> **17** 너희 각 사람은 자기 이웃을 속이지 말고 네 하나님을 경외하라 나는 너희의 하나님 여호와이니라
>
> (레 25:13-17)

레위기 25장에는 토지의 가격이 희년과 관련하여 어떻게 결정되는지 언급하고 있다. 또한 토지를 매매할 때 상대방을 "속이지 말고" 정당한 가격을 제시하라는 내용이 있다. 이 내용은 중세 신학의 중요한 개념인 '정당한 가격' 개념으로 연결된다. 희년과 토지 가격에 관한 내용을 좀 더 살펴보자.

24 너희 기업의 온 땅에서 그 토지 무르기를 허락할지니

25 만일 네 형제가 가난하여 그의 기업 중에서 얼마를 팔았으면 그에게
가까운 기업 무를 자가 와서 그의 형제가 판 것을 무를 것이요

26 만일 그것을 무를 사람이 없고 자기가 부유하게 되어 무를 힘이 있
으면

27 그 판 해를 계수하여 그 남은 값을 산 자에게 주고 자기의 소유지로
돌릴 것이니라

28 그러나 자기가 무를 힘이 없으면 그 판 것이 희년에 이르기까지 산 자
의 손에 있다가 희년에 이르러 돌아올지니 그것이 곧 그의 기업으로 돌아
갈 것이니라

(레 25:24-28)

토지에 관한 율법 조항은 당시 토지 매매가 어느 정도 활발히 일어나고 있다는 것을 반영한다. 농촌에서 토지는 주요 생산 자원이다. 따라서 농촌에서 토지 소유권은 양도할 수 없는 것이었다. 하지만 도시에 있는 재산은 다르게 취급해야 한다는 것을 명시한다.

29 성벽 있는 성 내의 가옥을 팔았으면 판 지 만 일 년 안에는 무를 수 있
나니 곧 그 기한 안에 무르려니와

30 일 년 안에 무르지 못하면 그 성 안의 가옥은 산 자의 소유로 확정되어
대대로 영구히 그에게 속하고 희년에라도 돌려보내지 아니할 것이니라

31 그러나 성벽이 둘리지 아니한 촌락의 가옥은 나라의 전토와 같이 물러
주기도 할 것이요 희년에 돌려보내기도 할 것이니라

(레 25:29-31)

성벽으로 둘러싸인 도시 내의 주택은 판매자가 환매권을 보유하

는 1년의 기간이 지나면 영구적으로 소유할 권리가 생긴다. 촌락의 주택은 그렇지 않다. 토지와 마찬가지로 희년이 되면 원 소유주에게 돌아간다. 도시와 촌락의 가옥을 다르게 취급한다. 그것은 상업적 교환의 집, 그리고 가족의 농업 상속과 관련된 집, 이 두 가지를 구별하는 것이다. 촌락의 가옥은 농사를 짓기 위한 전초기지에 해당한다. 반면 도시의 집은 무역을 위한 곳이고 가문의 유산이 아니다. 이스라엘의 도시는 곡물을 가져오고, 저장하고, 재분배하는 장소이다. 또한 도구 제작과 서비스업도 존재한다. 이러한 도시는 일반적으로 무역을 수행하고 통행료를 징수하기 위해 주요 무역로를 따라 위치한다. 도시의 토지와 가옥은 가족의 유산이 아니었다. 성서는 가족과 같은 기본 사회 단위 내에 토지와 같은 생산적 자원이 얼마나 중요한지에 대해 언급한다(Anderson, 2005).

또한 토지와 주택은 성격이 다르다. 토지는 하나님이 공급하는 영원한 생계의 원천이지만 집은 단순히 쉼터를 제공하는 도구이고, 인간이 만든 창조물이다. 토지는 하나님이 제공하셨기 때문에 인간의 노동으로 건축한 집과는 다르게 취급된다.

또 다른 설명도 존재한다. 도시 가옥을 다르게 취급하는 것은 도시 부동산 시장에서 이동이 잦은 상인의 숙소 마련을 쉽게 하기 위한 것이다. 특히 1년 동안 도시들을 돌아다니며 상업에 종사하는 순회 상인을 배려한 것일 수 있다. 고대 이스라엘이 농경 중심의 사회이고 당시 사회에 상업과 상인을 무시하는 경향이 있다는 점을 생각하면 상인에 대한 배려는 눈에 띄는 부분이다.

부와 가난

기독교와 부 또는 기독교인과 부의 관계는 오랫동안 교회에서 논란을 불러일으킨 주제였다(Lunn, 2002). 구약성서에서는 부를 어떻게 바라보았을까?

아모스서의 저자, 아모스는 소선지자 12명 중 한 명이다. 남유다 왕국 출신으로 북이스라엘 왕국에서 예언 활동을 하였다. 아모스는 사회 정의를 부르짖은 선지자로 잘 알려져 있다.

> **24** 오직 정의를 물 같이, 공의를 마르지 않는 강 같이 흐르게 할지어다
>
> (암 5:24)

당시 유다와 이스라엘 왕국은 영토를 확장하고 활발한 무역을 통해 경제적으로 번영한 상태였다. 하지만 빈부격차는 커지고, 부유한 권력자들은 가난한 사람들을 억압하고 착취하는 행태를 보여주었다. 아모스서에 따르면 사소한 돈 때문에 사람들을 노예로 사고 팔았다.

> **6** 여호와께서 이와 같이 말씀하시되 이스라엘의 서너 가지 죄로 말미암아 내가 그 벌을 돌이키지 아니하리니 이는 그들이 은을 받고 의인을 팔며 신 한 켤레를 받고 가난한 자를 팔며
>
> (암 2:6)

당시 권력자는 뇌물을 받고 재판을 통해 의인과 가난한 자를 범죄자로 만들었다.

> **6** 은으로 힘없는 자를 사며 신 한 켤레로 가난한 자를 사며 찌꺼기 밀을 팔자 하는도다
>
> (암 8:6)

사람들은 사소한 액수의 대출금을 갚지 못해 노예로 팔렸고, 노예의 매매 금액도 작은 액수였다. 가난으로 인하여 노예의 신분이 되는 것이었다. 부자와 권력자가 가난한 사람을 착취하는 사회의 단면을 보여준다. 더군다나 이러한 양상은 토지 소유가 집중되고 가난한 농민이 증가함에 따라 더욱 악화하였다.

성서 시대 부유층은 누구인가? 성전을 관리하는 제사장과 왕실이 포함되고 일부 부유한 상인도 있다. 하지만 고대 이스라엘에서 가장 중요한 경제 자원은 농경지였기에 대토지 소유주가 대표적인 부유층이다. 따라서 선지자들이 부유층의 불의에 대해 경고할 때 대부분 대상은 대토지 소유주였다.

레위기에서는 이스라엘 민족이 가난으로 인하여 노예로 전락하는 것을 금하고 희년에 노예 신분에서 완전히 벗어나는 것을 명시하고 있다.

> **39** 너와 함께 있는 네 형제가 가난하게 되어 네게 몸이 팔리거든 너는 그를 종으로 부리지 말고
>
> **40** 품꾼이나 동거인과 같이 함께 있게 하여 희년까지 너를 섬기게 하라
>
> **41** 그 때에는 그와 그의 자녀가 함께 네게서 떠나 그의 가족과 그의 조상의 기업으로 돌아가게 하라
>
> **42** 그들은 내가 애굽 땅에서 인도하여 낸 내 종들이니 종으로 팔지 말 것이라
>
> **43** 너는 그를 엄하게 부리지 말고 네 하나님을 경외하라
>
> (레 25:39-43)

신명기에서는 가난한 자를 구제할 의무를 율법으로 명시하고 있다.

4–5 네가 만일 네 하나님 여호와의 말씀만 듣고 내가 오늘 네게 내리는
그 명령을 다 지켜 행하면 네 하나님 여호와께서 네게 기업으로 주신 땅에
서 네가 반드시 복을 받으리니 너희 중에 가난한 자가 없으리라

…

7 네 하나님 여호와께서 네게 주신 땅 어느 성읍에서든지 가난한 형제가
너와 함께 거주하거든 그 가난한 형제에게 네 마음을 완악하게 하지 말며
네 손을 움켜 쥐지 말고

8 반드시 네 손을 그에게 펴서 그에게 필요한 대로 쓸 것을 넉넉히 꾸어
주라

…

11 땅에는 언제든지 가난한 자가 그치지 아니하겠으므로 내가 네게 명령
하여 이르노니 너는 반드시 네 땅 안에 네 형제 중 곤란한 자와 궁핍한
자에게 네 손을 펼지니라

(신 15:4–11)

율법에서 가난한 자를 배려하는 것을 자주 언급한다. 가난한 자를 배려하지 않는 행위를 명확히 죄로 규정하고 있다.

10 네 이웃에게 무엇을 꾸어줄 때에 너는 그의 집에 들어가서 전당물을
취하지 말고

11 너는 밖에 서 있고 네게 꾸는 자가 전당물을 밖으로 가지고 나와서 네
게 줄 것이며

12 그가 가난한 자이면 너는 그의 전당물을 가지고 자지 말고

13 해 질 때에 그 전당물을 반드시 그에게 돌려줄 것이라 그리하면 그가
그 옷을 입고 자며 너를 위하여 축복하리니 그 일이 네 하나님 여호와 앞
에서 네 공의로움이 되리라

14 곤궁하고 빈한한 품꾼은 너희 형제든지 네 땅 성문 안에 우거하는 객

이든지 그를 학대하지 말며

15 그 품삯을 당일에 주고 해 진 후까지 미루지 말라 이는 그가 가난하므
로 그 품삯을 간절히 바람이라 그가 너를 여호와께 호소하지 않게 하라
그렇지 않으면 그것이 네게 죄가 될 것임이라

(신 24:10-15)

이웃에게 대출해 줄 때 담보를 받게 된다. 율법에서 채무자를 존중하는 방식으로 담보물을 받으라고 제시한다. 채무자의 인간적 존엄성을 해치지 않도록 배려하는 것이다. 대출하는 방식도 가난한 채무자를 배려하도록 강제하고 있다.

이스라엘의 율법 전통은 가난한 사람들과 사회적 약자에 관한 관심과 강조를 잘 드러낸다.

6 사람이 맷돌이나 그 위짝을 전당 잡지 말지니 이는 그 생명을 전당 잡
음이니라

(신 24:6)

위 구절은 맷돌을 담보로 잡는 행위의 심각성에 대해 경고한다. 곡식을 갈기 위해 사용하는 맷돌은 농경 사회에서 중요한 자산이고 그것을 담보로 잡으면 생명을 담보로 잡는 것이라고 언급한다.

구약성서에서 지혜문학으로 분류되는 잠언은 어떻게 살아야 하는지를 기록한 모음집이다. 지혜문학은 고대 근동 세계에서 널리 사용되는 문서 형식으로 후손 세대를 교육하는 용도로도 쓰였다.

16 이익을 얻으려고 가난한 자를 학대하는 자와 부자에게 주는 자는 가난
하여질 뿐이니라

(잠 22:16)

잠언은 가난한 자를 착취하는 것은 어리석다고 경고하고 있다.

축적의 무익함

출애굽기에 따르면 이스라엘 민족이 광야에 있는 동안 하나님은 만나(빵)와 메추라기를 공급하셨다. 물질의 주인인 하나님이 보호자와 공급자의 역할을 하는 장면이 묘사되어 있다.

4 그 때에 여호와께서 모세에게 이르시되 보라 내가 너희를 위하여 하늘에서 양식을 비 같이 내리리니 백성이 나가서 일용할 것을 날마다 거둘 것이라 이같이 하여 그들이 내 율법을 준행하나 아니하나 내가 시험하리라

5 여섯째 날에는 그들이 그 거둔 것을 준비할지니 날마다 거두던 것의 갑절이 되리라

…

11 여호와께서 모세에게 말씀하여 이르시되

12 내가 이스라엘 자손의 원망함을 들었노라 그들에게 말하여 이르기를 너희가 해 질 때에는 고기를 먹고 아침에는 떡으로 배부르리니 내가 여호와 너희의 하나님인 줄 알리라 하라 하시니라

13 저녁에는 메추라기가 와서 진에 덮이고 아침에는 이슬이 진 주위에 있더니

14 그 이슬이 마른 후에 광야 지면에 작고 둥글며 서리 같이 가는 것이 있는지라

15 이스라엘 자손이 보고 그것이 무엇인지 알지 못하여 서로 이르되 이것이 무엇이냐 하니 모세가 그들에게 이르되 이는 여호와께서 너희에게 주어 먹게 하신 양식이라

16 여호와께서 이같이 명령하시기를 너희 각 사람은 먹을 만큼만 이것을

거둘지니 곧 너희 사람 수효대로 한 사람에 한 오멜씩 거두되 각 사람이
그의 장막에 있는 자들을 위하여 거둘지니라 하셨느니라

17 이스라엘 자손이 그같이 하였더니 그 거둔 것이 많기도 하고 적기도
하나

18 오멜로 되어 본즉 많이 거둔 자도 남음이 없고 적게 거둔 자도 부족함
이 없이 각 사람은 먹을 만큼만 거두었더라

19 모세가 그들에게 이르기를 아무든지 아침까지 그것을 남겨두지 말라
하였으나

20 그들이 모세에게 순종하지 아니하고 더러는 아침까지 두었더니 벌레
가 생기고 냄새가 난지라 모세가 그들에게 노하니라

21 무리가 아침마다 각 사람은 먹을 만큼만 거두었고 햇볕이 뜨겁게 쬐면
그것이 스러졌더라

…

31 이스라엘 족속이 그 이름을 만나라 하였으며 깟씨 같이 희고 맛은 꿀
섞은 과자 같았더라

(출애굽기 16장 4-31절)

이 구절의 신학적인 의미는 하나님에 대한 신뢰와 순종이다. 경제학적 의미는 무엇일까? 경제적으로 생각해 보면 부를 축적하지 말고, 충분함에 만족하라는 교훈이 제시된다. 필요한 만큼만 생산하고 소비하며, 미래를 위해 비축하지 말라는 것이다.

Chapter

3

구약과 경제사상 II

- 이자에 대한 부정적 견해
- 안식일 제도
- 고대 이스라엘의 노예제
- 노예제도와 처벌
- 노동에 대한 견해

가난한 자를 위한 경제:
성서와 경제사상

Chapter

3

구약과 경제사상 II

성서에서 부에 대한 부정적 관점은 돈을 빌려주고 이자를 받는 행위에 대한 부정적 견해로 이어진다.

이자에 대한 부정적 견해

레위기에서 율법은 이자를 금지하는 조항을 포함한다.

> 35 네 형제가 가난하게 되어 빈 손으로 네 곁에 있거든 너는 그를 도와 거류민이나 동거인처럼 너와 함께 생활하게 하되
>
> 36 너는 그에게 이자를 받지 말고 네 하나님을 경외하여 네 형제로 너와 함께 생활하게 할 것인즉
>
> 37 너는 그에게 이자를 위하여 돈을 꾸어 주지 말고 이익을 위하여 네 양식을 꾸어 주지 말라
>
> (레 25:35-37)

성서는 이자에 대해 부정적으로 바라보고 이자를 금지하고 있다.

25 네가 만일 너와 함께 한 내 백성 중에서 가난한 자에게 돈을 꾸어 주
면 너는 그에게 채권자 같이 하지 말며 이자를 받지 말 것이며

(출 22:25)

현금에 대한 이자와 함께 현물에 대한 이자도 금지하고 있다.

19 네가 형제에게 꾸어주거든 이자를 받지 말지니 곧 돈의 이자, 식물의
이자, 이자를 낼 만한 모든 것의 이자를 받지 말 것이라

(신 23:19)

이자를 금지하지만, 단 이민족에게는 이자를 받아도 된다는 예외 규정도 존재한다. 율법의 이자 금지 조항은 히브리인에게만 적용한 것이었다.

20 타국인에게 네가 꾸어주면 이자를 받아도 되거니와 네 형제에게 꾸어
주거든 이자를 받지 말라 그리하면 네 하나님 여호와께서 네가 들어가서
차지할 땅에서 네 손으로 하는 범사에 복을 내리시리라

(신 23:20)

히브리 사회에서는 주로 가난한 사람들이 돈을 빌렸다. 이자를 금지하는 율법 조항은 가난한 사람들을 보호하는 목적이 있다. 이자는 부채로 이어지고 부채는 빈곤으로, 빈곤은 노예로 이어진다. 빚을 진 채무자는 이자를 갚지 못해 노예가 되는 경우가 많다. 느헤미야는 빚진 자들의 곤경을 다음과 같이 묘사한다.

1 그 때에 백성들이 그들의 아내와 함께 크게 부르짖어 그들의 형제인 유
다 사람들을 원망하는데

2 어떤 사람은 말하기를 우리와 우리 자녀가 많으니 양식을 얻어 먹고 살아야 하겠다 하고

3 어떤 사람은 말하기를 우리가 밭과 포도원과 집이라도 저당 잡히고 이 흉년에 곡식을 얻자 하고

4 어떤 사람은 말하기를 우리는 밭과 포도원으로 돈을 빚내서 왕에게 세금을 바쳤도다

5 우리 육체도 우리 형제의 육체와 같고 우리 자녀도 그들의 자녀와 같거늘 이제 우리 자녀를 종으로 파는도다 우리 딸 중에 벌써 종된 자가 있고 우리의 밭과 포도원이 이미 남의 것이 되었으나 우리에게는 아무런 힘이 없도다 하더라

(느 5:1-5)

성서의 역사서 중 하나인 느헤미야서는 바벨론 포로 생활에서 돌아온 이스라엘 민족의 회복에 관한 내용이다. 느헤미야는 유대 지방의 총독으로 예루살렘 성벽을 재건하고 여러 가지 제도를 정비하였다. 느헤미야 5장은 가난한 자들을 위한 정책을 설명하고 있다.

안식일 제도

안식년, 희년과 함께 성서는 안식일을 자주 언급한다. 창세기에서 하나님은 6일의 천지창조 이후 7일째 휴식을 취한다. 이것이 안식일의 유래이다.

1 천지와 만물이 다 이루어지니라

2 하나님이 그가 하시던 일을 일곱째 날에 마치시니 그가 하시던 모든 일을 그치고 일곱째 날에 안식하시니라

(창 2:1-2)

율법에 따르면 안식일에는 모든 사람은 일을 하지 않고 휴식을 취한다.

12 네 하나님 여호와가 네게 명령한 대로 안식일을 지켜 거룩하게 하라

13 엿새 동안은 힘써 네 모든 일을 행할 것이나

14 일곱째 날은 네 하나님 여호와의 안식일인즉 너나 네 아들이나 네 딸이나 네 남종이나 네 여종이나 네 소나 네 나귀나 네 모든 가축이나 네 문안에 유하는 객이라도 아무 일도 하지 못하게 하고 네 남종이나 네 여종에게 너 같이 안식하게 할지니라

(신 5:12-14)

안식일에는 노예도 휴식을 취한다. 이스라엘 민족이 이집트에서 노예 생활했던 경험이 안식일 규칙에도 적용되는 것이다.

15 너는 기억하라 네가 애굽 땅에서 종이 되었더니 네 하나님 여호와가 강한 손과 편 팔로 거기서 너를 인도하여 내었나니 그러므로 네 하나님 여호와가 네게 명령하여 안식일을 지키라 하느니라

(신 5:15)

이집트에서의 노예 경험을 기억하고 안식일의 휴식권은 노예에게도 동등하게 보장해야 한다고 권고한다. 고대 노예제 사회에서 노예를 배려하려는 입장은 평범한 것은 아니다.

고대 이스라엘의 노예제

출애굽기에는 고대 이스라엘의 노예제에 대한 묘사가 나온다.

> 1 네가 백성 앞에 세울 법규는 이러하니라
>
> 2 네가 히브리 종을 사면 그는 여섯 해 동안 섬길 것이요 일곱째 해에는 몸값을 물지 않고 나가 자유인이 될 것이며
>
> (출 21:1-2)

고대 이스라엘에서 기본적으로 노예 계약은 6년까지만 유효하다. 출애굽기에서 노예제도에 관하여 열거한 세부 사항을 살펴보자.

> 3 만일 그가 단신으로 왔으면 단신으로 나갈 것이요 장가 들었으면 그의 아내도 그와 함께 나가려니와
>
> 4 만일 상전이 그에게 아내를 주어 그의 아내가 아들이나 딸을 낳았으면 그의 아내와 그의 자식들은 상전에게 속할 것이요 그는 단신으로 나갈 것이로되
>
> 5 만일 종이 분명히 말하기를 내가 상전과 내 처자를 사랑하니 나가서 자유인이 되지 않겠노라 하면
>
> 6 상전이 그를 데리고 재판장에게로 갈 것이요 또 그를 문이나 문설주 앞으로 데리고 가서 그것에다가 송곳으로 그의 귀를 뚫을 것이라 그는 종신토록 그 상전을 섬기리라
>
> (출 21:3-6)

노예 계약이 체결될 때 그의 결혼 상태에 따라 7년째 되는 해에 아내와 자녀가 함께 해방될지가 결정된다. 노예가 되기 전에 결혼한 상태이면 가족도 함께 해방된다. 하지만 노예가 된 이후 결혼했다면 가족은 함께 해방되지 않는다. 일부 남성 노예는 가족과 함께하기 위해 7년째 해방되는 대신 영구 노예 계약을 선택할 수도 있다. 영구적인 노예가 되는 의식에는 귀를 뚫는 행위가 포함되고 신성한 장소에서 행해진다.

7 사람이 자기의 딸을 여종으로 팔았으면 그는 남종 같이 나오지 못할지며

8 만일 상전이 그를 기뻐하지 아니하여 상관하지 아니하면 그를 속량하게 할 것이나 상전이 그 여자를 속인 것이 되었으니 외국인에게는 팔지 못할 것이요

9 만일 그를 자기 아들에게 주기로 하였으면 그를 딸 같이 대우할 것이요

(출 21:7-9)

여자 노예에게는 남자 노예처럼 7년째 해방되는 제도를 적용하지 않는다. 기본적으로 고대 이스라엘 사회는 성인 남성만을 정상적인 사람으로 인정하고 여자와 어린이 등을 차별하는 사회였다. 물론 당시 여성은 단독으로 경제권을 가지기 힘들었으므로 여성 노예가 해방된다고 할지라도 현실적으로 혼자 살아가기는 어려울 것이다.

당시 빈곤으로 인해 부모가 딸을 노예로 파는 경우가 드물지 않았다. 출애굽기 21장 본문에 나오는 경우는 혼인을 전제로 한 계약이다. 노예주와 결혼하거나 노예주의 아들과 결혼하는 것이다. 하지만 결혼하지 않는 경우 그에 대한 보상과 함께 부모에게 돌려보내야 한다.

10 만일 상전이 다른 여자에게 장가 들지라도 그 여자의 음식과 의복과 동침하는 것은 끊지 말 것이요

11 그가 이 세 가지를 시행하지 아니하면, 여자는 속전을 내지 않고 거저 나가게 할 것이니라

(출 21:10-11)

이 구절은 당시 일부다처제 사회를 배경으로 하고 있다. 노예주가 여성 노예와 결혼한 후 다시 다른 여성과 결혼하는 경우 부인인 여성 노예에게 의식주 제공과 동침의 의무를 해야 한다고 명시한다.

이 세 가지 의무를 하지 않는 경우 여성 노예는 해방된다. 여성 노예는 아내의 권리를 지닌다.

> **26** 사람이 그 남종의 한 눈이나 여종의 한 눈을 쳐서 상하게 하면 그 눈에 대한 보상으로 그를 놓아 줄 것이며
>
> **27** 그 남종의 이나 여종의 이를 쳐서 빠뜨리면 그 이에 대한 보상으로 그를 놓아 줄지니라
>
> (출 21:26-27)

비록 노예라 할지라도 신체에 대한 상해는 엄격히 금지된다. 노예에게 상해를 입히는 경우 노예는 해방된다.

신명기에 명시된 율법에서도 노예제에 관한 규정이 존재한다.

> **12** 네 동족 히브리 남자나 히브리 여자가 네게 팔렸다 하자 만일 여섯 해 동안 너를 섬겼거든 일곱째 해에 너는 그를 놓아 자유롭게 할 것이요
>
> (신 15:12)

노예는 7년째 되는 해에 모든 빚을 탕감하고 해방되어야 한다. 출애굽기와 달리 신명기에서 노예 해방은 남자와 여자 노예 모두에게 적용된다.

> **13** 그를 놓아 자유하게 할 때에는 빈 손으로 가게 하지 말고
>
> **14** 네 양 무리 중에서와 타작 마당에서와 포도주 틀에서 그에게 후히 줄지니 곧 네 하나님 여호와께서 네게 복을 주신 대로 그에게 줄지니라
>
> **15** 너는 애굽 땅에서 종 되었던 것과 네 하나님 여호와께서 너를 속량하셨음을 기억하라 그것으로 말미암아 내가 오늘 이같이 네게 명령하노라
>
> (신 15:13-15)

노예를 해방하는 경우 풍족한 보상과 함께 보내주어야 한다. 이는 이스라엘 민족의 이집트 노예 경험과 관련하여 노예제의 비참함을 상기하게 하는 것이다. 여기서 노예 해방은 하나님의 명령으로 간주한다.

16 종이 만일 너와 네 집을 사랑하므로 너와 동거하기를 좋게 여겨 네게 향하여 내가 주인을 떠나지 아니하겠노라 하거든

17 송곳을 가져다가 그의 귀를 문에 대고 뚫으라 그리하면 그가 영구히 네 종이 되리라 네 여종에게도 그같이 할지니라

(신 15:16–17)

출애굽기에서 언급한 자발적인 영구적 노예 계약은 신명기에서도 제시된다.

18 그가 여섯 해 동안에 품꾼의 삯의 배나 받을 만큼 너를 섬겼은즉 너는 그를 놓아 자유하게 하기를 어렵게 여기지 말라 그리하면 네 하나님 여호와께서 네 범사에 네게 복을 주시리라

(신 15:18)

신명기 15장에서 7년째 노예를 해방하는 제도에 대해 다시 한번 강조하고 있다.

7 사람이 자기 형제 곧 이스라엘 자손 중 한 사람을 유인하여 종으로 삼거나 판 것이 발견되면 그 유인한 자를 죽일지니 이같이 하여 너희 중에서 악을 제할지니라

(신 24:7)

노예제는 강제적으로 또는 속여서 실행해서는 안 된다. 계약을 통

하지 않고, 강제적으로 노예를 삼으면 이는 사형에 해당하는 중범죄로 취급한다.

노예제도와 처벌

출애굽기와 신명기에 명시된, 노예의 처우에 관한 이러한 조항이 제대로 시행되지 않으면 처벌이 주어진다. 이집트 노예 생활을 경험한 이스라엘 민족은 노예제와 관련하여 하나님의 명령으로 제시된 율법 조항을 제대로 지켰을까? 처음에는 잘 지켰지만, 시간이 흐름에 따라 그렇지 않은 듯하다. 유다 왕국의 예언자 예레미야의 설교에서 잘 드러난다.

> **8** 시드기야 왕이 예루살렘에 있는 모든 백성과 한 가지로 하나님 앞에서 계약을 맺고 자유를 선포한 후에 여호와께로부터 말씀이 예레미야에게 임하니라
>
> **9** 그 계약은 사람마다 각기 히브리 남녀 노비를 놓아 자유롭게 하고 그의 동족 유다인을 종으로 삼지 못하게 한 것이라
>
> **10** 이 계약에 가담한 고관들과 모든 백성이 각기 노비를 자유롭게 하고 다시는 종을 삼지 말라 함을 듣고 순복하여 놓았더니
>
> **11** 후에 그들의 뜻이 변하여 자유를 주었던 노비를 끌어다가 복종시켜 다시 노비로 삼았더라
>
> (렘 34:8-11)

예레미야가 활동하던 당시 유다 왕국은 이집트와 바빌론, 두 강대국 세력 사이에서 독립을 유지하고자 노력하였지만 결국 바빌론에 의해 멸망했다. 예레미야는 당시 유다 왕국의 암흑기에 유다를 향해

하나님의 심판이 다가올 것을 선포하였다. 노예제에 관하여 하나님의 율법을 어긴 것에 대해 다시 한번 지적한다.

12 그러므로 여호와의 말씀이 여호와께로부터 예레미야에게 임하니라 이르시되

13 이스라엘 하나님 여호와께서 이와 같이 말씀하시니라 내가 너희 선조를 애굽 땅 종의 집에서 인도하여 낼 때에 그들과 언약을 맺으며 이르기를

14 너희 형제 히브리 사람이 네게 팔려 왔거든 너희는 칠 년 되는 해에 그를 놓아 줄 것이니라 그가 육 년 동안 너를 섬겼은즉 그를 놓아 자유롭게 할지니라 하였으나 너희 선조가 내게 순종하지 아니하며 귀를 기울이지도 아니하였느니라

15 그러나 너희는 이제 돌이켜 내 눈 앞에 바른 일을 행하여 각기 이웃에게 자유를 선포하되 내 이름으로 일컬음을 받는 집에서 내 앞에서 계약을 맺었거늘

16 너희가 돌이켜 내 이름을 더럽히고 각기 놓아 그들의 마음대로 자유롭게 하였던 노비를 끌어다가 다시 너희에게 복종시켜 너희의 노비로 삼았도다

(렘 34:12-16)

예레미야는 출애굽기와 신명기에 명시된 언약과 율법을 어긴 것에 대한 하나님의 처벌을 선포한다.

17 그러므로 여호와께서 이와 같이 말씀하시니라 너희가 나에게 순종하지 아니하고 각기 형제와 이웃에게 자유를 선포한 것을 실행하지 아니하였은즉 내가 너희를 대적하여 칼과 전염병과 기근에게 자유를 주리라 여호와의 말씀이니라 내가 너희를 세계 여러 나라 가운데에 흩어지게 할 것이며

18 송아지를 둘로 쪼개고 그 두 조각 사이로 지나매 내 앞에 언약을 맺었
으나 그 말을 실행하지 아니하여 내 계약을 어긴 그들을

19 곧 송아지 두 조각 사이로 지난 유다 고관들과 예루살렘 고관들과 내
시들과 제사장들과 이 땅 모든 백성을

20 내가 그들의 원수의 손과 그들의 생명을 찾는 자의 손에 넘기리니 그
들의 시체가 공중의 새와 땅의 짐승의 먹이가 될 것이며

(렘 34:17-20)

예레미야는 유다 왕국이 멸망하면서 바빌론에 포로로 잡혀간 사건, 바빌론 유수의 원인을 이스라엘 민족이 노예 관련 율법을 어긴 것에서 찾는다.

21 또 내가 유다의 시드기야 왕과 그의 고관들을 그의 원수의 손과 그의
생명을 찾는 자의 손과 너희에게서 떠나간 바벨론 왕의 군대의 손에 넘기
리라

22 여호와의 말씀이니라 보라 내가 그들에게 명령하여 이 성읍에 다시
오게 하리니 그들이 이 성을 쳐서 빼앗아 불사를 것이라 내가 유다의 성읍
들을 주민이 없어 처참한 황무지가 되게 하리라

(렘 34:12-22)

바빌론 유수 이후, 즉 페르시아에 의해 바빌론이 정복된 이후, 포로였던 이스라엘 민족은 해방되고 예루살렘으로 돌아간다. 페르시아 고관이었던 느헤미야는 예루살렘으로 파견되어 예루살렘 재건을 지휘한다. 느헤미야는 율법의 부활과 엄격한 준수를 중시하며 노예 해방 또한 선포한다.

9 내가 또 이르기를 너희의 소행이 좋지 못하도다 우리의 대적 이방 사람

의 비방을 생각하고 우리 하나님을 경외하는 가운데 행할 것이 아니냐

10 나와 내 형제와 종자들도 역시 돈과 양식을 백성에게 꾸어 주었거니와
우리가 그 이자 받기를 그치자

11 그런즉 너희는 그들에게 오늘이라도 그들의 밭과 포도원과 감람원과
집이며 너희가 꾸어 준 돈이나 양식이나 새 포도주나 기름의 백분의 일을
돌려보내라 하였더니

12 그들이 말하기를 우리가 당신의 말씀대로 행하여 돌려보내고 그들에
게서 아무것도 요구하지 아니하리이다 하기로 내가 제사장들을 불러 그들
에게 그 말대로 행하겠다고 맹세하게 하고

13 내가 옷자락을 털며 이르기를 이 말대로 행하지 아니하는 자는 모두
하나님이 또한 이와 같이 그 집과 산업에서 털어 버리실지니 그는 곧 이렇
게 털려서 빈손이 될지로다 하매 회중이 다 아멘 하고 여호와를 찬송하고
백성들이 그 말한 대로 행하였느니라

(느 5:9-13)

노동에 대한 견해

레위기에는 노동의 임금에 관한 내용이 설명되어 있다.

1 여호와께서 모세에게 말씀하여 이르시되

2 이스라엘 자손에게 말하여 이르라 만일 어떤 사람이 사람의 값을 여호
와께 드리기로 분명히 서원하였으면 너는 그 값을 정할지니

3 네가 정한 값은 스무 살로부터 예순 살까지는 남자면 성소의 세겔로
은 오십 세겔로 하고

4 여자면 그 값을 삼십 세겔로 하며

5 다섯 살로부터 스무 살까지는 남자면 그 값을 이십 세겔로 하고 여자면
열 세겔로 하며

6 일 개월로부터 다섯 살까지는 남자면 그 값을 은 다섯 세겔로 하고 여
자면 그 값을 은 삼 세겔로 하며

7 예순 살 이상은 남자면 그 값을 십오 세겔로 하고 여자는 열 세겔로 하라

8 그러나 서원자가 가난하여 네가 정한 값을 감당하지 못하겠으면 그를
제사장 앞으로 데리고 갈 것이요 제사장은 그 값을 정하되 그 서원자의
형편대로 값을 정할지니라

(레 27:1-8)

노동 시장에서 연령과 성별에 따른 임금 격차가 존재해 왔고 지금도 계속되고 있는데 위에 제시한 레위기 27장 내용은 고대 이스라엘 배경에서 이러한 내용을 구체적으로 제시하고 있다.

노동에 대한 성서의 근본적 관점은 창세기에서 찾아볼 수 있다. 창세기에서 노동은 인간이 타락한 결과로 언급된다. 원죄로 인하여 노동은 먹고 살기 위해 어쩔 수 없이 해야 하는 괴로운 일이 되었다.

8 아담에게 이르시되 네가 네 아내의 말을 듣고 내가 네게 먹지 말라 한
나무의 열매를 먹었은즉 땅은 너로 말미암아 저주를 받고 너는 네 평생에
수고하여야 그 소산을 먹으리라

18 땅이 네게 가시덤불과 엉겅퀴를 낼 것이라 네가 먹을 것은 밭의 채소
인즉

19 네가 흙으로 돌아갈 때까지 얼굴에 땀을 흘려야 먹을 것을 먹으리니
네가 그것에서 취함을 입었음이라 너는 흙이니 흙으로 돌아갈 것이니라
하시니라

(창 3:17-19)

하지만 성서 전반적으로 노동은 긍정적인 것으로 묘사된다. 창세기에서 노동은 신성한 작업의 수단으로 간주한다.

> 2 하나님이 그가 하시던 일을 일곱째 날에 마치시니 그가 하시던 모든 일을 그치고 일곱째 날에 안식하시니라
>
> (창 2:2)

하나님은 7일째 안식을 취하기 전에 6일 동안 노동을 한다. 여기서 노동은 하나님에게 속한 신성한 일이다. 하나님은 대리인에게 노동하게 하지 않고 친히 직접 노동을 한다.

> 15 여호와 하나님이 그 사람을 이끌어 에덴 동산에 두어 그것을 경작하며 지키게 하시고
>
> (창 2:15)

하나님은 인간을 창조하실 때 지상 낙원에서도 경작이라는 노동 임무를 부여한다. 즉 노동은 하나님이 부여한, 인간의 본질이다. 노동은 생존을 위한 필수적 요소일 뿐만 아니라 율법에 부합하는 선한 행동의 필수적 측면이기도 하다.

> 9 엿새 동안은 힘써 네 모든 일을 행할 것이나
>
> (출 20:9)

위 출애굽기 구절은 신명기 5장 13절에 다시 등장한다. 출애굽기와 신명기에서 노동은 하나님의 명령이다. 이에 따라 노동자의 권리도 하나님의 명령에 포함된다.

13 너는 네 이웃을 억압하지 말며 착취하지 말며 품꾼의 삯을 아침까지
밤새도록 네게 두지 말며

(레 19:13)

14 곤궁하고 빈한한 품꾼은 너희 형제든지 네 땅 성문 안에 우거하는 객
이든지 그를 학대하지 말며

15 그 품삯을 당일에 주고 해 진 후까지 미루지 말라 이는 그가 가난하므
로 그 품삯을 간절히 바람이라 그가 너를 여호와께 호소하지 않게 하라
그렇지 않으면 그것이 네게 죄가 될 것임이라

(신 24:14-15)

노동자의 권리 중 중요한 것은 합당한 노동의 대가를 적절한 시점에 받아야 한다는 것이다. 율법에 따르면 임금 지급을 늦춰선 안 된다. 성서는 노동의 권리를 명확히 제시하고 있다.

성서에서 노동은 타락의 결과이면서 동시에 신성한 의무이다. 현대 사상에서도 괴로운 노동과 자아실현의 수단인 노동, 부정적 관점과 긍정적 관점, 두 가지 관점이 공존한다. 성서는 노동에 대한 양면적 견해를 보여주지만, 전반적으로 노동에 대한 긍정적 관점을 취하고 노동 윤리를 강조한다. 노예제에 기반한 고대 사회는 노동을 천한 것으로 여기고 하층 계급인 노예가 담당하는 것으로 간주하였다. 이러한 고대 노예제 배경 속에서 성서가 노동의 신성함을 표현하고 긍정적으로 보았다는 것은 중요한 의미를 지닌다.

Chapter

4

희년 사상

가난한 자를 위한 경제:
성서와 경제사상

Chapter

4

희년 사상

앞서 보았듯이 희년은 레위기 25장에서 직접적으로 명시된다. 그 밖에는 민수기 36장에 잠깐 언급되는 정도이다. 하지만 성서 전반적으로 부채 탕감과 노예 해방의 희년 정신이 깔려있다.

> **4** 이스라엘 자손의 희년을 당하여 그 기업이 그가 속한 지파에 첨가될 것이라 그런즉 그들의 기업은 우리 조상 지파의 기업에서 아주 삭감되리이다
>
> (민 36:4)

레위기 25장에서 설명하는 희년 사상은 성서의 경제사상을 논할 때 대표적으로 언급된다. 50년마다 돌아오는 희년에는 부채와 모든 종류의 속박에서 해방된다. 부채 때문에 노예가 된 사람들을 해방하고 부채 때문에 판매할 수밖에 없었던 토지를 재분배하며, 토지와 사람들을 위해 경작 노동은 쉰다. 다음 희년까지 기간에 따라 토지와 노동력에 대한 가격을 재조정하는 조치도 취해진다.

여기서 희년 또는 희년 사상의 이모저모를 살펴보자.

뿔 나팔의 선포

희년(禧年)은 히브리어로 요벨(יובל)이다. 초기 서기관들은 히브리어를 음역하여 라틴어로 요벨레우스(Iobeleus)로 표기하였고, 이는 영어로 주빌리(Jubilee)이다. 이는 숫양 또는 숫양의 뿔 나팔을 의미하는데, 희년은 숫양의 뿔로 만든 악기인 쇼파르(שופר)를 불어서 선포한다.

8 너는 일곱 안식년을 계수할지니 이는 칠 년이 일곱 번인즉 안식년 일곱 번 동안 곧 사십구 년이라

9 일곱째 달 열흘날은 속죄일이니 너는 뿔나팔 소리를 내되 전국에서 뿔 나팔을 크게 불지며

10 너희는 오십 년째 해를 거룩하게 하여 그 땅에 있는 모든 주민을 위하여 자유를 공포하라 이 해는 너희에게 희년이니 너희는 각각 자기의 소유지로 돌아가며 각각 자기의 가족에게로 돌아갈지며

11 그 오십 년째 해는 너희의 희년이니 너희는 파종하지 말며 스스로 난 것을 거두지 말며 가꾸지 아니한 포도를 거두지 말라

12 이는 희년이니 너희에게 거룩함이니라 너희는 밭의 소출을 먹으리라

(레 25:8-12)

레위기는 예루살렘 성전의 의식과 관련된 세세하고 꼼꼼한 규범이 담긴 의식서이다. 이러한 레위기에서 안식년과 희년을 설명하면서, 뿔 나팔로 선포하는 장면을 묘사한다.

21 그의 아우의 이름은 유발이니 그는 수금과 통소를 잡는 모든 자의 조상이 되었으며

(창 4:21)

뿔 나팔을 의미하는 히브리어 요벨(jobel)은 가인의 후손으로 최초의 음악가인 유발(Jubal)의 이름에서 나온 것으로 알려진다. 즉, 희년, 주빌리(Jubilee)는 요벨(jobel)이 어원으로 알려져 있고, 이는 나팔 소리로 희년을 선포하는 것에서 기인한다.

고대 근동 사회의 희년과 부채 탕감

레위기 25장에는 부채에 대해 명시적으로 언급하지 않았지만, 희년은 기본적으로 노예 해방과 함께 부채 탕감을 통한 공동체 회복에 관한 명령이다. 신명기에서 부채 탕감에 관하여 설명하고 있다.

> **1** 매 칠 년 끝에는 면제하라
>
> **2** 면제의 규례는 이러하니라 그의 이웃에게 꾸어준 모든 채주는 그것을 면제하고 그의 이웃에게나 그 형제에게 독촉하지 말지니 이는 여호와를 위하여 면제를 선포하였음이라
>
> …
>
> **9** 삼가 너는 마음에 악한 생각을 품지 말라 곧 이르기를 일곱째 해 면제년이 가까이 왔다 하고 네 궁핍한 형제를 악한 눈으로 바라보며 아무것도 주지 아니하면 그가 너를 여호와께 호소하리니 그것이 네게 죄가 되리라
>
> …
>
> **11** 땅에는 언제든지 가난한 자가 그치지 아니하겠으므로 내가 네게 명령하여 이르노니 너는 반드시 네 ㅈ땅 안에 네 형제 중 곤란한 자와 궁핍한 자에게 네 손을 펼지니라
>
> (신 15:1-11)

신명기는 부채 탕감 주기를 안식년인 7년으로 선언한다. 안식년에 노예도 해방되었다. 이를 근거로 성서학자들은 희년이 안식년에서 발전한 것이라고 주장하기도 한다.

고대 근동 사회 전반적으로 희년과 같은 부채 탕감 전통이 존재했다. 일반적으로 새 왕의 즉위식이나 특별한 계기가 있을 때 왕의 명령에 따라 부채 탕감을 선언했다. 고대 메소포타미아에서는 왕이 통치 초기와 이후 7년 이상의 간격을 두고 부채 탕감을 선포하는 것이 관례이다. 이를 고대 메소포타미아에서 사용하는 언어인 아카드어로 정의를 의미하는 미사룸(misarum) 또는 자유 또는 회복을 뜻하는 안두라룸(andurarum)이라 한다.

메소포타미아에서 새로운 왕이 즉위하면 국가의 경제 상황을 검토하고 부채 탕감과 노예 해방을 지시하는 칙령을 내린다. 이 칙령의 목적은 하층 계급의 수호자로서 왕의 지위를 공고히 하고 전임 왕의 통치 기간 쌓인 경제적 불균형을 바로잡는 것이다. 빚을 탕감하여 가난한 사람들이 가혹한 상황으로부터 잠시나마 벗어날 수 있도록 했다. 현실적으로 이러한 칙령은 새로운 왕이 이전 정권의, 강력한 고위 엘리트들의 위협을 약화하는 목적이 있다. 즉 이 해방의 칙령은 억압받는 사람들을 구제하는 목적과 함께, 새 왕에게 유리하도록 힘의 균형을 조절하는 목적도 지녔다. 이러한 칙령의 관례적인 시기는 새로운 왕의 통치가 시작될 때, 즉 한 세대에 한 번이었지만 왕이 필요하다고 판단되면 언제든지 이러한 칙령을 선포할 권한을 가졌다(LeFebvre, 2015).

고대 근동 사회, 특히 메소포타미아의 부채 탕감 전통은 성서의 희년 제도와 매우 유사하지만, 차이점도 존재한다. 성서 희년의 가장 큰 특징은 50년이라는 정기적인 시기를 고수했다는 점이다. 성서에서 안식년과 희년은 주기적인 부채 탕감과 공동체 회복의 필요성을 중심으로 경제 전반을 재조정한다. 또한 정확한 시기를 율법으로 지정함으로써 사람들이 이 제도의 시행을 예측하고 준비할 수 있다는 점에서 실용적이라고 할 수 있다. 희년이 가까워질수록 토지의 가치가 감소하고 이를 예상할 수 있다는 것은 이 제도가 현실적이라는 점을 알려준다.

토지의 소유권

출애굽한 이스라엘 민족은 광야에서 40여 년을 보낸 뒤 가나안에 입성한다. 이스라엘이 가나안을 정복한 후 그 땅은 이스라엘의 씨족과 가족에게 할당되었다.

> **52** 여호와께서 모세에게 말씀하여 이르시되
>
> **53** 이 명수대로 땅을 나눠 주어 기업을 삼게 하라
>
> **54** 수가 많은 자에게는 기업을 많이 줄 것이요 수가 적은 자에게는 기업을 적게 줄 것이니 그들이 계수된 수대로 각기 기업을 주되
>
> **55** 오직 그 땅을 제비 뽑아 나누어 그들의 조상 지파의 이름을 따라 얻게 할지니라
>
> (민 26:52-55)

민수기 26장에서 언급한 토지 배분은 여호수아 15장에서 22장에 걸쳐 좀 더 자세하게 묘사하는데, 토지를 각 지파에게 배분한 영토 분할 방식이 기록되어 있다. 이스라엘 민족이 이집트에서 노예 생활을 마치고 가나안, 지금의 팔레스타인에 도착했을 때 각 지파에게 토지를 같은 비율로 분배한다. 토지를 소유한 가족은 토지에 대한 영구 소유 증서를 보유한다. 이러한 토지 분할은 일반적으로 왕정 시대 이전 이스라엘 지파 간의 토지 분할에 대한 설명으로 해석한다.

성서의 기본적인 관점에서 토지는 하나님의 소유이기 때문에 영

구적으로 매매할 수 없다. 희년 선포의 결과는 어떤 씨족과 가족이 배분받은 땅을 영구적으로 박탈당하지 않도록 하는 것이다. 토지 매매는 본질적으로 다음 희년까지만 지속되는 임대에 불과한 것이다.

> **25** 만일 네 형제가 가난하여 그의 기업 중에서 얼마를 팔았으면 그에게 가까운 기업 무를 자가 와서 그의 형제가 판 것을 무를 것이요
>
> **26** 만일 그것을 무를 사람이 없고 자기가 부유하게 되어 무를 힘이 있으면
>
> **27** 그 판 해를 계수하여 그 남은 값을 산 자에게 주고 자기의 소유지로 돌릴 것이니라
>
> **28** 그러나 자기가 무를 힘이 없으면 그 판 것이 희년에 이르기까지 산 자의 손에 있다가 희년에 이르러 돌아올지니 그것이 곧 그의 기업으로 돌아갈 것이니라
>
> (레 25:25-28)

위 구절은 한 사람이 빈곤으로 인해 토지 일부를 판매한 경우를 설명하고 있다. 부유한 가족이나 지인, 또는 본인이 다시 부를 축적하면 판매한 토지를 다시 적절한 값을 내고 반환받을 수 있다. 이 경우 희년까지 남은 연수에 기반하여 가격이 정해진다.

사실 희년법에 따르면 땅의 소유권이 바뀌는 것이 아니라 다음 희년까지 그 땅에서 생산된 농작물의 주인이 바뀌는 것이다. 이 법은 한 지주에게 가족 소유의 토지에서 수입을 얻을 수 있는 자유와 함께 다른 지주에게 여분의 토지를 구매하여 자신의 수확을 늘릴 수 있는 자유도 부여한다. 그러나 해당 토지의 여러 세대에 걸친 유산은 일련의 환수 조항을 통해 보호된다.

47 만일 너와 함께 있는 거류민이나 동거인은 부유하게 되고 그와 함께 있는 네 형제는 가난하게 되므로 그가 너와 함께 있는 거류민이나 동거인 또는 거류민의 가족의 후손에게 팔리면

48 그가 팔린 후에 그에게는 속량 받을 권리가 있나니 그의 형제 중 하나가 그를 속량하거나

49 또는 그의 삼촌이나 그의 삼촌의 아들이 그를 속량하거나 그의 가족 중 그의 살붙이 중에서 그를 속량할 것이요 그가 부유하게 되면 스스로 속량하되

50 자기 몸이 팔린 해로부터 희년까지를 그 산 자와 계산하여 그 연수를 따라서 그 몸의 값을 정할 때에 그 사람을 섬긴 날을 그 사람에게 고용된 날로 여길 것이라

51 만일 남은 해가 많으면 그 연수대로 팔린 값에서 속량하는 값을 그 사람에게 도로 주고

52 만일 희년까지 남은 해가 적으면 그 사람과 계산하여 그 연수대로 속량하는 그 값을 그에게 도로 줄지며

53 주인은 그를 매년의 삯꾼과 같이 여기고 네 목전에서 엄하게 부리지 말지니라

54 그가 이같이 속량되지 못하면 희년에 이르러는 그와 그의 자녀가 자유하리니

55 이스라엘 자손은 나의 종들이 됨이라 그들은 내가 애굽 땅에서 인도하여 낸 내 종이요 나는 너희의 하나님 여호와이니라

(레 25:47-55)

노예도 토지의 경우와 마찬가지이다. 빈곤으로 인해 노예로 팔린 경우도 언제든지 적정 금액을 내고 풀려나올 수 있으며, 가격도 희년까지 남은 연수에 따라 결정된다. 재산이나 노동력의 매각은 주로

경제적 어려움으로 인한 것이다. 이는 부의 불평등을 악화시킬 뿐이다. 극단적으로는 소수만이 토지를 소유하게 되고 나머지는 노동력에만 의존하게 된다. 희년은 이러한 극단적인 불평등을 예방하는 기능을 수행한다.

선지자의 경고

선지자들은 이스라엘 민족에게 희년의 명령을 선포하고 상기시키며 이를 어긴 경우 책임을 물을 것을 경고한다.

1 그 때에 백성들이 그들의 아내와 함께 크게 부르짖어 그들의 형제인 유다 사람들을 원망하는데

…

5 우리 육체도 우리 형제의 육체와 같고 우리 자녀도 그들의 자녀와 같거늘 이제 우리 자녀를 종으로 파는도다 우리 딸 중에 벌써 종된 자가 있고 우리의 밭과 포도원이 이미 남의 것이 되었으나 우리에게는 아무런 힘이 없도다 하더라

6 내가 백성의 부르짖음과 이런 말을 듣고 크게 노하였으나

7 깊이 생각하고 귀족들과 민장들을 꾸짖어 그들에게 이르기를 너희가 각기 형제에게 높은 이자를 취하는도다 하고 대회를 열고 그들을 쳐서

8 그들에게 이르기를 우리는 이방인의 손에 팔린 우리 형제 유다 사람들을 우리의 힘을 다하여 도로 찾았거늘 너희는 너희 형제를 팔고자 하느냐 더구나 우리의 손에 팔리게 하겠느냐 하매 그들이 잠잠하여 말이 없기로

…

10 나와 내 형제와 종자들도 역시 돈과 양식을 백성에게 꾸어 주었거니와 우리가 그 이자 받기를 그치자

11 그런즉 너희는 그들에게 오늘이라도 그들의 밭과 포도원과 감람원과

집이며 너희가 꾸어 준 돈이나 양식이나 새 포도주나 기름의 백분의 일을 돌려보내라 하였더니

12 그들이 말하기를 우리가 당신의 말씀대로 행하여 돌려보내고 그들에게서 아무것도 요구하지 아니하리이다 하기로 내가 제사장들을 불러 그들에게 그 말대로 행하겠다고 맹세하게 하고

13 내가 옷자락을 털며 이르기를 이 말대로 행하지 아니하는 자는 모두 하나님이 또한 이와 같이 그 집과 산업에서 털어 버리실지니 그는 곧 이렇게 털려서 빈손이 될지로다 하매 회중이 다 아멘 하고 여호와를 찬송하고 백성들이 그 말한 대로 행하였느니라

(느 5:1-13)

느헤미야 5장은 수확의 실패로 인한 압박과 외국 정부의 세금 요구라는 맥락을 가지고 있다. 사람들은 토지, 자녀의 자유, 자신의 자유를 담보로 돈을 빌릴 수밖에 없었다. 7년째 되는 해에 자유를 되찾는다 해도 토지를 잃은 한 가족이 자급자족할 가능성은 매우 희박하다. 그들은 가난의 덫에서 벗어날 수 없을 것이다. 느헤미야는 부유한 자들에게 재산과 토지를 돌려주고 대출금에 대한 압류 또는 이자 부과를 중단하라고 선포한다. 희년을 명시적으로 언급하지는 않지만, 느헤미야가 구현하는 희년의 비전이다.

7 사람을 학대하지 아니하며 빚진 자의 저당물을 돌려 주며 강탈하지 아니하며 주린 자에게 음식물을 주며 벗은 자에게 옷을 입히며

8 변리를 위하여 꾸어 주지 아니하며 이자를 받지 아니하며 스스로 손을 금하여 죄를 짓지 아니하며 사람과 사람 사이에 진실하게 판단하며

9 내 율례를 따르며 내 규례를 지켜 진실하게 행할진대 그는 의인이니 반드시 살리라 주 여호와의 말씀이니라

(겔 18:7-9)

이러한 희년의 이상은 에스겔에서도 나타난다.

공정한 경제와 경제적 회복

율법은 공정한 경제를 중시한다. 공정한 가격에 대한 언급이 대표적이다. 상인이 부정한 방법을 통해 구매자를 속이는 것은 엄격히 금지하고 있다.

> **36** 공평한 저울과 공평한 추와 공평한 에바와 공평한 힌을 사용하라 나는 너희를 인도하여 애굽 땅에서 나오게 한 너희의 하나님 여호와이니라
>
> (레 19:36)

> **13** 너는 네 주머니에 두 종류의 저울추 곧 큰 것과 작은 것을 넣지 말 것이며
>
> **14** 네 집에 두 종류의 되 곧 큰 것과 작은 것을 두지 말 것이요
>
> **15** 오직 온전하고 공정한 저울추를 두며 온전하고 공정한 되를 둘 것이라 그리하면 네 하나님 여호와께서 네게 주시는 땅에서 네 날이 길리라
>
> **16** 이런 일들을 행하는 모든 자, 악을 행하는 모든 자는 네 하나님 여호와께 가증하니라
>
> (신 25:13-16)

희년은 공정한 경제를 추구한다. 이스라엘의 사회 구조에서 가장 작은 단위는 3-4 세대를 포함하는 가정이었다. 희년은 통제할 수 없는 재앙으로 인해 빈곤에 빠진 가족을 온전하게 유지할 수 있는 사회경제적 해결책을 제공한다. 오늘날과 마찬가지로 고대에도 가계 부채는 현실이었고, 그 결과 무서운 사회적 병폐가 발생했다. 희년은 미래 세대가 먼 조상들로부터 주어진 부담을 떠안지 않도록 그

기간을 제한함으로써 이러한 부정적인 사회적 결과를 견제하고자 했다. 이러한 희년 정신은 현대 사회에서도 볼 수 있다.

대부분의 현대 사회에서 부채로 인해 노예로 전락하는 것은 법으로 금지되어 있다. 현대 파산법은 갚을 수 없는 빚을 진 사람들을 구제하며, 후손은 조상의 부채에 대해 책임지지 않는다. 또한 생존에 필요한 기본 재산은 압류로부터 보호받을 수 있다. 이러한 현대적 법 제도는 희년을 선포한 레위기 25장에 광범위하게 명시되어 있다.

희년법은 단순히 부채 탕감과 노예 해방을 선포하는 데 그치지 않는다. 레위기 25장에 따르면 희년이 되기까지 한 세대 동안 사람들이 지켜야 할 율법이 있다. 핵심은 남을 속여서 거래하거나 착취하지 말라는 것이다. 부정한 방법으로 축적한 부는 희년이 되면 다시 재분배된다. 따라서 희년 제도의 존재는 공정한 경제 활동을 촉진하게 된다. 어찌할 수 없는 상황으로 빈곤에 빠졌더라도 희년 제도를 통해 다시 일어설 기회가 생긴다. 이 사실은 극빈자의 노동 의욕을 불러일으킨다. 희년은 매년 경제 전체에 활력과 책임감을 가져온다는 의미가 있다.

희년 제도는 이스라엘 사회의 경제 개혁과 회복을 의미한다(LeFebvre, 2015). 희년을 설명하는 레위기 25장은 빚으로 인해 재산을 잃거나(23-34절) 개인의 자유를 잃게 되는(35-55절) 상황에 초점을 맞추고 있다. 노예 해방을 선포하는 부분에서 노예는 부채로 인한 노예라는 점이 중요하다. 이러한 부채 노예는 일시적이지만, 종종 엄청난 부채는 영구적인 것이 된다. 희년의 노예 해방 선포는 부채 탕감과 필연적으로 연결될 수밖에 없다.

25 만일 네 형제가 가난하여 그의 기업 중에서 얼마를 팔았으면 그에게 가까운 기업 무를 자가 와서 그의 형제가 판 것을 무를 것이요

26 만일 그것을 무를 사람이 없고 자기가 부유하게 되어 무를 힘이 있
으면

27 그 판 해를 계수하여 그 남은 값을 산 자에게 주고 자기의 소유지로
돌릴 것이니라

28 그러나 자기가 무를 힘이 없으면 그 판 것이 희년에 이르기까지 산 자
의 손에 있다가 희년에 이르러 돌아올지니 그것이 곧 그의 기업으로 돌아
갈 것이니라

(레 25:25-28)

위 구절에서 묘사하는 상황은 한 사람이 가난으로 인해 재산을 잃은 것이다. 빈곤으로 인해 재산을 팔아야 한다면, 자유롭게 사고팔 수 있다. 이것은 이스라엘 사회의 맥락 속에서 놀라운 사실이다. 원래 소유자는 상속받은 재산의 청지기이며 후손을 위해 재산을 관리해야 할 책임이 있기 때문이다. 위 구절의 조항은 토지 소유자의 친족이 토지 구매자가 되거나, 가능한 한 빨리 그 토지를 다시 가족에게 돌려줘야 한다는 것이다. 토지를 구매한 친족은 그 토지의 생산을 인수하고 다음 희년까지 자신의 토지 소유에 추가한다. 친족 공동체의 소유가 되는 것이다.

35 네 형제가 가난하게 되어 빈 손으로 네 곁에 있거든 너는 그를 도와
거류민이나 동거인처럼 너와 함께 생활하게 하되

36 너는 그에게 이자를 받지 말고 네 하나님을 경외하여 네 형제로 너와
함께 생활하게 할 것인즉

37 너는 그에게 이자를 위하여 돈을 꾸어 주지 말고 이익을 위하여 네
양식을 꾸어 주지 말라

38 나는 너희의 하나님이 되며 또 가나안 땅을 너희에게 주려고 애굽 땅

에서 너희를 인도하여 낸 너희의 하나님 여호와이니라

(레 25:35-38)

위 구절은 더 이상 자신을 부양할 수 없는 지역 사회 구성원을 언급하고 있다. 이제 그는 재산을 잃었으므로 다른 사람 밑에서 일하여 식량을 얻어야 하고, 재산을 되찾기 위해 충분한 돈을 벌어야 한다. 여기서 강조하는 것은 이 가난한 사람을 당신과 함께 지내도록 해야 한다는 것이다. 이미 재산을 잃은 그가 노예가 될 정도로 추락하지 않도록 하는 것이 목표이다. 부채 노예는 일반적으로 자신의 마을에서 멀리 떨어진 곳으로 이주한다. 이를 방지하기 위해 당신과 함께 지내면서 그에게 일용직 일자리를 제공해야 한다는 것이다.

희년법은 지역 사회가 가난으로 재산을 잃은 사람에게 일자리를 제공해야 한다고 명령한다. 또한 가난한 사람에게 대출할 때 물질적으로 더 어렵지 않게 이자를 받지 말아야 한다. 희년 제도의 초점은 가난한 사람들이 다시 노동을 통해 소득을 창출하도록 회복시키는 데 있다.

39 너와 함께 있는 네 형제가 가난하게 되어 네게 몸이 팔리거든 너는 그를 종으로 부리지 말고

40 품꾼이나 동거인과 같이 함께 있게 하여 희년까지 너를 섬기게 하라

41 그 때에는 그와 그의 자녀가 함께 네게서 떠나 그의 가족과 그의 조상의 기업으로 돌아가게 하라

42 그들은 내가 애굽 땅에서 인도하여 낸 내 종들이니 종으로 팔지 말 것이라

43 너는 그를 엄하게 부리지 말고 네 하나님을 경외하라

(레 25:39-43)

위 구절은 가난한 이웃이 빚을 지고 노예로 팔려 가야 하는 상황을 다룬다. 그런데 여기서 한 가지 의문이 생긴다. 희년의 노예 해방은 50년째 해에 이루어지고 안식년의 노예 해방은 7년째 해 이루어진다. 이 두 노예 해방 명령의 차이는 무엇인가? 성서학자들은 다양한 설명을 제시한다. 그중 한 가지를 소개하자면 이렇다. 가장이 여전히 토지를 소유한 상황에서 빈곤으로 자녀가 노예가 된 상황과 가장이 노예가 된 상황으로 구분해서 생각해 볼 수 있다. 전자의 경우는 안식년의 노예 해방에 해당하고 후자는 희년의 노예 해방이다. 후자의 경우 부채 규모는 전자에 비해 훨씬 크다. 후자의 경우 부채는 다음 세대에 영향을 미칠 수 있다. 따라서 7년 주기의 안식년보다 50년 주기의 희년에서 해결한다. 결론적으로 희년은 이스라엘 민족에게 경제적 손실의 모든 상황이 구제되고 회복될 수 있다는 희망을 상기시킨다.

희년의 실행

희년 제도가 실제로 실행되지 않았으리라 추정하는 학자들이 있다. 희년의 율법은 보상 없는 부의 재분배를 명령하기 때문에 실제로 실행되기 힘들다는 것이다. 또한 처음부터 이상적인 상황을 제시한 것이지 현실에서 실행하기 위한 것은 아니라는 주장도 있다. 이에 따르면 안식년에 관한 성서의 규정은 유대교인들이 여전히 준수하지만, 희년에 규정된 관습은 그렇지 않다. 하지만 반대로 희년 제도는 실제로 실행되었고 현실 경제에 긍정적인 영향을 미쳤을 것이라고 주장하며 현대 파산법과 유사한 면이 있다는 주장도 존재한다(LeFebvre, 2015; Schaefer & Noell, 2005). 이러한 주장들을 검토하기 위해 고대 이스라엘 사회에서 희년의 의미를 살펴보자.

고대 이스라엘에서 농업을 수행하며 거주하기 위해 가족은 마을 네트워크 속에 존재한다. 경제 활동은 사회적 관계에 내재하여 있고 친족 관계를 기반으로 상호 돌봐야 할 의무가 있다. 이를 바탕으로 마을 이웃들은 서로 대출을 해주기도 하였다. 어떤 가족이 농사가 잘 안돼서 어려움에 부닥치면 이웃에게 무이자 현물 대출을 받고, 다음 해 수확물을 이용해서 상환한다. 대출은 마을의 장로들이 감독하는데 마을 사람들과 교류하면서 마을의 분배 정의에 대해 공감하게 된다. 장로들이 가난한 사람들을 배려하지 않을 때 이를 꾸짖는 선지자들의 모습이 성서에 묘사되어 있다. 또한 자신의 지위를 이용하여 가난한 사람들을 착취하는 대부업자도 선지자들의 노여움의 대상으로 묘사된다. 예를 들어 이사야 선지자는 장로들이 포도원을 삼키는 등 가난한 사람들의 권리를 침해한 사례를 언급한다.

> 13 여호와께서 변론하러 일어나시며 백성들을 심판하려고 서시도다
>
> 14 여호와께서 자기 백성의 장로들과 고관들을 심문하러 오시리니 포도원을 삼킨 자는 너희이며 가난한 자에게서 탈취한 물건이 너희의 집에 있도다
>
> 15 어찌하여 너희가 내 백성을 짓밟으며 가난한 자의 얼굴에 맷돌질하느냐 주 만군의 여호와 내가 말하였느니라 하시도다
>
> (사 3:13-15)

고대 이스라엘 사회에서는 주택 담보 대출 제도도 존재하고, 미래 몇 년간 예상되는 수확물을 미리 판매할 수 있는 토지 임대 제도도 존재한다. 이런 종류의 토지 임대 계약은 50년마다 희년이 되면 토지 증서가 원가족에게 반환된다. 임대 기간에 경작물 수확이 많았다면 임대가 만료되기 전에 토지를 환수할 수 있는, 실질적인 안식년

또는 희년 제도가 존재한다.

농경 사회에서는 대부분 기상 상황으로 인해 빈곤에 처하게 된다. 고대 이스라엘 사회는 미래의 경제적 상황에 대해 상당한 불확실성이 존재했다. 사람이 통제할 수 없는 상황으로 피할 수 없는 재앙에 대비하기 위해 마을 단위의 보험이 필요했다. 안식년과 희년 제도가 이러한 역할을 한 것이다. 부채를 탕감할 때 영리사업을 위한 부채는 배제하는 것에서 이런 특성을 볼 수 있다.

희년 제도의 실행에 대해 부정적인 견해를 살펴보자. 사실 안식년과 희년 규정이 이스라엘에서 준수되었다는 역사적 증거는 거의 찾아볼 수 없다. 따라서 일부 학자들은 이러한 조항이 유토피아적이었으며 실행되지 않았다고 결론 내린다. 실제로 이러한 율법이 기계적인 방식으로 실행되지는 않았을 것으로 생각해 볼 수 있다. 예레미야서에는 율법의 준수에 대해 통찰력을 주는 구절이 있다.

> **8** 시드기야 왕이 예루살렘에 있는 모든 백성과 한 가지로 하나님 앞에서 계약을 맺고 자유를 선포한 후에 여호와께로부터 말씀이 예레미야에게 임하니라
>
> **9** 그 계약은 사람마다 각기 히브리 남녀 노비를 놓아 자유롭게 하고 그의 동족 유다인을 종으로 삼지 못하게 한 것이라
>
> **10** 이 계약에 가담한 고관들과 모든 백성이 각기 노비를 자유롭게 하고 다시는 종을 삼지 말라 함을 듣고 순복하여 놓았더니
>
> **11** 후에 그들의 뜻이 변하여 자유를 주었던 노비를 끌어다가 복종시켜 다시 노비로 삼았더라
>
> **12** 그러므로 여호와의 말씀이 여호와께로부터 예레미야에게 임하니라 이르시되
>
> **13** 이스라엘 하나님 여호와께서 이와 같이 말씀하시니라 내가 너희 선조

를 애굽 땅 종의 집에서 인도하여 낼 때에 그들과 언약을 맺으며 이르기를

14 너희 형제 히브리 사람이 네게 팔려 왔거든 너희는 칠 년 되는 해에 그
를 놓아 줄 것이니라 그가 육 년 동안 너를 섬겼은즉 그를 놓아 자유롭게
할지니라 하였으나 너희 선조가 내게 순종하지 아니하며 귀를 기울이지도
아니하였느니라

15 그러나 너희는 이제 돌이켜 내 눈 앞에 바른 일을 행하여 각기 이웃에
게 자유를 선포하되 내 이름으로 일컬음을 받는 집에서 내 앞에서 계약을
맺었거늘

16 너희가 돌이켜 내 이름을 더럽히고 각기 놓아 그들의 마음대로 자유롭
게 하였던 노비를 끌어다가 다시 너희에게 복종시켜 너희의 노비로 삼았
도다

(렘 34:8-16)

이 구절에서 주목해야 할 점은 희년 선포가 왕에게 맡겨졌다는 점이다. 고대 근동 사회에서 희년과 같은 해방의 선포는 왕이 즉위할 때 보통 실행된다. 하지만 이스라엘 민족은 하나님을 왕으로 고백하였고 하나님의 직접 통치를 받는 민족이었기에 이러한 상황이 적용되지 않았었다. 이스라엘 민족 내에 왕이 세워지고 군주제가 실행되면서 왕이 자유를 선포하기에 이르렀다. 위 구절에서 시드기야 왕은 모세의 율법에 따라 자유를 선언한다.

이스라엘의 왕들은 당시의 경제적 상황을 고려하고, 출애굽 사건에서 나타난 하나님의 해방 명령을 축제와 연계하여 적절한 때에 시행하는 것이 의무였을 것이다. 안식년과 희년을 매우 규칙적으로 시행한 통치자도 있었을 것이고, 그렇지 않은 통치자도 있었을 것이다. 위 구절에서 시드기야 왕의 노예 해방은 안식년이나 희년 중에 시행되었다는 언급은 없다. 실제로는 바벨론 느부갓네살왕의 침략 중에 일어났다.

1 바벨론의 느부갓네살 왕과 그의 모든 군대와 그의 통치하에 있는 땅의
모든 나라와 모든 백성이 예루살렘과 그 모든 성읍을 칠 때에 말씀이 여
호와께로부터 예레미야에게 임하여 이르시되

(렘 34:1)

예레미야는 시드기야 왕의 노예 해방을 신명기 15장에 명기된 안식년 조항을 실행한 것으로 여기고 찬사를 보낸다. 고대 메소포타미아 왕들은 필요하다고 판단될 때 부채 탕감과 노예 해방 칙령을 선포할 수 있었다. 이와 마찬가지로 이스라엘 군주들도 모세 율법에서 제시한 자유와 해방 칙령을 제정할 수 있었던 것으로 추정할 수 있다.

17 그러므로 여호와께서 이와 같이 말씀하시니라 너희가 나에게 순종하
지 아니하고 각기 형제와 이웃에게 자유를 선포한 것을 실행하지 아니하
였은즉 내가 너희를 대적하여 칼과 전염병과 기근에게 자유를 주리라 여
호와의 말씀이니라 내가 너희를 세계 여러 나라 가운데에 흩어지게 할 것
이며

18 송아지를 둘로 쪼개고 그 두 조각 사이로 지나매 내 앞에 언약을 맺었
으나 그 말을 실행하지 아니하여 내 계약을 어긴 그들을

19 곧 송아지 두 조각 사이로 지난 유다 고관들과 예루살렘 고관들과 내
시들과 제사장들과 이 땅 모든 백성을

20 내가 그들의 원수의 손과 그들의 생명을 찾는 자의 손에 넘기리니 그
들의 시체가 공중의 새와 땅의 짐승의 먹이가 될 것이며

21 또 내가 유다의 시드기야 왕과 그의 고관들을 그의 원수의 손과 그의
생명을 찾는 자의 손과 너희에게서 떠나간 바벨론 왕의 군대의 손에 넘기
리라

22 여호와의 말씀이니라 보라 내가 그들에게 명령하여 이 성읍에 다시
오게 하리니 그들이 이 성을 쳐서 빼앗아 불사를 것이라 내가 유다의 성읍
들을 주민이 없어 처참한 황무지가 되게 하리라

(렘 34:17-22)

시드기야 왕 시대에 바벨론 느부갓네살 왕의 군대가 유다로 진군하고 있을 때 시드기야는 회개하고 자유를 선포하기로 결심했다. 21절에 따르면 시드기야의 순종으로 인해 하나님께서 느부갓네살의 군대를 철수하게 하셨다. 하지만 시드기야는 외부의 압력이 사라지자, 자유 칙령을 뒤집었고, 이후 왕국이 바벨론에 넘겨질 것이라는 예언이 이어진다.

Chapter

5

신약과 경제사상 I

- 신약에서의 희년
- 부의 축적에 대한 경고
- 재산 소유에 대한 명령
- 가난에 대한 축복
- 초대 교회의 모습
- 예수의 가르침과 사회적 맥락

가난한 자를 위한 경제:
성서와 경제사상

Chapter

5

신약과 경제사상 I

고대 문서들에서 신약성서에 대한 언급이 존재한다. 예를 들어 갈리아의 루그두눔(현재 프랑스 리옹) 교부, 성 이레네오(또는 이레네우스 Irenaeus, 130-202)가 서기 180년경에 저술한 것으로 알려진 저서 <이단 논박>(Adversus Haereses)에서 신약성서 대부분의 책을 인용하고 있다. 안디옥의 교회 지도자 성 이그나티우스(Ignatius)는 대략 서기 35년부터 107년까지 살면서 신약성서의 책들을 언급하는 편지를 썼는데 생애 말기에 주로 썼다.

신약성서는 총 27권의 책으로 이루어져 있는데, 마태복음, 마가복음, 누가복음, 요한복음의 4복음서, 사도행전, 바울서신(데살로니가전서와 후서, 고린도전서와 고린도후서, 로마서, 갈라디아서, 에베소서, 빌립보서, 골로새서, 빌레몬서)과 일반서신(히브리서, 야고보서, 베드로전서와 베드로후서, 요한1서, 요한2서, 요한3서, 유다서, 디모데전서와 후서, 디도서), 요한계시록으로 구성된다.

신약성서는 코이네 그리스어, 즉 고대 그리스어로 작성되어 있는데, 흔히 헬라어라고 부른다. 신약성서가 저술된 시기는 학자들에 따라 다양한 주장이 존재한다. 서기 70년 이전 주장부터 2세기 후반 주장까지 다양하다. 신약성서의 가장 오래된 사본은 2세기 후반에서 3세기 초반으로 거슬러 올라간다.

신약에서의 희년

이사야 선지자는 희년을 은혜의 해로 선포한다.

> 1 주 여호와의 영이 내게 내리셨으니 이는 여호와께서 내게 기름을 부으사 가난한 자에게 아름다운 소식을 전하게 하려 하심이라 나를 보내사 마음이 상한 자를 고치며 포로된 자에게 자유를, 갇힌 자에게 놓임을 선포하며
>
> 2 여호와의 은혜의 해와 우리 하나님의 보복의 날을 선포하여 모든 슬픈 자를 위로하되
>
> (사 61:1-2)

누가복음에 따르면 예수는 공생애 사역을 시작할 무렵 이사야 선지자의 희년 본문을 인용하여 말씀을 선포한다.

> 16 예수께서 그 자라나신 곳 나사렛에 이르사 안식일에 늘 하시던 대로 회당에 들어가사 성경을 읽으려고 서시매
>
> 17 선지자 이사야의 글을 드리거늘 책을 펴서 이렇게 기록된 데를 찾으시니 곧
>
> 18 주의 성령이 내게 임하셨으니 이는 가난한 자에게 복음을 전하게 하시려고 내게 기름을 부으시고 나를 보내사 포로 된 자에게 자유를, 눈 먼 자에게 다시 보게 함을 전파하며 눌린 자를 자유롭게 하고
>
> 19 주의 은혜의 해를 전파하게 하려 하심이라 하였더라

20 책을 덮어 그 맡은 자에게 주시고 앉으시니 회당에 있는 자들이 다
주목하여 보더라

21 이에 예수께서 그들에게 말씀하시되 이 글이 오늘 너희 귀에 응하였느
니라 하시니

(눅 4:16-21)

위 구절에서 예수는 사역의 출발점을 희년으로 삼는다. 18절에서 가난한 자에게 복음을 전한다고 선포하며 사회경제적으로 어려운 빈곤층이 예수 사역의 대상임을 명시하고 있다. 이어서 포로된 자, 눈먼 자, 눌린 자에게 자유를 선포하며 신약에서의 희년을 선포한다.

신약성서에서 예수는 이스라엘 민족을 향한 하나님의 언약과 명령인 희년을 모든 민족을 향한 희년으로 선포하며 희년에 추가적인 의미를 부여한다. 부채 탕감의 의미에 대한 예수의 언급도 종종 나온다.

40 예수께서 대답하여 이르시되 시몬아 내가 네게 이를 말이 있다 하시
니 그가 이르되 선생님 말씀하소서

41 이르시되 빚 주는 사람에게 빚진 자가 둘이 있어 하나는 오백 데나리
온을 졌고 하나는 오십 데나리온을 졌는데

42 갚을 것이 없으므로 둘 다 탕감하여 주었으니 둘 중에 누가 그를 더
사랑하겠느냐

43 시몬이 대답하여 이르되 내 생각에는 많이 탕감함을 받은 자니이다
이르시되 네 판단이 옳다 하시고

(눅 7:40-43)

여기서 부채 탕감은 단순한 경제적 거래를 넘어서 영적인 부채 탕감도 포함한다.

43 사람마다 두려워하는데 사도들로 말미암아 기사와 표적이 많이 나타
나니

44 믿는 사람이 다 함께 있어 모든 물건을 서로 통용하고

45 또 재산과 소유를 팔아 각 사람의 필요를 따라 나눠 주며

46 날마다 마음을 같이하여 성전에 모이기를 힘쓰고 집에서 떡을 떼며
기쁨과 순전한 마음으로 음식을 먹고

47 하나님을 찬미하며 또 온 백성에게 칭송을 받으니 주께서 구원 받는
사람을 날마다 더하게 하시니라

(행 2:43-47)

32 믿는 무리가 한마음과 한 뜻이 되어 모든 물건을 서로 통용하고 자기
재물을 조금이라도 자기 것이라 하는 이가 하나도 없더라

33 사도들이 큰 권능으로 주 예수의 부활을 증언하니 무리가 큰 은혜를
받아

34 그 중에 가난한 사람이 없으니 이는 밭과 집 있는 자는 팔아 그 판 것
의 값을 가져다가

35 사도들의 발 앞에 두매 그들이 각 사람의 필요를 따라 나누어 줌이라

36 구브로에서 난 레위족 사람이 있으니 이름은 요셉이라 사도들이 일컬
어 바나바라(번역하면 위로의 아들이라) 하니

37 그가 밭이 있으매 팔아 그 값을 가지고 사도들의 발 앞에 두니라

(행 4:32-37)

사도행전은 제자들이 재산과 토지를 팔아 서로 나누고, 함께 식사하고 생활하며 공동체를 회복하는 모습을 묘사하는데, 이는 안식일, 안식년과 희년에서의 이상적인 모습을 상기시킨다.

부의 축적에 대한 경고

구약성서에서 축적의 무익함에 대한 경고가 지속해서 나온다. 이는 신약성서도 마찬가지다. 예수는 부자가 하나님 나라에 들어가는 것이 낙타가 바늘귀로 들어가는 것보다 어렵다고 하였다.

> 16 어떤 사람이 주께 와서 이르되 선생님이여 내가 무슨 선한 일을 하여야 영생을 얻으리이까
> …
> 21 예수께서 이르시되 네가 온전하고자 할진대 가서 네 소유를 팔아 가난한 자들에게 주라 그리하면 하늘에서 보화가 네게 있으리라 그리고 와서 나를 따르라 하시니
>
> 22 그 청년이 재물이 많으므로 이 말씀을 듣고 근심하며 가니라
>
> 23 예수께서 제자들에게 이르시되 내가 진실로 너희에게 이르노니 부자는 천국에 들어가기가 어려우니라
>
> 24 다시 너희에게 말하노니 낙타가 바늘귀로 들어가는 것이 부자가 하나님의 나라에 들어가는 것보다 쉬우니라 하시니
>
> (마 19:16-24)

마태복음 19장에 나오는 낙타와 바늘귀 이야기는 마가복음과 누가복음에도 나온다.

> 17 예수께서 길에 나가실새 한 사람이 달려와서 꿇어앉아 묻자오되 선한 선생님이여 내가 무엇을 하여야 영생을 얻으리이까
> …
> 21 예수께서 그를 보시고 사랑하사 이르시되 네게 아직도 한 가지 부족한 것이 있으니 가서 네게 있는 것을 다 팔아 가난한 자들에게 주라 그리하면 하늘에서 보화가 네게 있으리라 그리고 와서 나를 따르라 하시니

22 그 사람은 재물이 많은 고로 이 말씀으로 인하여 슬픈 기색을 띠고
근심하며 가니라

23 예수께서 둘러 보시고 제자들에게 이르시되 재물이 있는 자는 하나님
의 나라에 들어가기가 심히 어렵도다 하시니

24 제자들이 그 말씀에 놀라는지라 예수께서 다시 대답하여 이르시되
얘들아 하나님의 나라에 들어가기가 얼마나 어려운지

25 낙타가 바늘귀로 나가는 것이 부자가 하나님의 나라에 들어가는 것
보다 쉬우니라 하시니

(막 10:17-25)

마태복음/마가복음과 달리 누가복음은 근심하는 부자를 관리로 명시한다.

18 어떤 관리가 물어 이르되 선한 선생님이여 내가 무엇을 하여야 영생
을 얻으리이까

...

22 예수께서 이 말을 들으시고 이르시되 네게 아직도 한 가지 부족한 것
이 있으니 네게 있는 것을 다 팔아 가난한 자들에게 나눠 주라 그리하면
하늘에서 네게 보화가 있으리라 그리고 와서 나를 따르라 하시니

23 그 사람이 큰 부자이므로 이 말씀을 듣고 심히 근심하더라

24 예수께서 그를 보시고 이르시되 재물이 있는 자는 하나님의 나라에
들어가기가 얼마나 어려운지

25 낙타가 바늘귀로 들어가는 것이 부자가 하나님의 나라에 들어가는 것
보다 쉬우니라 하시니

(눅 18:18-25)

마태복음, 마가복음, 누가복음, 공관복음서 세 권 모두 낙타와 바

늘귀 이야기를 증언하면서 부가 신앙에 미치는 부정적인 영향에 대해 명확히 강조하고 있다.

마가복음에서 예수는 주변 사람들이 훨씬 더 많이 헌금할 때 동전 두 개를 교회에 헌금한 과부의 비유를 언급한다.

41 예수께서 헌금함을 대하여 앉으사 무리가 어떻게 헌금함에 돈 넣는가를 보실새 여러 부자는 많이 넣는데

42 한 가난한 과부는 와서 두 렙돈 곧 한 고드란트를 넣는지라

43 예수께서 제자들을 불러다가 이르시되 내가 진실로 너희에게 이르노니 이 가난한 과부는 헌금함에 넣는 모든 사람보다 많이 넣었도다

44 그들은 다 그 풍족한 중에서 넣었거니와 이 과부는 그 가난한 중에서 자기의 모든 소유 곧 생활비 전부를 넣었느니라 하시니라

(막 12:41-44)

이런 맥락에서 부자와 나사로 이야기를 살펴보자.

19 한 부자가 있어 자색 옷과 고운 베옷을 입고 날마다 호화롭게 즐기더라

20 그런데 나사로라 이름하는 한 거지가 헌데 투성이로 그의 대문 앞에 버려진 채

21 그 부자의 상에서 떨어지는 것으로 배불리려 하매 심지어 개들이 와서 그 헌데를 핥더라

22 이에 그 거지가 죽어 천사들에게 받들려 아브라함의 품에 들어가고 부자도 죽어 장사되매

23 그가 음부에서 고통중에 눈을 들어 멀리 아브라함과 그의 품에 있는 나사로를 보고

24 불러 이르되 아버지 아브라함이여 나를 긍휼히 여기사 나사로를 보내
어 그 손가락 끝에 물을 찍어 내 혀를 서늘하게 하소서 내가 이 불꽃 가운
데서 괴로워하나이다

25 아브라함이 이르되 얘 너는 살았을 때에 좋은 것을 받았고 나사로는
고난을 받았으니 이것을 기억하라 이제 그는 여기서 위로를 받고 너는
괴로움을 받느니라

26 그뿐 아니라 너희와 우리 사이에 큰 구렁텅이가 놓여 있어 여기서 너
희에게 건너가고자 하되 갈 수 없고 거기서 우리에게 건너올 수도 없게
하였느니라

27 이르되 그러면 아버지여 구하노니 나사로를 내 아버지의 집에 보내
소서

28 내 형제 다섯이 있으니 그들에게 증언하게 하여 그들로 이 고통 받는
곳에 오지 않게 하소서

29 아브라함이 이르되 그들에게 모세와 선지자들이 있으니 그들에게 들
을지니라

30 이르되 그렇지 아니하니이다 아버지 아브라함이여 만일 죽은 자에게
서 그들에게 가는 자가 있으면 회개하리이다

31 이르되 모세와 선지자들에게 듣지 아니하면 비록 죽은 자 가운데서
살아나는 자가 있을지라도 권함을 받지 아니하리라 하였다 하시니라

(눅 16:19-31)

누가복음에서 묘사하는 부자와 나사로의 이야기는 부자가 가난한 자를 배려하지 않은 것에 관한 결과를 보여주고 있다. 부자의 화려한 옷과 저택, 잔치는 나사로의 비참한 삶과 대조를 이룬다. 하지만 사후에 부자는 고통 속에, 거지 나사로는 평화로운 안식 속에 거하게 된다. 부에 대한 부정적인 관점은 여과 없이 나타난다.

20 예수께서 눈을 들어 제자들을 보시고 이르시되 너희 가난한 자는 복
이 있나니 하나님의 나라가 너희 것임이요

21 지금 주린 자는 복이 있나니 너희가 배부름을 얻을 것임이요 지금 우
는 자는 복이 있나니 너희가 웃을 것임이요
…
24 그러나 화 있을진저 너희 부요한 자여 너희는 너희의 위로를 이미 받
았도다

25 화 있을진저 너희 지금 배부른 자여 너희는 주리리로다 화 있을진저
너희 지금 웃는 자여 너희가 애통하며 울리로다

(눅 6:20-25)

위 구절에서도 명시적으로 가난과 부를 대비하여, 가난한 자에게 복을, 부유한 자에게 화가 있을 것이라고 설명한다. 부에 대한 부정적 관점은 성서 전반에 걸쳐 나타난다.

46 마리아가 이르되 내 영혼이 주를 찬양하며

47 내 마음이 하나님 내 구주를 기뻐하였음은

48 그의 여종의 비천함을 돌보셨음이라 보라 이제 후로는 만세에 나를
복이 있다 일컬으리로다

49 능하신 이가 큰 일을 내게 행하셨으니 그 이름이 거룩하시며

50 긍휼하심이 두려워하는 자에게 대대로 이르는도다

51 그의 팔로 힘을 보이사 마음의 생각이 교만한 자들을 흩으셨고

52 권세 있는 자를 그 위에서 내리치셨으며 비천한 자를 높이셨고

53 주리는 자를 좋은 것으로 배불리셨으며 부자는 빈 손으로 보내셨도다

54 그 종 이스라엘을 도우사 긍휼히 여기시고 기억하시되

55 우리 조상에게 말씀하신 것과 같이 아브라함과 그 자손에게 영원히 하시리로다 하니라

(눅 1:46-55)

누가복음 1장 46-55절은 마리아의 찬가라고 불린다. 마리아는 천사로부터 예수 출산을 고지받고 친척 엘리사벳에게 가서 함께 지낸다. 이러한 배경에서 마리아의 찬가가 나오는데, 여기서도 부자에 대한 심판이 언급된다.

1 들으라 부한 자들아 너희에게 임할 고생으로 말미암아 울고 통곡하라

2 너희 재물은 썩었고 너희 옷은 좀먹었으며

3 너희 금과 은은 녹이 슬었으니 이 녹이 너희에게 증거가 되며 불 같이 너희 살을 먹으리라 너희가 말세에 재물을 쌓았도다

4 보라 너희 밭에서 추수한 품꾼에게 주지 아니한 삯이 소리 지르며 그 추수한 자의 우는 소리가 만군의 주의 귀에 들렸느니라

5 너희가 땅에서 사치하고 방종하여 살륙의 날에 너희 마음을 살찌게 하였도다

6 너희는 의인을 정죄하고 죽였으나 그는 너희에게 대항하지 아니하였느니라

(약 5:1-6)

위 구절에서 보듯이 야고보서에서도 부에 대해 경계하는 태도를 보인다.

7 우리가 세상에 아무 것도 가지고 온 것이 없으매 또한 아무 것도 가지고 가지 못하리니

8 우리가 먹을 것과 입을 것이 있은즉 족한 줄로 알 것이니라

9 부하려 하는 자들은 시험과 올무와 여러 가지 어리석고 해로운 욕심에
떨어지나니 곧 사람으로 파멸과 멸망에 빠지게 하는 것이라

10 돈을 사랑함이 일만 악의 뿌리가 되나니 이것을 탐내는 자들은 미혹을
받아 믿음에서 떠나 많은 근심으로써 자기를 찔렀도다

(딤전 6:7-10)

디모데전서에서 부에 대한 욕망에 대해 부정적으로 언급하면서 경고하고 있다. 이러한 입장은 모든 부는 하나님에게서 나온다는 신앙적 관점에서 기인한다.

31 그러므로 염려하여 이르기를 무엇을 먹을까 무엇을 마실까 무엇을 입
을까 하지 말라

32 이는 다 이방인들이 구하는 것이라 너희 하늘 아버지께서 이 모든 것
이 너희에게 있어야 할 줄을 아시느니라

33 그런즉 너희는 먼저 그의 나라와 그의 의를 구하라 그리하면 이 모든
것을 너희에게 더하시리라

34 그러므로 내일 일을 위하여 염려하지 말라 내일 일은 내일이 염려할
것이요 한 날의 괴로움은 그 날로 족하니라

(마 6:32-33)

이스라엘 민족의 신앙에 따르면 물질은 하나님에게 속한 것이고 필수적인 물질의 공급도 하나님의 몫이다. 따라서 인간이 물질을 추구하는 것은 신앙에 방해만 될 뿐이다.

재산 소유에 대한 명령

신약성서에서 부의 축적에 대한 부정적인 입장은 재산 소유를 억제하는 명령으로 이어진다.

> **19** 너희를 위하여 보물을 땅에 쌓아 두지 말라 거기는 좀과 동록이 해하며 도둑이 구멍을 뚫고 도둑질하느니라
>
> **20** 오직 너희를 위하여 보물을 하늘에 쌓아 두라 거기는 좀이나 동록이 해하지 못하며 도둑이 구멍을 뚫지도 못하고 도둑질도 못하느니라
>
> **21** 네 보물 있는 그 곳에는 네 마음도 있느니라
>
> (마 6:19-21)

재산에 대한 성서적 관점은 인간과 만물에 대한 하나님의 권리에 기반을 두고 있다. 부에 대한 부정적 입장은 재산을 포기하라는 명령으로 이어진다.

> **17** 예수께서 길에 나가실새 한 사람이 달려와서 꿇어 앉아 묻자오되 선한 선생님이여 내가 무엇을 하여야 영생을 얻으리이까
>
> **18** 예수께서 이르시되 네가 어찌하여 나를 선하다 일컫느냐 하나님 한 분 외에는 선한 이가 없느니라
>
> **19** 네가 계명을 아나니 살인하지 말라, 간음하지 말라, 도둑질하지 말라, 거짓 증언 하지 말라, 속여 빼앗지 말라, 네 부모를 공경하라 하였느니라
>
> **20** 그가 여짜오되 선생님이여 이것은 내가 어려서부터 다 지켰나이다
>
> **21** 예수께서 그를 보시고 사랑하사 이르시되 네게 아직도 한 가지 부족한 것이 있으니 가서 네게 있는 것을 다 팔아 가난한 자들에게 주라 그리하면 하늘에서 보화가 네게 있으리라 그리고 와서 나를 따르라 하시니

22 그 사람은 재물이 많은 고로 이 말씀으로 인하여 슬픈 기색을 띠고 근심하며 가니라

(막 10:17-22)

물질적 부를 포기해야 하는 의무는 삶의 목적을 달성하는 데 필수적인 부분으로 묘사된다.

33 이와 같이 너희 중의 누구든지 자기의 모든 소유를 버리지 아니하면 능히 내 제자가 되지 못하리라

(눅 14:33)

예수는 제자가 되기 위한 필요조건으로 소유의 포기를 요구한다.

16 또 비유로 그들에게 말하여 이르시되 한 부자가 그 밭에 소출이 풍성하매

17 심중에 생각하여 이르되 내가 곡식 쌓아 둘 곳이 없으니 어찌할까 하고

18 또 이르되 내가 이렇게 하리라 내 곳간을 헐고 더 크게 짓고 내 모든 곡식과 물건을 거기 쌓아 두리라

19 또 내가 내 영혼에게 이르되 영혼아 여러 해 쓸 물건을 많이 쌓아 두었으니 평안히 쉬고 먹고 마시고 즐거워하자 하리라 하되

20 하나님은 이르시되 어리석은 자여 오늘 밤에 네 영혼을 도로 찾으리니 그러면 네 준비한 것이 누구의 것이 되겠느냐 하셨으니

21 자기를 위하여 재물을 쌓아 두고 하나님께 대하여 부요하지 못한 자가 이와 같으니라

(눅 12:16-21)

위 구절에서 부와 영혼을 대비하여 설명하고 있다. 재물은 영혼의

평안을 방해하는 요소로 묘사된다.

1 사람에게 보이려고 그들 앞에서 너희 의를 행하지 않도록 주의하라 그
리하지 아니하면 하늘에 계신 너희 아버지께 상을 받지 못하느니라
2 그러므로 구제할 때에 외식하는 자가 사람에게서 영광을 받으려고 회
당과 거리에서 하는 것 같이 너희 앞에 나팔을 불지 말라 진실로 너희에
게 이르노니 그들은 자기 상을 이미 받았느니라
3 너는 구제할 때에 오른손이 하는 것을 왼손이 모르게 하여
4 네 구제함을 은밀하게 하라 은밀한 중에 보시는 너의 아버지께서 갚으
시리라

(마 6:1-4)

예수는 부를 포기하고 자선을 베풀 때 그러한 행위를 과시하지 말라고 명령한다. 재분배는 당연히 행해야 할 의무와 같은 것이다.

1 예수께서 여리고로 들어가 지나가시더라
2 삭개오라 이름하는 자가 있으니 세리장이요 또한 부자라
3 그가 예수께서 어떠한 사람인가 하여 보고자 하되 키가 작고 사람이
많아 할 수 없어
4 앞으로 달려가서 보기 위하여 돌무화과나무에 올라가니 이는 예수께서
그리로 지나가시게 됨이러라
5 예수께서 그 곳에 이르사 쳐다 보시고 이르시되 삭개오야 속히 내려오
라 내가 오늘 네 집에 유하여야 하겠다 하시니
6 급히 내려와 즐거워하며 영접하거늘
7 뭇 사람이 보고 수군거려 이르되 저가 죄인의 집에 유하러 들어갔도다

하더라

8 삭개오가 서서 주께 여짜오되 주여 보시옵소서 내 소유의 절반을 가난
한 자들에게 주겠사오며 만일 누구의 것을 속여 빼앗은 일이 있으면 네
갑절이나 갚겠나이다

9 예수께서 이르시되 오늘 구원이 이 집에 이르렀으니 이 사람도 아브라
함의 자손임이로다

10 인자가 온 것은 잃어버린 자를 찾아 구원하려 함이니라

(눅 19:1-10)

삭개오 이야기에서 부유한 자가 부를 포기하는 구체적인 방법을 제시한다. 부정한 세리 삭개오는 재산의 절반을 기부하고 사기 금액의 네 배를 갚는다.

이스라엘 경제의 근간이 된 농업 규칙은 수확기에 다 수확하지 않고 일정량을 그대로 두어서 가난한 사람들에게 남기는 것이었다. 예수는 이러한 율법 조항을 상기시킨다.

23 안식일에 예수께서 밀밭 사이로 지나가실새 그의 제자들이 길을 열며
이삭을 자르니

24 바리새인들이 예수께 말하되 보시오 저들이 어찌하여 안식일에 하지
못할 일을 하나이까

25 예수께서 이르시되 다윗이 자기와 및 함께 한 자들이 먹을 것이 없어
시장할 때에 한 일을 읽지 못하였느냐

26 그가 아비아달 대제사장 때에 하나님의 전에 들어가서 제사장 외에는
먹어서는 안 되는 진설병을 먹고 함께 한 자들에게도 주지 아니하였느냐

27 또 이르시되 안식일이 사람을 위하여 있는 것이요 사람이 안식일을
위하여 있는 것이 아니니

28 이러므로 인자는 안식일에도 주인이니라

(막 2:23-28)

예수는 마지막 심판의 기준이 가난한 자에 대한 자선임을 명시적으로 설명한다.

31 인자가 자기 영광으로 모든 천사와 함께 올 때에 자기 영광의 보좌에 앉으리니

32 모든 민족을 그 앞에 모으고 각각 구분하기를 목자가 양과 염소를 구분하는 것 같이 하여

33 양은 그 오른편에 염소는 왼편에 두리라

34 그 때에 임금이 그 오른편에 있는 자들에게 이르시되 내 아버지께 복 받을 자들이여 나아와 창세로부터 너희를 위하여 예비된 나라를 상속받으라

35 내가 주릴 때에 너희가 먹을 것을 주었고 목마를 때에 마시게 하였고 나그네 되었을 때에 영접하였고

36 헐벗었을 때에 옷을 입혔고 병들었을 때에 돌보았고 옥에 갇혔을 때에 와서 보았느니라

37 이에 의인들이 대답하여 이르되 주여 우리가 어느 때에 주께서 주리신 것을 보고 음식을 대접하였으며 목마르신 것을 보고 마시게 하였나이까

38 어느 때에 나그네 되신 것을 보고 영접하였으며 헐벗으신 것을 보고 옷 입혔나이까

39 어느 때에 병드신 것이나 옥에 갇히신 것을 보고 가서 뵈었나이까 하리니

40 임금이 대답하여 이르시되 내가 진실로 너희에게 이르노니 너희가

여기 내 형제 중에 지극히 작은 자 하나에게 한 것이 곧 내게 한 것이니
라 하시고

41 또 왼편에 있는 자들에게 이르시되 저주를 받은 자들아 나를 떠나 마
귀와 그 사자들을 위하여 예비된 영원한 불에 들어가라

42 내가 주릴 때에 너희가 먹을 것을 주지 아니하였고 목마를 때에 마시
게 하지 아니하였고

43 나그네 되었을 때에 영접하지 아니하였고 헐벗었을 때에 옷 입히지
아니하였고 병들었을 때와 옥에 갇혔을 때에 돌보지 아니하였느니라 하
시니

44 그들도 대답하여 이르되 주여 우리가 어느 때에 주께서 주리신 것이
나 목마르신 것이나 나그네 되신 것이나 헐벗으신 것이나 병드신 것이나
옥에 갇히신 것을 보고 공양하지 아니하더이까

45 이에 임금이 대답하여 이르시되 내가 진실로 너희에게 이르노니 이
지극히 작은 자 하나에게 하지 아니한 것이 곧 내게 하지 아니한 것이니라
하시리니

46 그들은 영벌에, 의인들은 영생에 들어가리라 하시니라

(마 25:31-46)

이렇듯 부에 대한 부정적 관점은 현실에서 부를 포기해야 하는 실행 규칙으로 나타나고 있다.

가난에 대한 축복

부에 대한 부정적 견해는 가난에 대한 긍정적 견해로도 연결된다.

20 예수께서 눈을 들어 제자들을 보시고 이르시되 너희 가난한 자는 복

이 있나니 하나님의 나라가 너희 것임이요

(눅 6:20)

예수는 가난한 자에게 복이 있다고 선포한다.

5 내 사랑하는 형제들아 들을지어다 하나님이 세상에서 가난한 자를 택
하사 믿음에 부요하게 하시고 또 자기를 사랑하는 자들에게 약속하신 나
라를 상속으로 받게 하지 아니하셨느냐

(약 2:5)

야고보서에 따르면 하나님은 가난한 자를 선택한다.

7 열두 제자를 부르사 둘씩 둘씩 보내시며 더러운 귀신을 제어하는 권능
을 주시고

8 명하시되 여행을 위하여 지팡이 외에는 양식이나 배낭이나 전대의 돈
이나 아무 것도 가지지 말며

9 신만 신고 두 벌 옷도 입지 말라 하시고

10 또 이르시되 어디서든지 누구의 집에 들어가거든 그 곳을 떠나기까지
거기 유하라

(막 6:7-10)

1 예수께서 열두 제자를 불러 모으사 모든 귀신을 제어하며 병을 고치는
능력과 권위를 주시고

2 하나님의 나라를 전파하며 앓는 자를 고치게 하려고 내보내시며

3 이르시되 여행을 위하여 아무 것도 가지지 말라 지팡이나 배낭이나 양
식이나 돈이나 두 벌 옷을 가지지 말며

4 어느 집에 들어가든지 거기서 머물다가 거기서 떠나라

(눅 9:1-4)

예수는 제자들에게 가난한 삶을 명령한다.

1 그 후에 주께서 따로 칠십 인을 세우사 친히 가시려는 각 동네와 각 지역으로 둘씩 앞서 보내시며

2 이르시되 추수할 것은 많되 일꾼이 적으니 그러므로 추수하는 주인에게 청하여 추수할 일꾼들을 보내 주소서 하라

3 갈지어다 내가 너희를 보냄이 어린 양을 이리 가운데로 보냄과 같도다

4 전대나 배낭이나 신발을 가지지 말며 길에서 아무에게도 문안하지 말며

5 어느 집에 들어가든지 먼저 말하되 이 집이 평안할지어다 하라

(눅 10:1-5)

부를 비판하고 가난을 찬양하는 견해는 성서의 일관된 생각이다. 예수의 가난한 자에 관한 관심은 복음서 곳곳에서 드러난다. 이러한 관심은 이스라엘 민족의 경계를 넘어선다.

30 예수께서 대답하여 이르시되 어떤 사람이 예루살렘에서 여리고로 내려가다가 강도를 만나매 강도들이 그 옷을 벗기고 때려 거의 죽은 것을 버리고 갔더라

31 마침 한 제사장이 그 길로 내려가다가 그를 보고 피하여 지나가고

32 또 이와 같이 한 레위인도 그 곳에 이르러 그를 보고 피하여 지나가되

33 어떤 사마리아 사람은 여행하는 중 거기 이르러 그를 보고 불쌍히 여겨

34 가까이 가서 기름과 포도주를 그 상처에 붓고 싸매고 자기 짐승에 태
워 주막으로 데리고 가서 돌보아 주니라

35 그 이튿날 그가 주막 주인에게 데나리온 둘을 내어 주며 이르되 이 사
람을 돌보아 주라 비용이 더 들면 내가 돌아올 때에 갚으리라 하였으니

36 네 생각에는 이 세 사람 중에 누가 강도 만난 자의 이웃이 되겠느냐

37 이르되 자비를 베푼 자니이다 예수께서 이르시되 가서 너도 이와 같
이 하라 하시니라

(눅 10:30-37)

예수의 윤리는 가족과 낯선 사람 사이의 경계를 지우고, 낯선 사람에게 일반화된 상호성을 제공한다.

초대 교회의 모습

초대 교회는 부의 소유와 축적을 거부하고 공동으로 소유하는 공동체의 모습을 보여준다.

43 사람마다 두려워하는데 사도들로 말미암아 기사와 표적이 많이 나타
나니

44 믿는 사람이 다 함께 있어 모든 물건을 서로 통용하고

45 또 재산과 소유를 팔아 각 사람의 필요를 따라 나눠 주며

46 날마다 마음을 같이하여 성전에 모이기를 힘쓰고 집에서 떡을 떼며
기쁨과 순전한 마음으로 음식을 먹고

47 하나님을 찬미하며 또 온 백성에게 칭송을 받으니 주께서 구원 받는
사람을 날마다 더하게 하시니라

(행 2:43-47)

사도 바울은 예루살렘 교회 공동체가 가난한 사람들에게 자원을 분배하는 것을 묘사한다.

> 25 그러나 이제는 내가 성도를 섬기는 일로 예루살렘에 가노니
>
> 26 이는 마게도냐와 아가야 사람들이 예루살렘 성도 중 가난한 자들을 위하여 기쁘게 얼마를 연보하였음이라
>
> 27 저희가 기뻐서 하였거니와 또한 저희는 그들에게 빚진 자니 만일 이방인들이 그들의 영적인 것을 나눠 가졌으면 육적인 것으로 그들을 섬기는 것이 마땅하니라
>
> 28 그러므로 내가 이 일을 마치고 이 열매를 그들에게 확증한 후에 너희에게 들렀다가 서바나로 가리라
>
> 29 내가 너희에게 나아갈 때에 그리스도의 충만한 복을 가지고 갈 줄을 아노라
>
> (롬 15:25-29)

여기서 서바나는 오늘날 스페인을 말한다. 바울은 서바나로 전도 여행을 가는 길인데 반대 방향인 예루살렘으로 향한다. 마게도냐와 아가야 사람들이 예루살렘에 있는 가난한 성도들을 위해 헌금을 했기 때문이다. 예루살렘으로 가져가는 헌금에 이방인이 참여한 사실은 이방인들의 연대를 잘 보여준다.

> 1 성도를 섬기는 일에 대하여는 내가 너희에게 쓸 필요가 없나니
>
> ...
>
> 5 그러므로 내가 이 형제들로 먼저 너희에게 가서 너희가 전에 약속한 연보를 미리 준비하게 하도록 권면하는 것이 필요한 줄 생각하였노니 이렇게 준비하여야 참 연보답고 억지가 아니니라

6 이것이 곧 적게 심는 자는 적게 거두고 많이 심는 자는 많이 거둔다 하는 말이로다

7 각각 그 마음에 정한 대로 할 것이요 인색함으로나 억지로 하지 말지니 하나님은 즐겨 내는 자를 사랑하시느니라

(고후 9:1-12)

바울은 가난한 사람들을 위한 헌금을 강조한다. 또한 선교에 있어서 가난한 사람들을 기억하는 것이 필수적임을 밝힌다.

10 다만 우리에게 가난한 자들을 기억하도록 부탁하였으니 이것은 나도 본래부터 힘써 행하여 왔노라

(갈 2:10)

바울은 부를 추구하지 말고 자선을 베풀라고 명시적으로 요구한다.

17 네가 이 세대에서 부한 자들을 명하여 마음을 높이지 말고 정함이 없는 재물에 소망을 두지 말고 오직 우리에게 모든 것을 후히 주사 누리게 하시는 하나님께 두며

18 선을 행하고 선한 사업을 많이 하고 나누어 주기를 좋아하며 너그러운 자가 되게 하라

19 이것이 장래에 자기를 위하여 좋은 터를 쌓아 참된 생명을 취하는 것이니라

(딤전 6:17-19)

이렇듯 부를 비판하고 가난을 찬양하는 성서의 정신은 초대 교회에서 실현되고 있다.

예수의 가르침과 사회적 맥락

복음서에는 예수의 부에 대한 경고에 대해 자주 설명하는데 이는 구체적인 역사적, 경제적, 사회적 맥락이 있다. 이에 따르면 로마 제국의 정치 경제적 제도하에서 예수는 부를 제국 정책의 또 다른 모습으로 여긴다(Wright, 2019).

고대 역사 기록에 따르면 로마 제국은 인구의 약 3%에 해당하는 소수의 엘리트가 통치하는 귀족 제국이다. 이 소수의 지배계급은 제국의 토지와 노동력 자원을 세습적으로 지배하며 생산량의 약 65%를 소비하고 농민들의 경작물과 가축의 약 30%를 몰수했다. 팔레스타인의 고대 경제는 농민들의 생계형 농업을 통한 식량 생산에 기반을 둔 저개발 농업 경제였다. 당시 사회는 인구 대부분을 차지하는 농민들의 세금과 지대를 통해 소수의 엘리트층에 유리한, 비대칭적인 부의 분배를 특징으로 한다. 임대료, 세금, 십일조 형태의 부는 도심, 특히 예루살렘 성전으로 흘러 들어갔다. 도시의 부는 농촌 경제를 착취한 결과라고 볼 수 있다.

도시 내에서도 불평등은 심각했다. 도시 인구의 약 3%가 부유층, 17%가 일부 상인과 장인으로 구성된 중간층이었고, 하위 80%는 생계 수준 이하였다고 추정한다. 무역과 산업 성장은 분명히 제국 내에서 일어났지만, 제국의 위계적이고 과두적인 사회정치적 구조에 의해 불평등 구조는 지속되었다. 지배계급은 세금, 지대, 대출, 이자, 공물 등을 이용해 농민과 하층민을 착취하고 부를 축적하였다. 신약시대 '부자'는 일반적으로 '탐욕스러운 사람'을 의미했고, 일반적으로 다른 사람들을 착취하여 부자가 된 것으로 생각했다.

신약성서 당대 세계에 살았던 대다수 사람에게 삶은 자신의 삶을 지배하는 조건에 대한 통제권은 거의 없었다. 그저 권력자의 지배를 의심 없이 받아들이게 되었다. 사람이 이용할 수 있는 재화는 제한되어 있다는 인식이 생겨났고, 부는 자연에 내재하여 있는 것으로,

결코 늘릴 수 없는 것으로 여겨졌다. 따라서 개인은 다른 사람의 희생을 통해서만 높은 사회적 지위를 차지할 수 있다고 여겼다.

13 무리 중에 한 사람이 이르되 선생님 내 2)형을 명하여 유산을 나와 나누게 하소서 하니

14 이르시되 이 사람아 누가 나를 너희의 재판장이나 물건 나누는 자로 세웠느냐 하시고

15 그들에게 이르시되 삼가 모든 탐심을 물리치라 사람의 생명이 그 소유의 넉넉한 데 있지 아니하니라 하시고

16 또 비유로 그들에게 말하여 이르시되 한 부자가 그 밭에 소출이 풍성하매

17 심중에 생각하여 이르되 내가 곡식 쌓아 둘 곳이 없으니 어찌할까 하고

18 또 이르되 내가 이렇게 하리라 내 곳간을 헐고 더 크게 짓고 내 모든 곡식과 물건을 거기 쌓아 두리라

19 또 내가 내 영혼에게 이르되 영혼아 여러 해 쓸 물건을 많이 쌓아 두었으니 평안히 쉬고 먹고 마시고 즐거워하자 하리라 하되

20 하나님은 이르시되 어리석은 자여 오늘 밤에 네 영혼을 도로 찾으리니 그러면 네 준비한 것이 누구의 것이 되겠느냐 하셨으니

21 자기를 위하여 재물을 쌓아 두고 하나님께 대하여 부요하지 못한 자가 이와 같으니라

(눅 12:13-21)

누가복음 12장의 부자의 비유는 당시 사람들의 부에 대한 견해를 잘 보여준다. 부자는 탐욕스러운 사람이라는 관념은 부가 한정되어 있다는 관념을 반영한다. 자신의 몫이 커지면 다른 이의 몫은 작아

진다. 구약시대와 마찬가지로 신약 시대에도 부는 본질적으로 악하다는 관념이 널리 퍼져있었다. 복음서에서 보는 부는 착취적 제도와 동의어라는 점을 분명히 알 수 있다.

> **17** 예수께서 길에 나가실새 한 사람이 달려와서 꿇어 앉아 묻자오되 선한 선생님이여 내가 무엇을 하여야 영생을 얻으리이까
>
> **18** 예수께서 이르시되 네가 어찌하여 나를 선하다 일컫느냐 하나님 한 분 외에는 선한 이가 없느니라
>
> **19** 네가 계명을 아나니 살인하지 말라, 간음하지 말라, 도둑질하지 말라, 거짓 증언 하지 말라, 속여 빼앗지 말라, 네 부모를 공경하라 하였느니라
>
> (막 10:17-19)

마가복음 10장에서 묘사하는 예수와 부자의 만남에서 부에 대한 관점이 잘 드러나 있다. 예수는 부자에게 계명을 지키라고 요청한다. 이는 구약성서에 이미 있는 내용이다. 하지만 "속여 빼앗지 말라"는 계명은 없다. 이는 마가복음에서 새롭게 등장한 계명이다. 로마 제국의 착취 체제하에서 부자는 다른 사람을 속여서 빼앗은 사람이라는 관점이 널리 퍼져있음을 보여준다.

> **21** 예수께서 그를 보시고 사랑하사 이르시되 네게 아직도 한 가지 부족한 것이 있으니 가서 네게 있는 것을 다 팔아 가난한 자들에게 주라 그리하면 하늘에서 보화가 네게 있으리라 그리고 와서 나를 따르라 하시니
>
> (막 10:21)

재산을 팔아 가난한 사람에게 주라는 예수의 명령은 부자의 부가 정당하지 않다는 것을 의미한다. 따라서 가난한 사람에게 보상해야 한다. 부에 대한 예수의 부정적 견해는 당시 로마 제국의 지배계급과 수탈 체제에 대한 비판에 기반한다.

Chapter

6

신약과 경제사상 II

- 갈릴리 예수
- 예수 시대 부채의 문제
- 주기도문
- 조세와 세금
- 예수의 조세 저항
- 경쟁과 황금률

가난한 자를 위한 경제:
성서와 경제사상

Chapter

6

신약과 경제사상 II

예수는 초대 로마 황제 시저 아우구스투스(기원전 27~14년)와 당시 팔레스타인 지역을 통치한 헤롯 대왕(기원전 37~4년)의 통치 말기에 태어났다. 예수는 극적인 정치적 변화, 특히 지방 지역이 로마의 정치-경제적 영역에 통합되고, 그에 따른 동부 지방 지역의 도시화, 로마 엘리트들에 의한 후원 정치의 증가, 농업의 상업화 등으로 인해 스트레스를 받는 세계에 오셨다(Oakman, 2015).

갈릴리 예수

10 예수께서 예루살렘에 들어가시니 온 성이 소동하여 이르되 이는 누구냐 하거늘

11 무리가 이르되 갈릴리 나사렛에서 나온 선지자 예수라 하니라

(마 21:10-11)

예수가 성장한 나사렛은 갈릴리 도시 세포리스 근처에 있는 아주 작은 마을이었다. 갈릴리 예수는 갈릴리 현장에서 역사 속에 존재하

는 예수이다.

1 예수께서 거기를 떠나사 고향으로 가시니 제자들도 따르니라

2 안식일이 되어 회당에서 가르치시니 많은 사람이 듣고 놀라 이르되 이 사람이 어디서 이런 것을 얻었느냐 이 사람이 받은 지혜와 그 손으로 이루어지는 이런 권능이 어찌됨이냐

3 이 사람이 마리아의 아들 목수가 아니냐 야고보와 요셉과 유다와 시몬의 형제가 아니냐 그 누이들이 우리와 함께 여기 있지 아니하냐 하고 예수를 배척한지라

4 예수께서 그들에게 이르시되 선지자가 자기 고향과 자기 친척과 자기 집 외에서는 존경을 받지 못함이 없느니라 하시며

5 거기서는 아무 권능도 행하실 수 없어 다만 소수의 병자에게 안수하여 고치실 뿐이었고

6 그들이 믿지 않음을 이상히 여기셨더라

(막 6:1-6)

예수는 서민 출신으로 태어났고 동시대 사람들이 보기에 그의 사회적 지위는 낮았다. 예수는 철저하게 평민이었고, 어부, 농부, 매춘부, 귀신 들린 자, 사회적 낙오자 등 하층 계급과 자신을 동일시 하였다. 예수는 세포리스, 티베리아, 가버나움, 예루살렘, 가이사랴 빌립보, 데카폴리스, 페니키아 해안 도시 등 건축 활동이 활발한 곳을 여행하며 장인으로서 일을 하였고, 그 과정에서 하층 계급과 어울렸다.

13 예수께서 다시 바닷가에 나가시매 큰 무리가 나왔거늘 예수께서 그들을 가르치시니라

14 또 지나가시다가 알패오의 아들 레위가 세관에 앉아 있는 것을 보시고
그에게 이르시되 나를 따르라 하시니 일어나 따르니라

15 그의 집에 앉아 잡수실 때에 많은 세리와 죄인들이 예수와 그의 제자들
과 함께 앉았으니 이는 그러한 사람들이 많이 있어서 예수를 따름이러라

(막 2:13-15)

사실 예수의 낮은 출신과 비참한 최후는 사도 세대와 전도자들에게 큰 도전이 되었다. 그들은 예수의 사회적 지위와 명예를 회복하기 위해 예수를 이스라엘 예언과 확고하게 연결하고, 족보를 만들고, 수난 이야기를 써야 했다.

예수의 사역은 모든 농민이 매일 걱정하는 생존의 위협을 해소하는 것에 연관된다. 이와 관련하여 가뭄이나 전염병과 같은 자연재해와 사회적 착취 관계는 중요한 요소이다. 산업화 이전의 생산 조건에서는 식량 저장 문제가 발생하고 농민들은 안정적인 생계를 유지하기가 어렵다. 자기 소유의 토지가 없는 농민들은 다른 지주에게 고용되거나 어업과 같은 다른 분야에 종사해야 한다.

도시화와 농업의 상업화는 농민들을 힘들게 만든다. 대토지 소유주들은 농민들을 소작농으로 만들거나 토지에서 몰아낸다. 멀리 떨어져 살면서 대규모 영지를 관리하는 대지주들은 현장 상황을 제대로 파악하지 못하는 문제도 있다. 농업의 상업화로 인해 수확물은 경작자 가족의 수요를 맞추지 못한다. 지배계층은 농업의 잉여생산물을 차지하기 위해 세금 징수에 힘쓴다. 세금과 임대료를 납부하기 힘든 농민들은 부채의 늪에 빠지고 생계는 점점 더 불안하다.

예수의 정치적 실천은 바로 이러한 상황을 해결하기 위해 시작되었다. 이러한 상황은 복음서의 많은 비유에서 발견되는 것으로, 예수의 사회적 관심사를 반영한다.

1 예수께서 한 곳에서 기도하시고 마치시매 제자 중 하나가 여짜오되 주
여 요한이 자기 제자들에게 기도를 가르친 것과 같이 우리에게도 가르쳐
주옵소서

2 예수께서 이르시되 너희는 기도할 때에 이렇게 하라 아버지여 이름이
거룩히 여김을 받으시오며 나라가 임하시오며

3 우리에게 날마다 일용할 양식을 주시옵고

4 우리가 우리에게 죄 지은 모든 사람을 용서하오니 우리 죄도 사하여
주시옵고 우리를 시험에 들게 하지 마시옵소서 하라

(눅 11:1-10)

위 구절 중 4절 죄지은 사람은 빚진 사람으로 주로 해석된다. 예수의 정치적 관점은 일용할 양식과 부채 탕감을 구하는 기도에서 잘 드러난다. 예수는 재산 축적이 아닌 재분배, 경쟁이 아닌 호혜적 나눔, 그리고 현실에서의 충만한 삶을 선포한다. 이러한 예수의 활동은 당시 로마와 지배계층에게 위협이 되었다.

27 강도 둘을 예수와 함께 십자가에 못 박으니 하나는 그의 우편에, 하나
는 좌편에 있더라

(막 15:27)

예수는 두 명의 강도 사이에서 십자가형을 받았다. 지배계층에게 예수는 강도와 같은 범죄자였다.

많은 학자에 따르면 예수가 성장한 갈릴리는 극심한 가난에 시달렸고, 그의 추종자들은 주로 가난한 사람들이었으며, 그의 청중은 가난한 대중이었다. 그러나 갈릴리가 평등주의적이고 경제적으로 번영한 사회였다고 주장하는 학자들도 존재한다(Fiensy & Hawkins, 2013). 이러한 논쟁에 대해 간략히 살펴보자.

예수 사역 당시 갈릴리 사회에 대해 어떤 학자들은 농촌 마을과 도시 사이의 관계가 적대적이었다고 주장하고, 다른 이들은 경제적 호혜와 선의의 관계였다고 주장한다. 갈릴리는 농촌에 사는 가난한 농민과 도시에 사는 부유층으로 구성된 전형적인 농경 사회였다고 주장하는 사람도 있고, 모든 사람의 삶이 꽤 좋았으며 평등주의 사회였다고 주장하는 사람도 있다. 후자에 따르면 갈릴리는 경제적으로 번영했고, 활발한 제조업과 무역으로 인해 경제적으로 나쁘지 않았다는 것이다. 적어도 일부 주민들은 어느 정도 부를 축적했다.

어떤 사람들은 갈릴리가 너무 헬레니즘화되어 냉소주의 철학자들이 돌아다녔다고 생각하지만, 다른 사람들은 갈릴리는 철저하게 유대적이었다고 반박한다. 어떤 이들은 갈릴리 사람들이 정치적, 종교적으로 급진화되어 로마인뿐만 아니라 남쪽의 유대인들에 대해서도 저항했다고 생각한다. 다른 이들은 갈릴리 사람들이 급진적이지는 않았지만, 종교와 정치에 있어서 유대인들에 친화적이었다고 주장한다. 즉 이데올로기적으로 유대인이었고 경제적으로도 좋은 시절을 경험하고 있었다고 생각한다. 갈릴리의 웅장한 건축물이 이를 뒷받침한다.

예수 시대 부채의 문제

고대 농민들에게 만성적인 부채는 재앙과도 같았다. 부채는 농경 수확물을 저당 잡히고 농업 생산에 대한 통제권을 박탈당하게 만든다. 팔레스타인의 사회적 관계 속에서 예수의 활동을 살펴보면 고질적인 부채로 인해 삶을 저당 잡힌 사람들에 대한 깊은 관심을 알 수 있다(Oakman, 2015).

예수 당시 이스라엘 사람 중 상당수는 세금, 공물, 십일조, 종교 회비, 토지 임대료 등 엄청난 빚을 지고 노동했다. 부채 문제는 1세기

팔레스타인의 토지 소유 계층과 지대나 임금 노동을 강요받는 사람들 사이의 관계를 악화시켰다. 부채는 부자는 계속 부자가 되고 가난한 사람은 더욱 가난해지는 주요 메커니즘 중 하나였다.

구약성서에 나타난 이스라엘 전통은 부채의 파괴적인 사회경제적 영향을 제한하려는 것이었다. 부채에 대한 성서적 관점의 기본 전제는 하나님 앞에서 이스라엘의 각 구성원이 평등하다는 것이다. 이스라엘 왕정의 출현과 그에 따른 계급 간 불평등은 이러한 평등의 전통과 충돌을 일으키곤 했다. 부채 문제에 대한 성서의 평등 전통은 로마 제국에서도 찾아볼 수 있다. 부채 폐지는 혁명적 슬로건으로 자주 등장했고 토지 재분배에 대한 요구가 수반되었다.

예수 탄생 직전 1세기 반 동안 로마의 제국주의적이고 착취적인 농업 정책에 저항하는 움직임은 종종 있었고 이는 부채가 사회적으로 파괴적인 영향을 미친다는 증거로 여겨진다(Oakman, 2015). 기원전 2세기 로마 공화정의 정치가 티베리우스 셈프로니우스 그라쿠스(Tiberius Sempronius Gracchus, 기원전 220-154)는 사회 개혁을 시도하였다. 당시 포에니 전쟁으로 인해 사회가 혼란해지고 노예 기반 대농장제도인 라티푼디움의 발달로 대지주와 귀족들은 부유해지고 농민은 피폐해지는 등 빈부격차는 커졌다. 티베리우스는 국유지의 공정한 분배를 통해 농민을 보호하는 농지법을 통과시켰다. 그러나 반대파는 티베리우스를 살해하고 지지자들을 학살하였고, 토지 개혁은 제대로 진행되지 않았다. 로마 사회는 대지주와 귀족이 지배하는 사회가 계속되었다.

오늘날 튀르키예의 페르가몬을 중심으로 한 페르가몬 왕국의 마지막 군주는 아탈로스 3세(Attalos III)이다. 그는 티베리우스의 죽음과 거의 같은 시기에 로마 공화국에 나라를 넘기겠다는 유언을 남긴다. 이에 반발하여 대규모 노예 반란이 아리스토니코스(Aristonicus)의 지휘 아래 일어난다. 이 반란은 당시 농민 착취에 저항하여 평등주의 국가 건설이라는 목표를 가지고 있었다. 결국 반란은 진압되었지만, 초기에는 성공을 거두었는데 이는 부채에 힘들어하는 농민과 노예들의 자유에 대한 희망이 얼마나 강력했는지 보여준다.

기원후 1세기 역사가 플라비우스 요세푸스(Flavius Josephus, 37-100)는 저서 <유대 전쟁사>를 통해 당시 상황을 묘사하였다. 요세푸스에 따르면 전쟁 당시 유대 반란군의 초기 행동 중 하나가 부채 기록이 보관된 사무실을 불태운 것이었다. 이를 통해 부채로 고통받는 빈민들이 반란에 동참하도록 촉구하였다. 또한 조세 감면 등 세금 부담 완화에 대한 요청도 자주 등장한다.

복음서에서 부채 문제는 종종 등장하고, 이는 당시 현실을 잘 표현하고 있다(Oakman, 2015). 마태복음에서 묘사된 용서하지 않는 종의 비유를 살펴보자.

23 그러므로 천국은 그 종들과 결산하려 하던 어떤 임금과 같으니

24 결산할 때에 만 달란트 빚진 자 하나를 데려오매

25 갚을 것이 없는지라 주인이 명하여 그 몸과 아내와 자식들과 모든 소유를 다 팔아 갚게 하라 하니

26 그 종이 엎드려 절하며 이르되 내게 참으소서 다 갚으리이다 하거늘

27 그 종의 주인이 불쌍히 여겨 놓아 보내며 그 빚을 탕감하여 주었더니

28 그 종이 나가서 자기에게 백 데나리온 빚진 동료 한 사람을 만나 붙들어 목을 잡고 이르되 빚을 갚으라 하매

29 그 동료가 엎드려 간구하여 이르되 나에게 참아 주소서 갚으리이다 하되

30 허락하지 아니하고 이에 가서 그가 빚을 갚도록 옥에 가두거늘

31 그 동료들이 그것을 보고 몹시 딱하게 여겨 주인에게 가서 그 일을 다 알리니

32 이에 주인이 그를 불러다가 말하되 악한 종아 네가 빌기에 내가 네 빚을 전부 탕감하여 주었거늘

33 내가 너를 불쌍히 여김과 같이 너도 네 동료를 불쌍히 여김이 마땅하지 아니하냐 하고

34 주인이 노하여 그 빚을 다 갚도록 그를 옥졸들에게 넘기니라

(마 18:23-34)

마태복음 18장에 나오는 두 가지 상황은 헬레니즘-로마 시대의 채무 불이행 처리 절차를 묘사한다. 둘 다 채무자의 인신에 대한 집행을 묘사하는데, 한 사례에서는 채무자와 그의 가족 전체가 재정 불이행으로 인해 노예로 전락한다. 또 다른 경우에는 채무자가 단순히 사적인 채무로 인해 감옥에 갇히게 된다.

25 너를 고발하는 자와 함께 길에 있을 때에 급히 사화하라 그 고발하는 자가 너를 재판관에게 내어 주고 재판관이 옥리에게 내어 주어 옥에 가둘까 염려하라

26 진실로 네게 이르노니 네가 한 푼이라도 남김이 없이 다 갚기 전에는 결코 거기서 나오지 못하리라

(마 5:25-26)

58 네가 너를 고발하는 자와 함께 법관에게 갈 때에 길에서 화해하기를 힘쓰라 그가 너를 재판장에게 끌어 가고 재판장이 너를 옥졸에게 넘겨 주어 옥졸이 옥에 가둘까 염려하라

59 네게 이르노니 한 푼이라도 남김이 없이 갚지 아니하고서는 결코 거

기서 나오지 못하리라 하시니라

(누가복음 12:58-59)

마태복음 5장과 누가복음 12장에서 묘사된 상황은 사법 절차가 임박하였고, 법정 밖에서 부채를 해결하려는 상황이다. 이는 사적인 채무가 있음을 시사한다. 합의가 이루어지지 않으면 채무자는 투옥될 위험에 처하게 된다. 여기서 마태복음 18장과 다른 점은 투옥 전에 법정 소송을 진행한다는 점이다. 채무자에게 부채를 상쇄할 재산이 없는 경우 법정에서 파산으로 인한 투옥이 시행되었다.

마태복음 18장에 나오는 상황은 비유로서 제시되었지만, 마태복음 5장과 누가복음 12장에서는 듣는 이들의 현실 경험이 반영되어 있다.

1 또한 제자들에게 이르시되 어떤 부자에게 청지기가 있는데 그가 주인의 소유를 낭비한다는 말이 그 주인에게 들린지라

2 주인이 그를 불러 이르되 내가 네게 대하여 들은 이 말이 어찌 됨이냐 네가 보던 일을 셈하라 청지기 직무를 계속하지 못하리라 하니

3 청지기가 속으로 이르되 주인이 내 직분을 빼앗으니 내가 무엇을 할까 땅을 파자니 힘이 없고 빌어 먹자니 부끄럽구나

4 내가 할 일을 알았도다 이렇게 하면 직분을 빼앗긴 후에 사람들이 나를 자기 집으로 영접하리라 하고

5 주인에게 빚진 자를 일일이 불러다가 먼저 온 자에게 이르되 네가 내 주인에게 얼마나 빚졌느냐

6 말하되 기름 백 말이니이다 이르되 여기 네 증서를 가지고 빨리 앉아 오십이라 쓰라 하고

7 또 다른 이에게 이르되 너는 얼마나 빚졌느냐 이르되 밀 백 석이니이다

이르되 여기 네 증서를 가지고 팔십이라 쓰라 하였는지라

8 주인이 이 옳지 않은 청지기가 일을 지혜 있게 하였으므로 칭찬하였으
니 이 세대의 아들들이 자기 시대에 있어서는 빛의 아들들보다 더 지혜로
움이니라

(눅 16:1-8)

누가복음 16장에 나오는 비유를 살펴보면, 빚은 현물로 갚는데, 부채의 규모가 엄청나다. 밀 100석은 150명을 1년 동안 먹여 살릴 수 있는 양이다. 이 비유에서 부자가 왕족이라는 증거는 없으므로 그러한 큰 현물 채무가 세금 체납을 의미하지는 않을 것이다. 여기서 채무자는 집세를 체납한 독신 세입자일 수 있지만, 이 비유는 마을 전체의 채권을 상정하고 있다고 보는 것이 일반적이다. 이 소작인 마을은 대표자를 통해 매년 농지에 대한 소작료를 낸다. 그러면 부자는 이러한 재화를 팔거나 직접 소비한다.

누가복음 16장에서 청지기의 행동은 일반적으로 있을법한 일로 이해해야 할 것이다. 채무자를 의무에서 해방하는 메커니즘을 통해 청지기는 자신을 위해 몇 가지 긍정적인 결과를 만들어 낸다. 그러나 지배계층 관점에서 이러한 청지기의 행동은 불법이다. 예수는 왜 청지기를 칭찬했을까? 그는 부자에게 대항하여 억압받는 농민들의 편을 든 것일까? 그렇지 않다. 여기서 청지기의 행동은 분명 이기심에서 비롯된 것이다. 아마도 청지기의 행동을 칭찬한 것은 비록 청지기의 이기심에서 나온 행동이지만 그 결과가 억압적인 상황을 완화할 뿐 아니라 농민들과 새로운 관계를 만들어 내는 효과가 있기 때문일 것이다. 착취 시스템을 작동시키는 청지기는 이제 착취 대상인 농민들과 동등한 입장에서 함께 한다.

41 이르시되 빚 주는 사람에게 빚진 자가 둘이 있어 하나는 오백 데나리

온을 졌고 하나는 오십 데나리온을 졌는데

42 갚을 것이 없으므로 둘 다 탕감하여 주었으니 둘 중에 누가 그를 더 사랑하겠느냐

43 시몬이 대답하여 이르되 내 생각에는 많이 탕감함을 받은 자니이다 이르시되 네 판단이 옳다 하시고

(눅 7:41-43)

누가복음 7장에서 부채 탕감 비유가 등장한다. 자비로운 채권자에 대한 탕감받은 채무자의 반응이 묘사된다. 복음서에 등장하는 부채 탕감 이야기들은 현실 세계에서 일어난다. 그러나 빚 탕감은 고대 농경 사회에서 혁명적인 구호였다. 예수의 이야기는 듣는 이들에게 아마도 전복적으로 들렸을 것이다. 마가복음 12장 포도원 농부의 비유는 현실을 생생하게 표현한다.

1 예수께서 비유로 그들에게 말씀하시되 한 사람이 포도원을 만들어 산울타리로 두르고 즙 짜는 틀을 만들고 망대를 지어서 농부들에게 세로 주고 타국에 갔더니

2 때가 이르매 농부들에게 포도원 소출 얼마를 받으려고 한 종을 보내니

3 그들이 종을 잡아 심히 때리고 거저 보내었거늘

4 다시 다른 종을 보내니 그의 머리에 상처를 내고 능욕하였거늘

5 또 다른 종을 보내니 그들이 그를 죽이고 또 그 외 많은 종들도 더러는 때리고 더러는 죽인지라

6 이제 한 사람이 남았으니 곧 그가 사랑하는 아들이라 최후로 이를 보내며 이르되 내 아들은 존대하리라 하였더니

7 그 농부들이 서로 말하되 이는 상속자니 자 죽이자 그러면 그 유산이

우리 것이 되리라 하고

8 이에 잡아 죽여 포도원 밖에 내던졌느니라

9 포도원 주인이 어떻게 하겠느냐 와서 그 농부들을 진멸하고 포도원을
다른 사람들에게 주리라

(막 12:1-9)

마가복음 12장에서는 주인과 세입자 사이의 중개자(누가복음의 청지기)가 집세를 받으려다 학대당하고 심지어 살해당하는 장면이 나온다. 여기서 중개자들은 억압적인 농업 사회 질서의 집행자이기 때문에 농민들의 미움을 받는다.

복음서에서 부채와 관련된 부분들을 보면 예수의 관심은 토지를 소유하지 못하고 부채로 인해 비천한 삶으로 내몰린 사람들에게 있다. 아마도 그들은 빚에서 벗어나기 힘들었을 것이다. 이러한 현실이 예수의 이야기에서 자주 등장한다. 부채 폐지를 공공연하게 이야기하는 예수는 당시 지배계층에게 위험한 인물로 인식되었을 것이다.

주기도문

주기도문은 예수의 사역과 관련하여 현실에 대한 구체적이고 즉각적이며 일관된 관심을 보여준다. 즉 지금 여기에서의 구체적인 문제에 관심을 기울인다(Oakman, 2015). 초기 로마 팔레스타인 지역에서 사회적 갈등은 만연하였다. 이는 복음서뿐만 아니라 당시 역사가 요세푸스의 기록이나 후대의 랍비 전통에서도 드러난다. 예수는 이러한 시대 상황 속에서 사회적 약자를 위한 정의를 분명하게 선포하고 있다.

마태복음과 누가복음의 주기도문을 살펴보자.

9 그러므로 너희는 이렇게 기도하라 하늘에 계신 우리 아버지여 이름이
거룩히 여김을 받으시오며

10 나라가 임하시오며 뜻이 하늘에서 이루어진 것 같이 땅에서도 이루어
지이다

11 오늘 우리에게 일용할 양식을 주시옵고

12 우리가 우리에게 죄 지은 자를 사하여 준 것 같이 우리 죄를 사하여
주시옵고

13 우리를 시험에 들게 하지 마시옵고 다만 악에서 구하시옵소서 (나라와
권세와 영광이 아버지께 영원히 있사옵나이다 아멘)

(마 6:9-13)

2 예수께서 이르시되 너희는 기도할 때에 이렇게 하라 아버지여 이름이
거룩히 여김을 받으시오며 나라가 임하시오며

3 우리에게 날마다 일용할 양식을 주시옵고

4 우리가 우리에게 죄 지은 모든 사람을 용서하오니 우리 죄도 사하여
주시옵고 우리를 시험에 들게 하지 마시옵소서 하라

(눅 11:2-4)

누가복음의 주기도문이 더 단순하기에 예수의 실제 연설에 더 가깝다고 평가받는다. 마태복음의 주기도문은 회당 기도의 관습적 형식을 반영하고 있다. 마태복음과 누가복음이 공통으로 Q 자료에 기반했다는 가설을 생각하면 주기도문의 현재 형태는 아마도 Q 자료에서 나온 것으로 보인다. 성서학자들은 마태복음과 누가복음이 예수의 설교를 정리한 어떤 문서를 참조했다고 본다. 그 문서를 Q 자료라고 부른다. Q라는 이름은 독어 Quelle (출처)에서 유래한다. 마가복음에는 주기도문이 전문 형식으로 나오지는 않지만, 비슷한 내

용이 일부 등장한다.

> **25** 서서 기도할 때에 아무에게나 혐의가 있거든 용서하라 그리하여야 하늘에 계신 너희 아버지께서도 너희 허물을 사하여 주시리라 하시니라
> (막 11:25)

마태복음 6장 11절과 누가복음 11장 3절에 나타난, 일용할 양식을 구하는 기도는 사회적 의미를 지닌다. 예수의 사역은 당시 사회에 만연한 굶주린 사람들에 관한 관심이 직접적으로 드러난다. 오병이어의 기적은 대표적인 사례이다. 또한 질환으로 고생하는 사람들을 예수가 치유하는 이야기에서도 상당수 질환은 영양실조로 인해 고통받고 있었을 것이다. 피부 질환 등은 비타민 결핍으로 인한 것일 수도 있다.

마태복음 6장 12절과 누가복음 11장 4절에서 "죄 지은 자"에 해당하는 단어는 금전상으로 빚진 자를 뜻하는 단어에서 유래한다. 이 내용은 당시 궁핍과 굶주림의 상황을 초래한 원인을 보여준다. 당시 부채가 만연한 농경 사회의 특징은 빈곤과 굶주림이 증가하는 것이었다. 빚과 함께 양식이 부족한 상황은 예수와 동시대 농민들에게 익숙한 상황이었다. 복음서 곳곳에서 드러나듯이 예수의 사역은 기원전 1세기 전반의 부채 상황에 대한 이해와 관심을 드러낸다.

이 구절들에서 우리가 다른 사람에게 부채 탕감을 해주겠다는 선언과 함께 하나님께 부채 탕감을 구하는 기도가 함께 나온다. 여기서 부채 탕감에 대한 요청은 여러 상황에 적용할 수 있는데, 그중 하나는 성전세를 생각해 볼 수 있다. 예루살렘 성전을 유지하기 위해 유대인 남성 성인은 재산 정도와 상관없이 일정액을 내야 했다. 성전세를 내지 못하면 성전 당국은 재산을 압류하였다. 주기도문의 부채 탕감 요청은 이러한 성전세에 대한 요청으로 해석할 수 있다. 하

나님께 빚을 탕감해 달라고 기도하는 것은 하나님의 이름으로 수행되는 착취와 억압을 중단해 달라는 것이다.

또 다른 해석도 존재한다. 여기서 '우리'는 세리이다. 그러면 이 구절은 세리가 납세자인 농민들에게 세금을 면제해 주듯이 자신을 해방해 달라는 요청이 된다(Oakman, 2015). 당시 직접 세금은 지배계층의 노예나 대리인이 징수했다. 통행료와 같은 간접세는 일정 금액을 지배계층에게 바치기로 약정한 세금 징수원이 징수한 것으로 보인다. 당시 세금 징수는 농민과 마찬가지로 억압받는 사람들이 담당한 것이다.

주기도문의 마지막 부분은 흔히 악의 궁극적 패배를 요청하는 추상적 표현으로 해석된다. 하지만 이 부분은 오히려 더 일상적이고 현실적인 내용으로도 볼 수 있다. 예를 들어 주기도문의 마지막 부분은 법정 소송을 통해 압류나 투옥의 위협을 받는 사람들의 즉각적인 우려를 표현한 것으로 볼 수 있다(Oakman, 2015). 문제의 핵심은 "시험"의 의미와 관련이 있다. 이 단어는 고대 그리스어(코이네 그리스어) 또는 헬라어로 페이라스모스(πειρασμός)이고, 성서에서 주로 사용되었다.

> **23** 갑자기 재난이 닥쳐 죽을지라도 무죄한 자의 절망도 그가 비웃으시리라
>
> **24** 세상이 악인의 손에 넘어갔고 재판관의 얼굴도 가려졌나니 그렇게 되게 한 이가 그가 아니시면 누구냐
>
> (욥 9:23-24)

욥기에서 무고한 자가 겪는 시험을 악인의 번영과 얼굴이 가려진 재판관, 즉 부패한 재판관과 연결한다. 주기도문의 "악"은 편향되고 부패한 재판관을 가리킨다고 볼 수 있다. 즉, 악한 재판관과 법적 절

차로부터 구원을 요청하는 내용을 생생하게 담고 있다. 누가복음서에서 묘사하는 과부와 재판관 비유를 살펴보자.

1 예수께서 그들에게 항상 기도하고 낙심하지 말아야 할 것을 비유로 말씀하여

2 이르시되 어떤 도시에 하나님을 두려워하지 않고 사람을 무시하는 한 재판장이 있는데

3 그 도시에 한 과부가 있어 자주 그에게 가서 내 원수에 대한 나의 원한을 풀어 주소서 하되

4 그가 얼마 동안 듣지 아니하다가 후에 속으로 생각하되 내가 하나님을 두려워하지 않고 사람을 무시하나

5 이 과부가 나를 번거롭게 하니 내가 그 원한을 풀어 주리라 그렇지 않으면 늘 와서 나를 괴롭게 하리라 하였느니라

6 주께서 또 이르시되 불의한 재판장이 말한 것을 들으라

7 하물며 하나님께서 그 밤낮 부르짖는 택하신 자들의 원한을 풀어 주지 아니하시겠느냐 그들에게 오래 참으시겠느냐

8 내가 너희에게 이르노니 속히 그 원한을 풀어 주시리라 그러나 인자가 올 때에 세상에서 믿음을 보겠느냐 하시니라

(눅 18:1-8)

이 비유는 사회적 약자인 과부의 상황과 법정의 당시 사회상을 잘 보여준다. 과부의 어려움이 빚과 관련이 있다고 직접적으로 언급되지는 않지만, 맥락상 과부의 법적 상대는 채권자일 가능성이 높다. 이 구절에서 불의한 재판장이 나오는데 당시 사회상을 고려하면 부유한 권력자를 옹호하는 편파적인 재판관을 묘사한다고 볼 수 있다.

주기도문은 구체적이고 긴밀한 상황이 표현되어 있다. 즉, 굶주림, 빚, 악한 재판관으로부터 구해달라는 생생한 요청이다.

조세와 세금

예수는 조세에 대한 저항을 옹호했다(Oakman, 2015). 예수는 저항을 통해 부채와 세금 탕감을 끌어내어 하나님 나라를 이루고자 하였다. 예수는 빈부격차와 농민들의 불안정한 생계를 구체적인 방식으로 해결하고자 하였다.

고대 역사가 요세푸스에 따르면, 기원전 6년 유대가 로마 제국의 영토가 되었을 때 시행된 로마 제국의 조세 제도는 거센 저항에 부딪혔고 여러 차례 반란도 일어났다. 로마 치하 갈릴리의 과세 제도는 농민들에게 상당한 부담으로 작용했다. 특히 로마 제국의 세금과 예루살렘 성전의 세금, 두 가지 세금 제도가 존재했기에 세금 부담은 컸을 것이다.

공관복음서에 따르면 예수는 세리와 밀접한 관련이 있다.

> **2** 열두 사도의 이름은 이러하니 베드로라 하는 시몬을 비롯하여 그의 형제 안드레와 세베대의 아들 야고보와 그의 형제 요한,
>
> **3** 빌립과 바돌로매, 도마와 세리 마태, 알패오의 아들 야고보와 다대오,
>
> **4** 가나나인 시몬 및 가룟 유다 곧 예수를 판 자라
>
> (마 10:2-4)

예수는 세리를 제자로 받아들였다. 또한 세례 요한과 관련된 이야기에서 세리들은 등장한다.

3 요한이 요단 강 부근 각처에 와서 죄 사함을 받게 하는 회개의 세례를
전파하니
…
12 세리들도 세례를 받고자 하여 와서 이르되 선생이여 우리는 무엇을
하리이까 하매

13 이르되 부과된 것 외에는 거두지 말라 하고

(눅 3:3-13)

28 내가 너희에게 말하노니 여자가 낳은 자 중에 요한보다 큰 자가 없도
다 그러나 하나님의 나라에서는 극히 작은 자라도 그보다 크니라 하시니

29 모든 백성과 세리들은 이미 요한의 세례를 받은지라 이 말씀을 듣고
하나님을 의롭다 하되

30 바리새인과 율법교사들은 그의 세례를 받지 아니함으로 그들 자신을
위한 하나님의 뜻을 저버리니라

(눅 7:28-30)

예수의 비유에도 세리는 등장한다. 당시 사람들의 눈총을 받는 세리는 의로운 사람으로 묘사된다.

9 또 자기를 의롭다고 믿고 다른 사람을 멸시하는 자들에게 이 비유로
말씀하시되

10 두 사람이 기도하러 성전에 올라가니 하나는 바리새인이요 하나는
세리라

11 바리새인은 서서 따로 기도하여 이르되 하나님이여 나는 다른 사람들
곧 토색, 불의, 간음을 하는 자들과 같지 아니하고 이 세리와도 같지 아니
함을 감사하나이다

12 나는 이레에 두 번씩 금식하고 또 소득의 십일조를 드리나이다 하고

13 세리는 멀리 서서 감히 눈을 들어 하늘을 쳐다보지도 못하고 다만 가
슴을 치며 이르되 하나님이여 불쌍히 여기소서 나는 죄인이로소이다 하였
느니라

14 내가 너희에게 이르노니 이에 저 바리새인이 아니고 이 사람이 의롭다
하심을 받고 그의 집으로 내려갔느니라 무릇 자기를 높이는 자는 낮아지
고 자기를 낮추는 자는 높아지리라 하시니라

(눅 18:9-14)

복음서에 등장한 세리 중 가장 유명한 사람은 삭개오일 것이다.

1 예수께서 여리고로 들어가 지나가시더라

2 삭개오라 이름하는 자가 있으니 세리장이요 또한 부자라

3 그가 예수께서 어떠한 사람인가 하여 보고자 하되 키가 작고 사람이
많아 할 수 없어

4 앞으로 달려가서 보기 위하여 돌무화과나무에 올라가니 이는 예수께서
그리로 지나가시게 됨이러라

5 예수께서 그 곳에 이르사 쳐다 보시고 이르시되 삭개오야 속히 내려오
라 내가 오늘 네 집에 유하여야 하겠다 하시니

6 급히 내려와 즐거워하며 영접하거늘

7 뭇 사람이 보고 수군거려 이르되 저가 죄인의 집에 유하러 들어갔도다
하더라

8 삭개오가 서서 주께 여짜오되 주여 보시옵소서 내 소유의 절반을 가난
한 자들에게 주겠사오며 만일 누구의 것을 속여 빼앗은 일이 있으면 네
갑절이나 갚겠나이다

9 예수께서 이르시되 오늘 구원이 이 집에 이르렀으니 이 사람도 아브라

함의 자손임이로다

10 인자가 온 것은 잃어버린 자를 찾아 구원하려 함이니라

(눅 19:1-10)

세리의 원어는 고대 그리스어 '텔로네스(τελώνης)'인데 이는 공관 복음서에만 등장한다. 또한 종종 다른 단어와 짝을 이룬다. 예를 들어 세리와 죄인은 함께 언급된다. 이는 세리에 대한 당시 사회의 부정적인 시각을 보여준다.

13 예수께서 다시 바닷가에 나가시매 큰 무리가 나왔거늘 예수께서 그들을 가르치시니라

14 또 지나가시다가 알패오의 아들 레위가 세관에 앉아 있는 것을 보시고 그에게 이르시되 나를 따르라 하시니 일어나 따르니라

15 그의 집에 앉아 잡수실 때에 많은 세리와 죄인들이 예수와 그의 제자들과 함께 앉았으니 이는 그러한 사람들이 많이 있어서 예수를 따름이러라

(막 2:13-15)

34 인자는 와서 먹고 마시매 너희 말이 보라 먹기를 탐하고 포도주를 즐기는 사람이요 세리와 죄인의 친구로다 하니

(눅 7:34)

세리와 죄인 외에도, 세리와 이방인, 세리와 창녀, 세리와 간음하는 자도 함께 나온다.

46 너희가 너희를 사랑하는 자를 사랑하면 무슨 상이 있으리요 세리도 이같이 아니하느냐

47 또 너희가 너희 형제에게만 문안하면 남보다 더하는 것이 무엇이냐 이방인들도 이같이 아니하느냐

(마 5:46-47)

17 만일 그들의 말도 듣지 않거든 교회에 말하고 교회의 말도 듣지 않거든 이방인과 세리와 같이 여기라

(마 18:17)

31 그 둘 중의 누가 아버지의 뜻대로 하였느냐 이르되 둘째 아들이니이다 예수께서 그들에게 이르시되 내가 진실로 너희에게 이르노니 세리들과 창녀들이 너희보다 먼저 하나님의 나라에 들어가리라

(마 21:31)

11 바리새인은 서서 따로 기도하여 이르되 하나님이여 나는 다른 사람들 곧 토색, 불의, 간음을 하는 자들과 같지 아니하고 이 세리와도 같지 아니함을 감사하나이다

(눅 18:11)

당시 사회에서 세리는 비난을 받는 사람이었다. 복음서에서 이러한 당시 분위기를 쉽게 찾아볼 수 있다. 당시 조세 저항이 어느 정도인지 파악할 수 있는 것이다. 예수는 갈릴리에서 로마 제국의 세금 제도를 전복시킴으로써 빚진 자의 상황을 완화하려고 하였다.

41 또 누구든지 너로 억지로 오 리를 가게 하거든 그 사람과 십 리를 동행하고

(마 5:41)

위 구절에서 강제로 무엇인가를 하게 만든다는 의미의 그리스어(헬라어 또는 희랍어)는 angareuo (ἀγγαρεύω)이다. 이 단어는 로마

에서 자주 사용되던 단어로 왕실에 의한 강제 노동을 나타내는 데 자주 사용되었다. 이 강제 노동은 사실상 노동 과세의 한 형태이다.

> **31** 남에게 대접을 받고자 하는 대로 너희도 남을 대접하라
>
> (눅 6:31)

위 구절에서 나오는 황금률은 추상적인 윤리적 규범이 아니라 로마 제국 과세 관습을 뒤집는 것이다. 문맥상 예수의 명령은 제국 과세의 일반적인 방향에 대한 전복 또는 반전을 촉구하는 것이었다.

> **34** 너희가 받기를 바라고 사람들에게 꾸어 주면 칭찬 받을 것이 무엇이냐 죄인들도 그만큼 받고자 하여 죄인에게 꾸어 주느니라
>
> (눅 6:34)

위 구절은 금전 대출을 할 수 있는 사람을 대상으로 말하고 있다. 이것은 사회적으로 상위 계층 또는 세금 징수원을 의미한다.

예수의 조세 저항

복음서의 구절들은 예수의 조세 저항적 실천을 반영하는 것으로 해석할 수 있다(Oakman, 2015). 누가복음 11장을 살펴보자.

> **1** 그 후에 주께서 따로 칠십 인을 세우사 친히 가시려는 각 동네와 각 지역으로 둘씩 앞서 보내시며
>
> **2** 이르시되 추수할 것은 많되 일꾼이 적으니 그러므로 추수하는 주인에게 청하여 추수할 일꾼들을 보내 주소서 하라
>
> (눅 10:1-2)

위 구절에서 일꾼과 주인은 관습적으로 세리와 왕을 의미한다.

3 갈지어다 내가 너희를 보냄이 어린 양을 이리 가운데로 보냄과 같도다

(눅 10:3)

여기서 어린 양은 예수의 대의와 실천을 지지해서 위험에 처한 세리를 의미한다.

4 전대나 배낭이나 신발을 가지지 말며 길에서 아무에게도 문안하지 말며

(눅 10:4)

위 구절이 유월절 전례를 암시한다고 본다면 이스라엘 민족의 출애굽을 상기시키지만, 세리가 길을 떠나는 모습으로 해석한다면 이 구절이 보여주는 것은 세리가 해방적인 방식으로 제국의 세금 징수원의 역할을 포기한 것이다.

5 어느 집에 들어가든지 먼저 말하되 이 집이 평안할지어다 하라

6 만일 평안을 받을 사람이 거기 있으면 너희의 평안이 그에게 머물 것
이요 그렇지 않으면 너희에게로 돌아오리라

(눅 10:5-6)

집에 들어가는 모습은 관습적으로 세금 징수원의 방문을 상기시킨다. 이집트 파피루스에는 '들어가다' 동사가 세금 징수원의 강제 진입을 묘사한다. 평안의 인사는 일반적인 관행을 의미할 수도 있지만 이 맥락에서는 반어적 표현에 가깝다. 집주인은 세금과 관련하여 불이익을 감수하고 싶지 않기에 세리의 평안 인사를 받아들일 수밖에 없다.

7 그 집에 유하며 주는 것을 먹고 마시라 일꾼이 그 삯을 받는 것이 마땅
하니라 이 집에서 저 집으로 옮기지 말라

8 어느 동네에 들어가든지 너희를 영접하거든 너희 앞에 차려놓는 것을
먹고

(눅 10:7–8)

위 구절에서 의미하는 바는 세금 징수원을 영접하여 세금과 빚 탕감이 이루어졌다면 더 이상 요구할 필요는 없다는 것이다.

9 거기 있는 병자들을 고치고 또 말하기를 하나님의 나라가 너희에게 가
까이 왔다 하라

(눅 10:9)

세리들을 일꾼으로 비유하는 것처럼 의사로도 비유한다. 그들은 세금 부담을 줄여주고 생계비 부담을 덜어줌으로써 농민들을 치유한다. 이어서 누가복음 11장과 12장을 살펴보자.

9 내가 또 너희에게 이르노니 구하라 그러면 너희에게 주실 것이요 찾으
라 그러면 찾아낼 것이요 문을 두드리라 그러면 너희에게 열릴 것이니

10 구하는 이마다 받을 것이요 찾는 이는 찾아낼 것이요 두드리는 이에
게는 열릴 것이니라

(눅 11:9–10)

'구하기', '찾기', '두드리기'는 세금 징수 상황에 전형적인 묘사이다.

11 너희 중에 아버지 된 자로서 누가 아들이 생선을 달라 하는데 생선 대
신에 뱀을 주며

12 알을 달라 하는데 전갈을 주겠느냐

13 너희가 악할지라도 좋은 것을 자식에게 줄 줄 알거든 하물며 너희 하늘 아버지께서 구하는 자에게 성령을 주시지 않겠느냐 하시니라

(눅 11:11-13)

이 수사학적 질문은 마을 세금 납부자에게 필요한 상황을 조명한다. 그들은 세금 영수증이나 돈이 아니라 실제 소비재가 필요하다.

2 감추인 것이 드러나지 않을 것이 없고 숨긴 것이 알려지지 않을 것이 없나니

3 이러므로 너희가 어두운 데서 말한 모든 것이 광명한 데서 들리고 너희가 골방에서 귀에 대고 말한 것이 지붕 위에서 전파되리라

(눅 12:2-3)

비밀로 남을 수 있는 것은 아무것도 없다. 세금 징수와 관련하여 누가 세금을 냈는지, 누가 내지 않았는지, 누가 몰수를 남용했는지 등 모든 세금 기록은 공개될 것이다.

4 내가 내 친구 너희에게 말하노니 몸을 죽이고 그 후에는 능히 더 못하는 자들을 두려워하지 말라

5 마땅히 두려워할 자를 내가 너희에게 보이리니 곧 죽인 후에 또한 지옥에 던져 넣는 권세 있는 그를 두려워하라 내가 참으로 너희에게 이르노니 그를 두려워하라

(눅 12:4-5)

따라서 저항 운동은 누구도 두려워할 필요가 없다. 조세 당국은 개인의 신체에 대한 권한만 있을 뿐이다.

6 참새 다섯 마리가 두 앗사리온에 팔리는 것이 아니냐 그러나 하나님 앞
에는 그 하나도 잊어버리시는 바 되지 아니하는도다
7 너희에게는 심지어 머리털까지도 다 세신 바 되었나니 두려워하지 말
라 너희는 많은 참새보다 더 귀하니라

(눅 12:6-7)

주권자 모르게 시장에서 팔리는 것은 없다. 모든 것이 조세 대상이다. 하나님의 관찰과 개입은 조세 제도보다 훨씬 더 엄격하다.

11 사람이 너희를 회당이나 위정자나 권세 있는 자 앞에 끌고 가거든 어
떻게 무엇으로 대답하며 무엇으로 말할까 염려하지 말라
12 마땅히 할 말을 성령이 곧 그 때에 너희에게 가르치시리라 하시니라

(눅 12:11-12)

회당은 공적인 집회와 시험의 장소이다.

24 까마귀를 생각하라 심지도 아니하고 거두지도 아니하며 골방도 없고
창고도 없으되 하나님이 기르시나니 너희는 새보다 얼마나 더 귀하냐

(눅 12:24)

창고 경제는 제국의 경제와 연결되고 하나님의 경제와 대조된다.

27 백합화를 생각하여 보라 실도 만들지 않고 짜지도 아니하느니라 그
러나 내가 너희에게 말하노니 솔로몬의 모든 영광으로도 입은 것이 이 꽃
하나만큼 훌륭하지 못하였느니라

(눅 12:27)

백합은 잡초이다. 경작하지 않아도 번식한다. 잡초와 같은 전복적

인 조세 저항 운동의 성공을 비유로 표현한다. 이제 누가복음 13장과 14장을 살펴보자. 복음서의 초기 문서는 예수의 조세 저항 실천이 얼마나 어려운지 강조한다.

> 24 좁은 문으로 들어가기를 힘쓰라 내가 너희에게 이르노니 들어가기를 구하여도 못하는 자가 많으리라
>
> (눅 13:24)

좁은 문은 접근하기 어렵다. 이것이 예수의 실천이다. 특권적인 접근을 암시하는 궁전 이미지는 존재하지 않는다.

> 26 무릇 내게 오는 자가 자기 부모와 처자와 형제와 자매와 더욱이 자기 목숨까지 미워하지 아니하면 능히 내 제자가 되지 못하고
>
> 27 누구든지 자기 십자가를 지고 나를 따르지 않는 자도 능히 내 제자가 되지 못하리라
>
> (눅 14:26-27)

당시 빈곤으로 납세의 의무를 다하지 못하고 도주하는 경우 그 가족까지 세금 징수원에게 고초를 당한다. 조세 저항 운동은 가족까지 위험에 처하게 한다. 조세 저항의 실천은 왕실과 지배계급에 대항하여 농민과 가난한 사람들 편에 서는 것과 동시에 자신과 가족에게 실질적 위험을 초래할 수 있다는 것을 의미한다.

복음서와 당대 역사 기록에 반영된 예수의 활동은 하나님 통치 권력의 이름으로 조세 제도의 전복을 의미했다. 이러한 예수 저항 운동의 의미는 복음서 전통에서 주목할 만한 특징이다(Oakman, 2015). 예수는 구약성서의 출애굽 전통을 계승하면서 당시 사회의 구체적인 문제에 적용했다.

13 그들이 예수의 말씀을 책잡으려 하여 바리새인과 헤롯당 중에서 사람
을 보내매

14 와서 이르되 선생님이여 우리가 아노니 당신은 참되시고 아무도 꺼리
는 일이 없으시니 이는 사람을 외모로 보지 않고 오직 진리로써 하나님의
도를 가르치심이니이다 가이사에게 세금을 바치는 것이 옳으니이까 옳지
아니하니이까

15 우리가 바치리이까 말리이까 한대 예수께서 그 외식함을 아시고 이르
시되 어찌하여 나를 시험하느냐 데나리온 하나를 가져다가 내게 보이라
하시니

16 가져왔거늘 예수께서 이르시되 이 형상과 이 글이 누구의 것이냐 이
르되 가이사의 것이니이다

17 이에 예수께서 이르시되 가이사의 것은 가이사에게, 하나님의 것은
하나님께 바치라 하시니 그들이 예수께 대하여 매우 놀랍게 여기더라

(막 12:13-17)

"가이사의 것은 가이사에게, 하나님의 것은 하나님께." 마가복음 12장 13-17절은 예수의 세금과 관련한 언급으로 가장 유명한 이야기이다. 이는 마태복음 22장 15-22절과 누가복음 20장 20-26절에서도 등장한다. 여기서 세금 문제의 민감함과 위험성을 잘 보여준다. 당시 세금에 대해 농민들이 느끼는 반감과 저항 운동을 옹호하는 예수로서 지배계급의 질문에 어떤 식으로 대답하더라도 어려움은 따를 것이다.

1 무리가 다 일어나 예수를 빌라도에게 끌고 가서

2 고발하여 이르되 우리가 이 사람을 보매 우리 백성을 미혹하고 가이사
에게 세금 바치는 것을 금하며 자칭 왕 그리스도라 하더이다 하니

(눅 23:1-2)

예수는 빌라도 앞에서 조세 저항 운동을 옹호한 혐의로 고발당한다.

> **27** 강도 둘을 예수와 함께 십자가에 못 박으니 하나는 그의 우편에, 하나는 좌편에 있더라
>
> (막 15:27)

역사적 자료들은 예수의 십자가 처형 사실을 증언하고 있다. 복음서도 마찬가지이다. 마가복음서는 예수가 다른 두 명의 강도와 함께 십자가에 못 박혔다고 기록한다. 십자가는 로마가 반역자와 선동하는 사람들에게 내리는 형벌이었다. 예수의 조세 저항은 십자가 형벌로 이어진 것이다.

경쟁과 황금률

복음서에서 경쟁과 관련하여 예수가 언급한 구절을 살펴보자.

> **38** 또 눈은 눈으로, 이는 이로 갚으라 하였다는 것을 너희가 들었으나
>
> **39** 나는 너희에게 이르노니 악한 자를 대적하지 말라 누구든지 네 오른편 뺨을 치거든 왼편도 돌려 대며
>
> **40** 또 너를 고발하여 속옷을 가지고자 하는 자에게 겉옷까지도 가지게 하며
>
> **41** 또 누구든지 너로 억지로 오 리를 가게 하거든 그 사람과 십 리를 동행하고
>
> **42** 네게 구하는 자에게 주며 네게 꾸고자 하는 자에게 거절하지 말라
>
> (마 5:38-42)

예수는 제자들에게 보복하지 말 것을 명령한다. 자신에게 해를 끼

친 사람에게 보복하지 말고, 오히려 이타적인 행동으로 대응하라고 지시한다. 이에 따르면 적대적인 상대방에게 호의를 베풀어야 하고, 일반적으로 법적 권리로 인식되는 것을 고집하지 말아야 한다. 기존의 사고로는 매우 기이하고 비정상적인 요구이다.

위에서 본 것같이 마태복음 5장은 경쟁 과정에서 나타날 수 있는 전통적인 보복 행위를 금지한다. 경쟁자에게 해를 끼쳐서는 안 되며, 오히려 협력해야 한다. 이러한 예수의 가르침은 명예가 중요한 전통적인 고대 농경 사회의 측면에서 급진적인 요구이다. 재화가 한정된 당시 사회에서 경쟁을 금지한 것은 당시 청중에게 관습을 파괴하려는 시도로 보인다. 고대 사회에서 모욕당하면 보복해야 한다. 이것이 당시 관습이다. 타인의 공격에 대응하지 않으면 더 큰 공격을 당할 수 있다.

예수의 가르침은 단순히 불공평한 상황에서 대응하지 말라고 요구하는 것이 아니다. 능동적으로 상대의 악의에 관해 호의로 대응하라는 지침을 제시한다.

> **12** 그러므로 무엇이든지 남에게 대접을 받고자 하는 대로 너희도 남을 대접하라 이것이 율법이요 선지자니라
>
> (마 7:12)

위 구절은 황금률이 제시된 구절로 유명하다. 남에게 받고 싶은 대접을 스스로 남에게 행하라는 황금률 원칙을 예수는 타인과의 관계에서 지켜야 할 원칙으로 제시한다. 호의를 받고 싶으면 호의를 베풀라는 것이다.

> **39** 둘째도 그와 같으니 네 이웃을 네 자신 같이 사랑하라 하셨으니
>
> (마 22:39)

위 구절에서 예수가 제시한 중요한 율법은 황금률에 기반한다. 이웃에 대한 사랑은 자신에 대한 사랑과 같게 하라는 것이다. 타인의 행복을 자기 행동의 주요 동기로 삼으라고 지시한다.

누가복음서에서 제시한 황금률을 살펴보자.

> **27** 그러나 너희 듣는 자에게 내가 이르노니 너희 원수를 사랑하며 너희를 미워하는 자를 선대하며
>
> **28** 너희를 저주하는 자를 위하여 축복하며 너희를 모욕하는 자를 위하여 기도하라
>
> **29** 너의 이 뺨을 치는 자에게 저 뺨도 돌려대며 네 겉옷을 빼앗는 자에게 속옷도 거절하지 말라
>
> **30** 네게 구하는 자에게 주며 네 것을 가져가는 자에게 다시 달라 하지 말며
>
> **31** 남에게 대접을 받고자 하는 대로 너희도 남을 대접하라
>
> **32** 너희가 만일 너희를 사랑하는 자만을 사랑하면 칭찬 받을 것이 무엇이냐 죄인들도 사랑하는 자는 사랑하느니라
>
> **33** 너희가 만일 선대하는 자만을 선대하면 칭찬 받을 것이 무엇이냐 죄인들도 이렇게 하느니라
>
> **34** 너희가 받기를 바라고 사람들에게 꾸어 주면 칭찬 받을 것이 무엇이냐 죄인들도 그만큼 받고자 하여 죄인에게 꾸어 주느니라
>
> (눅 6:27-34)

누가복음 6장 31절에서 황금률이 제시되고, 27절에서 34절까지 황금률의 구체적인 방법이 함께 제시된다. 사랑, 축복, 기도, 선행, 대출, 기부를 대가 없이 행하라고 지시한다. 역시 기존 관습과 상식에 어긋나는 요구이다.

38 주라 그리하면 너희에게 줄 것이니 곧 후히 되어 누르고 흔들어 넘치
도록 하여 너희에게 안겨 주리라 너희가 헤아리는 그 헤아림으로 너희도
헤아림을 도로 받을 것이니라

(눅 6:38)

이처럼 비현실적으로 보이는 지시에도 보상은 따른다. 남에게 주는 대로 본인도 받을 것이라고 언급한다. 예수는 급진적 요구에 상응한 보상을 약속한다. 즉, 남에게 관대하게 대하는 사람은 하나님께서 마찬가지로 관대하게 대할 것이다. 타인에게 협력함으로써 본인도 타인의 협력을 받을 것이다.

29 너희는 무엇을 먹을까 무엇을 마실까 하여 구하지 말며 근심하지도
말라

30 이 모든 것은 세상 백성들이 구하는 것이라 너희 아버지께서는 이런
것이 너희에게 있어야 할 것을 아시느니라

31 다만 너희는 그의 나라를 구하라 그리하면 이런 것들을 너희에게 더
하시리라

(눅 12:29-31)

예수는 제자들에게 하나님 나라를 구하면 "이런 것들"을 주신다고 설명한다. 여기서 "이런 것들"은 맥락상 먹을 것과 마실 것을 의미한다. 황금률과 같은 예수의 지시를 따르면 물질적 풍요가 보상으로 제시된다.

Chapter

7

교부신학과 경제사상

- 니케아 공의회 이전과 이후
- 초기 기독교 시기
- 크리소스톰과 부
- 공동 소유
- 자선 행위
- 노예제도
- 이자 문제
- 상업과 무역
- 산업에 대한 언급

가난한 자를 위한 경제:
성서와 경제사상

Chapter

7

교부신학과 경제사상

기원후부터 중세 초기까지 대략 2세기에서 8세기에 걸쳐 기독교 이론을 확립한 이들을 교부(教父, Church Fathers)라고 한다. 이들에 의해 논의되고 정립된 신학을 교부신학이라고 부른다.

돈을 빌려주고 받는 이자에 대해 성서는 부정적으로 생각한다. 이러한 견해는 교부들에게도 이어진다. 교부들은 이자를 받는 행위는 탐욕에서 비롯된 것으로 생각했다. 재물에 대한 탐욕을 죄악으로 규정짓고 자선을 권고하였다. 나아가 일부 교부들은 가문의 재산을 탕진하더라도 자선을 베풀면 하나님께서 자녀들을 돌보신다고 주장하면서 자선에 관한 생각을 급진적으로 전개하였다.

초기 기독교인들은 인간들 사이의 관계, 인간과 신의 관계에 주로 관심을 가졌기에 정치, 경제, 사회 제도에 대해서는 큰 관심을 두지 않았다. 물론 이것은 기원후 3세기까지 기독교인들이 사회 변화를 일으킬 만큼 권력을 가지지 않았던 것에서 기인했을 수도 있다. 교부신학은 주로 교리 문제에 치중했기에 경제 문제에 대해 많이 언급한 것은 아니지만 경제사상의 측면에서 중요한 시사점을 찾을 수 있다(Stander, 2015). 이에 대해 구체적으로 살펴보자.

니케아 공의회 이전과 이후

일반적으로 교부 시대는 서기 325년 1차 니케아 공의회(First Council of Nicaea)를 기점으로 니케아 이전 시대와 니케아 이후 시대로 구분한다. 전자 시기에는 교회가 국가에 의해 박해를 받았고 후자는 국가에 의해 기독교가 공인된 시기였다.

니케아 이전 시대에 국가는 기독교인들에게 적대적이었다. 기록에 따르면 당시 철학자들은 기독교인들이 무지하다고 비난했다. 기독교인들은 사회에 대한 정치적 또는 경제적 영향력은 거의 없었던 것으로 보인다. 따라서 니케아 시대 기독교 문서를 보면 소외감과 박탈감을 느낄 수 있다.

기독교인들은 스스로 세상의 일부이면서 한편으로는 분리된 존재로 여겼다. 디오그네투스 서신(Epistle to Diognetus)은 기독교 변증론 문서로서, 기독교 비판자들의 주장을 반박하며 기독교를 옹호하는 글이다. 저자와 수신자 등은 알려지지 않았고, 저술 시기도 기원후 130년으로 추정하는 학자도 있지만 그 외 다양한 시기로 추정되곤 한다. 이 서신에 따르면 기독교인들은 자기 나라에 살면서도 외국인 자격으로 거주하며, 시민으로서 모든 일에 참여하지만, 시민권은 하늘에 있고 외국인으로서 어려움을 견뎌낸다고 토로한다.

초기 기독교 변증가 터툴리안(Tertullian, 또는 Quintus Septimius Florens Tertullianus, 155-220)은 라틴어로 글을 쓴 최초의 신학자로서 서구 신학의 선구자로 유명하다. 그에 따르면 초기 기독교인들은 사회 각계각층에서 비중 있는 지위를 차지하고 있었지만, 사회 전반에 관한 기독교의 공식적인 영향력은 제한적이었다.

니케아 이후 시대에는 상황이 급격하게 바뀌었다. 기독교인에 대한 박해가 종식되고 교회는 국가와 손을 잡았다. 황제는 이제 기독교인이었고 기독교인들은 세속 권력을 손에 넣었기 때문에 이전보다 훨씬 더 많은 사회적 권력을 행사할 수 있었다. 로마-유대 역사가인 요세푸스(Flavius Josephus, 대략 37-100)에 따르면 기독교로 개종한 로마 황제 콘스탄티누스 1세(Flavius Valerius Constantinus)는 가난한 자, 고아, 과부에게 식량을 배분하는 일을 교회에 맡겼다. 교회는 국가 수입의 일정 부분을 자선 목적으로 사용할 수 있는 권한을 받았다. 성직자와 교회는 세금도 면제되었다.

니케아 이전 시대에는 교회가 국가와 세속 세계에 매우 제한적인 영향력과 관계를 지녔지만, 니케아 이후 시대에는 정치적 권력을 얻었으므로 상당한 경제적 영향력을 행사할 수 있었다. 당시 유명한 인물로 가이사랴의 바질(Basil of Caesarea, 또는 Saint Basil the Great, 330-378)을 들 수 있다. 그는 370년부터 378년 사망할 때까지 카파도키아 가이사랴 주교로 재직했던 초기 로마 기독교 성직자이다. 그는 영향력 있는 신학자이면서 수도원 공동체 운동을 통해 가난하고 소외된 사람들을 돌보는 것으로도 유명하다.

초기 기독교 시기

로마 공화국이 제국으로 이행한 시기에 관해서 학계에서는 여러 견해가 있다. 그중 가장 늦게 추정하는 시점은 로마 원로원이 아우구스투스에게 특별한 권력을 부여한 기원전 27년이다. 이후 로마 제국의 새로운 시대가 열렸고 대략 3세기까지 상대적으로 평화로운 팍스 로마나 시기가 이어졌다.

로마 제국 초기에 경제 성장을 위한 발판이 마련되기 시작한다. 여러 국가와 지역이 통일되어 영토가 넓어지고 새로운 도로가 건설되면서 상인들의 이동이 쉬워졌다. 반면 인구의 대다수는 생계 수준에서 벗어나지 못했고, 대부분 노동력은 농업에 고용되어 있었다. 시간이 지남에 따라 경제는 점차 쇠퇴했다.

로마 제국의 경제가 급격히 쇠퇴한 이유에 대해서는 여러 가지 설명이 있다. 그중 자주 언급되는 요인은 세금 문제였다. 세금의 상당 부분이 군사 작전과 군인 급여에 사용되었고 납세자들의 부담은 점점 더 커졌다. 제국 관리들은 세금 제도를 악용해서 공식 세율보다 훨씬 더 많은 세금을 부과하여 일정 금액 이상을 통치자에게 내고 나머지는 자신들이 가져갔다. 4세기에 콘스탄티누스 황제는 세금을 25% 인하했지만 이마저도 농민들의 세금 부담을 완화하는 데 별 도움이 되지 못했다. 초기 기독교 교부이자 콘스탄티노폴리스 대주교인 요한 크리소스톰(John Chrysostom, 347-407)은 4세기 후반에 농장 노동자들의 착취에 대해 강론을 통해 생생하게 설명하였다. 농장 노동자들은 학대당했고 추운 겨울에도 나귀와 노새처럼 일해야 했으며, 수확물에 대해서는 엄청난 세금이 부과되었다. 이에 따라 노동자들은 빈곤과 굶주림에 시달렸다.

제국의 부유층은 약탈과 부정부패로 축적한 부를 이용해 토지를 사들였다. 부유한 토지 소유자가 정부에서 정치적 지위를 계속 유지했고, 이러한 상황으로 인해 중세 봉건제의 토대가 마련되었다. 노예제도가 지배적인 고대 사회에서 경제 성장의 요소인 기술 발전은 이루어지지 않았고 이는 생산성 성장을 저해하는 요인이었다. 더군다나 기술 발전이 있었더라도 이로 인한 혜택은 도시의 일부 사람들만 누릴 수 있었고 제국 전반적인 생활 수준은 여전히 낮은 편이었다.

크리소스톰과 부

교부 크리소스톰은 하나님의 창조에서 부의 본질과 의미를 탐색하고, 세상 속에서 부의 위치가 어디인지 탐구한다. 크리소스톰은 하나님의 창조를 주로 세상에서의 유용성과 연결한다. 모든 부는 하나님이 창조하신 만물의 일부에 불과하므로 모든 부는 하나님의 소유이다.

> 바울은 믿음에 대해 "여러분은 여러분 자신의 것이 아닙니다.", "여러분은 값으로 산 것입니다."(고전 6:19-20)라고 말합니다. 사실 모든 것은 하나님의 것입니다. 그분이 우리를 부르시고 우리에게서 물건을 빼앗아 가려고 하실 때, 배은망덕한 종들처럼 그분에게서 도망쳐 주인의 물건을 훔치지 마십시오. 당신의 영혼은 당신의 것이 아니며, 당신의 재물은 훨씬 더 당신 자신의 것이 아닙니다. 그렇다면 어떻게 불필요한 것에 당신의 것이 아닌 재물을 소비합니까? 우리가 그것들을 잘못 사용하면 곧 재판을 받게 될 것이라는 것을 모르십니까? 그러나 그것들은 우리의 것이 아니라 주님의 것이므로, 우리는 동료 종들을 위해 써야 합니다.
>
> (고린도전서 10.3 강론)

크리소스톰은 사치품과 생활에 필요한 재화를 구분한다. 사치품은 유용하지 않은 것이다. 나아가 생활에 필요한 재화조차도 필요한 만큼만 우리에게 유용한 것이다. 필요한 재화도 과도하게 사용하거나 획득하면 유용성을 잃는다. 유용성이야말로 물건의 진정한 가치 척도가 된다. 따라서 사치품은 진정한 가치를 지니지 않는다. 부는 미덕을 키우는 데 도움이 되지 않고, 오히려 방해된다.

> 경건의 문제에서 가난은 부보다 우리에게 더 도움이 되며, 특히 부는 헌신하지 않는 사람들에게도 장애가 됩니다. 우리가 분노를 제쳐두고, 시기심을 잠재우고, 화를 부드럽게 하고, 기도를 드리고, 합리적이고 온화하고 친절하고 사랑스러운 성품을 보여야 할 때 가난이 어떻게 우리를 가로막을 수 있겠습니까? 우리는 돈을 쓰는 것이 아니라 올바른 선택을 함으로써 이러한 것들을 성취할 수 있습니다. 자선에는 무엇보다도 돈이 필요하지만, 이마저도 가난에서 나온 자선일 때 더 빛을 발합니다. 두 렙돈을 낸

과부는 어떤 사람보다 가난했지만 다른 모든 사람보다 훌륭했습니다(막 12:41-44; 눅 21:1-4).

(Montf. 2.39)

크리소스톰에 따르면 부는 하나님이 창조하신 결과물이며, 하나님은 이 세상 모든 부의 정당한 소유주이다. 소유권과 관련하여 가장 좋은 결과는 모든 재화를 모두의 이익을 위해 공동으로 소유하는 것이다.

이제 공동 소유에 대해 더 관찰하면 거기에는 다툼이 없고 모든 것이 평화롭다는 것을 알게 됩니다. 그러나 누군가가 어떤 것을 소유하고자 하고, 자신의 것으로 만들려고 시도하자마자 다툼이 시작됩니다. 하나님은 모든 면에서 우리를 하나로 통합하는 반면, 우리는 "내 것과 너의 것"이라는 차가운 말을 사용하여 물건을 개인적으로 소유해서 우리 자신을 구분하고 분리하고자 합니다. 투쟁과 증오는 뒤따릅니다. 그러나 이런 일이 일어나지 않는 곳에서는 분쟁이나 투쟁이 나타나지 않습니다.

(디모데에 관한 강론 12.4)

사유 재산은 타락의 결과로 간주한다. 기독교인은 자신의 모든 재산이 사실 하나님의 소유이며 자신은 청지기로서 소유하고 있다는 점을 생각해야 하고, 이를 제대로 이해한다면 기독교인은 자기 재산을 공동체를 위해 사용해야 할 것이라고 권고한다.

마음이 겸손한 사람은 이웃의 소유를 시기할 수 없습니다. 그는 도둑질도 하지 않고 사기도 저지르지 않을 것이며, 재물을 갈망하지 않고 이웃에게 큰 연민을 나타내면서 자신이 가진 재물까지도 버릴 것입니다.

(Stav. 1.31)

크리소스톰은 부에 대해 매우 강력한 견해를 피력했다. 그의 부에 대한 비판은 부의 획득이 불법적이라는 가정에 기반을 두고 있다. 그는 정당한 수단으로는 부를 획득할 수 없다고 확신했다. 당시 부를 획득하는 데 명백한 불의와 착취가 있었다.

> "그 사람을 보라, 그 사람이 하는 일을 보라, 참으로 이것도 도둑질이며, 자기 소유를 나누는 것이 아니다."라고 말씀하십니다. 이 말씀이 놀랍게 느껴지실 수도 있지만 놀라지 마십시오. 다른 사람의 물건을 훔치는 것뿐만 아니라 자신의 물건을 다른 사람과 공유하지 않는 것도 도둑질이며 사기라는 신성한 성경의 증언을 가져오겠습니다. 이 증언은 무엇인가요? 하나님은 선지자를 통해 유대인들을 고발하면서 "땅은 그 소산을 내고 너희는 십일조를 내지 아니하며 가난한 자의 도적질은 너희 집에 있느니라(말 3:8-10)"고 말씀하십니다. 너희가 익숙한 헌물을 드리지 않았기 때문에 가난한 자의 재물을 도둑질했다고 말씀하십니다. 이 말씀은 부자들이 조상으로부터 물려받았거나 어떻게 재산을 모았더라도 가난한 자의 재물을 소유하고 있다는 것을 보여주기 위해 하신 말씀입니다. 그리고 다른 곳에서 성경은 "가난한 자의 생활을 빼앗지 말라(집회서 4:1)"고 말합니다.
>
> (나사로와 부자 강론 2.9)

크리소스톰은 유산을 물려받는 것에 대해 부정적으로 설명한다. 누군가 자신이 조상으로부터 부를 물려받았다고 주장할 수 있지만, 그것은 조상이 누군가로부터 훔쳤다는 의미일 뿐이라고 말했다. 부의 뿌리 또는 기원은 반드시 불공정한 것이고, 부를 소유한 사람이 탐욕스럽지 않거나 자선을 실천한다는 이유만으로 부를 선하다고 주장할 수도 없다.

사실 크리소스톰을 포함하여 교부들 대부분은 부와 소유에 대해 부정적으로 생각했으나 정도의 차이는 존재하였다. 일부 교부들은 부가 본질적으로 선하거나 악한 것이 아니라 좋게 또는 나쁘게 사용될 수 있다고 주장했다. 그러나 인간 본성의 타락으로 인해 부는 잘못 사용될 가능성이 더 높다고 여겼다. 반면 다른 교부들은 부가 항상 탐욕과 가난한 사람들의 착취로 이어진다고 믿었다.

공동 소유

사유 재산의 문제에 대해 교부들 사이에서 널리 퍼진 의견은 사유 재산을 신이 아닌 시민법의 창조물로 보고 도덕적 이상은 공동 재산으로 구성된다고 보는 것이었다. 따라서 교부들은 대부분 공동 소유권을 이상적인 소유 형태로 제시했다. 그들은 사도행전에서 묘사한, 예루살렘의 초기 기독교 공동체의 예를 언급했다.

> **32** 믿는 무리가 한마음과 한 뜻이 되어 모든 물건을 서로 통용하고 자기 재물을 조금이라도 자기 것이라 하는 이가 하나도 없더라
>
> **33** 사도들이 큰 권능으로 주 예수의 부활을 증언하니 무리가 큰 은혜를 받아
>
> **34** 그 중에 가난한 사람이 없으니 이는 밭과 집 있는 자는 팔아 그 판 것의 값을 가져다가
>
> **35** 사도들의 발 앞에 두매 그들이 각 사람의 필요를 따라 나누어 줌이라
>
> (행 4:32-35)

사도행전에 묘사된 초대 교회의 공동 소유는 교부 시대에 어느 정도 유지된 것으로 보인다. 초기 기독교 변증가 유스티누스(Justinus, 또는 Justin Martyr, 100-165)와 삼위일체 용어를 가장 먼저 사용한 것으로 알려진 교부 터툴리안(Tertullian)은 공동 소유 관행을 기록하고 있다. 하지만 이후 교회에서 공동 소유가 주류 관습으로 지속되지는 않았던

듯하다. 교부들은 당시 교인들에게 재산권을 허용하더라도 자신의 소유물에 대한 완전한 소유권을 가질 수 없음을 강조했다. 만물을 하나님의 선물로 간주해야 한다고 주장했다.

일부 교부들은 사적 소유권을 전혀 인정하지 않았던 것으로 보인다. 동방 기독교 수도 생활의 아버지라 불리는 가이사랴의 바질(Basil of Caesarea)은 신학뿐만 아니라 가난하고 소외된 계층을 위해 활동했던 인물로도 유명하다. 그는 인간은 아무 소유 없이 세상에 왔다가 아무것도 없이 떠나는 존재이므로 지상에 있는 동안 물질적 재화에 대한 소유권을 가질 수 없다고 주장했다. 또한 사적 소유는 강도질에 불과하다고 비판했다.

교회 교부들이 부와 소유를 비판했음에도 불구하고 교회는 3세기 이후부터 토지를 취득해서 소유했다. 초기에 교회는 묘지와 예배 장소만 소유했지만 4세기에 국가의 박해가 끝난 후 상당수의 교회 관리가 지주가 되었고, 교회는 황제와 후원자들로부터 기부금과 유산을 받았다. 토지 소유는 부뿐만 아니라 권력을 의미하기도 했다. 4세기부터는 법률에 따라 교회의 경제적 지위가 강화되었다. 그 이전 박해 기간에 몰수되었던 많은 교회 재산도 이후 몇 년 동안 교회에 반환되었다. 433년에는 사망한 성직자의 재산이 교회의 재산이 되도록 규정하는 법이 통과되었다.

교회의 재산 소유를 제한적이나마 긍정적으로 언급한 교부도 있다. 신학뿐 아니라 서구 철학에도 큰 영향을 미친 교부 어거스틴(Augustine of Hippo, 또는 Augustinus Hipponensis, 354-430)은 자기 소유의 정당한 주인이 되려면 소유물을 잘 사용해야 한다고 언급한다. 그에 따르면 자기 소유물을 오용하면 소유물에 관한 권리를 상실하고 자신을 파멸하게 될 수도 있다. 재산을 올바른 방식으로 사용한다는 것은 하나님의 영광을 위해 재산을 사용한다는 것을 의미한다. 그러므로 정당한 사용에는 정당한 신앙이 필요하다. 이를 근거로 어거스틴은 교회만이 참된 신앙을 가지고 있으므로 정당하게 재산을 소유할 수 있다고 주장한다.

자선 행위

고대 세계에는 식량 부족, 기근, 전염병이 만연했다. 이러한 자연재해를 완화하는 방법이 제한적이었기 때문에 고대 사람들은 자연재해를 두려워했다. 가난한 사람들은 부유한 사람들보다 소유한 자원이 적었기에 자연재해로 인한 고통도 먼저 겪었다. 교부 크리소스톰은 가뭄과 기근으로 인해 공동체 전체가 고통을 겪을 때와 경제위기가 닥쳤을 때 어떤 일이 일어나는지 생생하게 묘사한다.

> 도시가 뒤집히고, 모든 기근 중에서 가장 혹독한 기근이 닥쳤습니다. 여러분도 알다시피, 시장에는 상품이 얼마나 텅 비었고, 작업장에는 혼란이 가득했으며, 모두가 먼저 온 것을 빼앗아 떠나려고 애썼던 것을 기억하십시오.
>
> (성 바빌라스에 관한 강론 2)

크리스소스톰은 전체 경제가 멈춰 서고 시장에는 상품이 비어 있고 작업장은 혼란으로 가득 차 있는 혼란상을 묘사한다. 그러한 때, 사람들은 시장에 먼저 들어오는 물건은 무엇이든 집어 들고 떠나기 바쁜 상황이 된다.

고대 시대 당시에는 자선이 빈곤에 대한 유일한 해결책이자 빈부 격차를 줄일 수 있는 유일한 방법으로 여겨졌다. 일자리 창출이나 실직자에게 기술을 전수하는 등 오늘날 우리가 흔히 생각하는 다른 경제적 대안은 고려되지 않았다. 기독교인들만 가난한 사람들에게 기부한 것은 아니다. 당시 사람들은 가난한 사람을 돕는 것을 당연시하였다. 황제, 귀족, 지역사회의 지도자는 자신의 명예와 지위를 높이고 사회적 안정을 도모하고자 공개적으로 기부하는 등 자선을 베풀었다. 반면 기독교인들의 자선 행위는 종교적 이유가 있다. 교부들은 부자가 자신의 부를 가난한 사람들과 나눌 의무가 있다고 가르쳤다. 가난한 자는 곧 예수라고 설명한다.

> **31** 인자가 자기 영광으로 모든 천사와 함께 올 때에 자기 영광의 보좌에 앉으리니
>
> **32** 모든 민족을 그 앞에 모으고 각각 구분하기를 목자가 양과 염소를 구분하는 것 같이 하여
>
> **33** 양은 그 오른편에 염소는 왼편에 두리라
>
> **34** 그 때에 임금이 그 오른편에 있는 자들에게 이르시되 내 아버지께 복 받을 자들이여 나아와 창세로부터 너희를 위하여 예비된 나라를 상속받으라
>
> **35** 내가 주릴 때에 너희가 먹을 것을 주었고 목마를 때에 마시게 하였고 나그네 되었을 때에 영접하였고
>
> **36** 헐벗었을 때에 옷을 입혔고 병들었을 때에 돌보았고 옥에 갇혔을 때에 와서 보았느니라
>
> **37** 이에 의인들이 대답하여 이르되 주여 우리가 어느 때에 주께서 주리신 것을 보고 음식을 대접하였으며 목마르신 것을 보고 마시게 하였나이까
>
> **38** 어느 때에 나그네 되신 것을 보고 영접하였으며 헐벗으신 것을 보고 옷 입혔나이까
>
> **39** 어느 때에 병드신 것이나 옥에 갇히신 것을 보고 가서 뵈었나이까 하리니

40 임금이 대답하여 이르시되 내가 진실로 너희에게 이르노니 너희가 여기 내 형제 중에 지극히 작은 자 하나에게 한 것이 곧 내게 한 것이니라 하시고

41 또 왼편에 있는 자들에게 이르시되 저주를 받은 자들아 나를 떠나 마귀와 그 사자들을 위하여 예비된 영원한 불에 들어가라

42 내가 주릴 때에 너희가 먹을 것을 주지 아니하였고 목마를 때에 마시게 하지 아니하였고

43 나그네 되었을 때에 영접하지 아니하였고 헐벗었을 때에 옷 입히지 아니하였고 병들었을 때와 옥에 갇혔을 때에 돌보지 아니하였느니라 하시니

44 그들도 대답하여 이르되 주여 우리가 어느 때에 주께서 주리신 것이나 목마르신 것이나 나그네 되신 것이나 헐벗으신 것이나 병드신 것이나 옥에 갇히신 것을 보고 공양하지 아니하더이까

45 이에 임금이 대답하여 이르시되 내가 진실로 너희에게 이르노니 이 지극히 작은 자 하나에게 하지 아니한 것이 곧 내게 하지 아니한 것이니라 하시리니

46 그들은 영벌에, 의인들은 영생에 들어가리라 하시니라

(마 25:31-46)

마태복음 25장에서 가난한 사람을 위해 하는 것이 곧 예수를 위해 하는 것이라고 설명한다. 이에 근거해 교부들은 가난한 자를 위한 자선을 종교적으로 정당화했다. 자선을 베푸는 가장 일반적인 기독교적 동기는 세례 후의 죄로부터 구원을 제공한다는 것이다. 즉 자선은 구원의 기능이 있다. 알렉산드리아의 클레멘스(Titus Flavius Clemens, 또는 Clement of Alexandria, 50-95)는 신학자이자 철학자로 헬레니즘 철학의 영향을 많이 받았다. 그는 자선 활동을 상업적 용어를 이

용해서 설명한다.

> 이 얼마나 훌륭한 거래인가! 오 신성한 상품이여! 사람은 돈으로 불멸을 구매하고, 세상의 멸망하는 것들을 주면 하늘의 영원한 저택을 대가로 받습니다! 부자여, 당신이 현명하다면 이 시장을 향해 항해하십시오! 필요하다면 전 세계를 항해하십시오. 위험과 수고를 아끼지 말고 이곳에서 천국을 사십시오.
> (*Salvation for the Rich*, 또는 *Who is the Rich Man who is Saved?* XXXII.)

자선에 대한 권면은 4세기와 5세기의 교회 설교에서 중요한 주제였다. 설교에서 종종 가난한 자들의 비참한 경제적 상황이 언급되곤 한다. 그러나 재산을 포기하고 자발적으로 가난한 삶을 실천하는 사람들이 존재하는데 그들은 높은 명예와 지위를 가졌다. 가난한 사람들에게 기부할 때는 이렇게 자발적으로 가난을 선택한 사람들에게 우선하여 기부하는 것이 당시 관습이었다.

노예제도

고대 경제 시스템은 노예제로 작동한다. 고대 로마의 노예제 사회는 로마 제국의 흥망성쇠와 함께 유지되었다. 노예는 노동력을 제공했을 뿐만 아니라 다른 재산과 마찬가지로 노예도 판매, 기증, 교환, 임대할 수 있었다. 교회 지도자와 설교자는 노예제도의 기원을 교인들에게 설명해야 했는데, 노예제의 기원은 대부분 죄의 기원과 연결하였다. 예를 들어 어거스틴은 노예제도를 타락과 원죄의 개념과 연결하여 설명했다.

> 이것은 자연의 질서에 의해 규정된 것으로, 하나님께서 인간을 창조하신

것입니다. … 그분은 자신의 형상대로 만든 이성적인 피조물이 비이성적인 피조물, 즉 사람이 짐승 위에 군림하는 것이 아니고, 그 어떤 것도 지배하는 것을 의도하지 않으셨습니다. 따라서 원시 시대의 의로운 사람들은 사람의 왕이 아니라 가축의 목자가 되었는데, 하나님께서는 피조물의 상대적 지위가 무엇이며 죄의 사막이 무엇인지 가르쳐 주시려는 의도가 있었으며, 노예의 상태가 죄의 결과라는 것을 우리는 믿습니다. 의로운 노아가 아들의 죄를 이 이름으로 낙인찍기 전까지는 성경 어디에서도 "노예"라는 단어를 찾을 수 없는 이유가 바로 여기에 있습니다. 그러므로 노예는 본성이 아니라 죄로 인해 생긴 이름입니다. 노예를 뜻하는 라틴어의 어원은 전쟁의 법칙에 따라 죽임을 당할 수 있는 사람들이 때때로 승리자에 의해 보존되어 하인이라고 불린 상황에서 찾을 수 있습니다. 그리고 이러한 상황은 죄가 아니면 결코 일어날 수 없는 일입니다. … 그러므로 노예제도의 주된 원인은 죄이며, 이는 사람을 동료의 지배 아래 두는 것인데, 이는 불의가 없으시고 모든 종류의 범죄에 합당한 형벌을 내리는 방법을 아시는 하나님의 심판 외에는 일어나지 않는 일입니다.

(신의 도시 XIX, 15장)

노예제도를 죄와 개념적으로 연결하는 생각은 초대 교회 교부들 사이에서 널리 퍼져있었다. 많은 교부는 노예제도를 자연스러운 현상으로 보는 전통적인 아리스토텔레스의 견해를 받아들이지 않았다. 교부 바실은 본질적으로 노예는 없다고 주장한다.

그는 노예가 아니고 주인도 아니고 자유인이라고 말합니다. 오, 이것을 유지하는 저들의 끔찍한 무감각과 불쌍한 대담함! 그들의 무지와 신성 모독을 한탄해야 할까요? 그들은 신성한 본성에 관한 교리를 인간과 비교하여 모욕하려고 노력하고, 인간들 사이에서 아무도 본질적으로 노예가 아니라는 것을 인식하지 못하고 정도의 차이가 가변적인 인간 생활의 일반적인 관습을 하나님의 불가항력적인 본성에 적용하려고 노력합니다.

(성령에 관하여 De Spiritu Sancto, Chapter 20, 51)

밀라노 주교를 역임한 암브로스(Ambrose of Milan 또는 Saint Ambrose, 339-397)는 사람을 노예로 만드는 것은 어리석다고 설명한다.

> 사람을 노예로 만드는 것은 본성이 아니라 어리석음이며, 자유케 하는 것은 인격이 아니라 규율입니다. 에서는 자유인으로 태어났지만 종으로, 요셉은 노예로 팔려 갔다가 권력에 선출되어 자신을 사들인 사람들을 다스리게 되었습니다.
>
> (LETTER XXXVII. 9)

노예제를 죄와 연결하여 설명하지만, 노예제 자체를 공개적으로 비판하는 교부는 드물었다. 또한 4세기와 5세기 초 기독교 제국의 출범 이후 노예제도를 개선했다는 징후도 없다. 노예제에 대한 바울의 양면적인 설명이 이와 관련 있다.

> **28** 너희는 유대인이나 헬라인이나 종이나 자유인이나 남자나 여자나 다 그리스도 예수 안에서 하나이니라
>
> (갈 3:26~28)

갈라디아서에서 바울은 교회 공동체 안에서 노예제를 인정하지 않는, 당시로서는 급진적인 설교를 한다. 하지만 노예제를 긍정하는 설교도 존재한다.

> **5** 종들아 두려워하고 떨며 성실한 마음으로 육체의 상전에게 순종하기를 그리스도께 하듯 하라
>
> (엡 6:5)

갈라디아서와 달리 에베소서에 나온 바울의 가르침은 노예제도를 정당화하는 데 활용되었다. 골로새서 3장 22절과 디도서 2장 9절에는 같은 내용이 나타난다. 교부들은 노예제에 부정적인 견해를 보이지만 노예제 자체를 반대하지 않고 부유한 사람들이 너무 많은 노예를 소유하는 것을 반대하였다. 이러한 주장은 금욕주의를 장려하고 부를 비판하는 취지에서 나왔다.

교부 크리소스톰은 하나님이 인간에게 손과 발을 주셨기 때문에 노예가 필요하지 않으며, 천지창조 당시 하나님이 노예를 창조하지 않았다고 지적한다. 하나님 섭리에는 노예제도가 설 자리가 없다는 점을 분명히 했다. 하지만 크리소스톰이 노예제를 반대하는 주된 이유는 주인과 노예가 동등한 인간이기 때문이라기보다 주인이 사치스러운 생활 방식을 유지하기 위해 노예를 고용하기 때문이다. 사람들의 방종으로 인해 노예가 필요하게 되었다고 본다. 크리소스톰은 노예들에게 기술을 가르쳐 자급자족할 수 있게 한 다음 노예를 해방하라고 교인들에게 조언한다. 그러나 그는 노예제도에 대해 설교할 때 매우 조심스러웠으며, 회중이 어떻게 반응할지 확신할 수 없었기 때문에 매우 신중하게 단어를 선택해야 했다고 인정했다.

교부 중에서 노예제도에 반대하는 목소리를 명시적으로 낸 인물은 니사의 주교, 그레고리오스(Gregory of Nyssa, 또는 Gregorius Nyssenus, 335-394)이다. 그는 노예제도는 원칙적으로 잘못된 것이라고 주장했다.

> 노예와 주인 사이에 이러한 것들에 어떤 차이가 있습니까? 그들은 숨을 쉬면서 같은 공기를 마시지 않습니까? 같은 방식으로 태양을 보지 않습니까? 그들은 음식을 섭취함으로써 그들의 존재를 유지하지 않습니까? 내장의 배열도 같지 않습니까? 죽은 후에는 둘이 한 티끌이 되지 않습니까? 그들에게 하나의 심판이 있지 않습니까? 공통의 왕국과 공통의 지옥이 있지 않습니까?

그러므로 그들이 이 모든 면에서 평등하다면, 어떤 점에서 주인이 더 나은 것이 있습니까, 인간이 스스로 인간의 주인이라고 생각하고, 염소나 돼지 떼처럼 노예와 노예 딸을 얻었다고 말합니다. 내가 노예와 노예 소녀를 얻었다고 말할 때 그는 양과 소 떼의 풍요로움이 그에게 왔다고 덧붙였습니다. 소와 양의 많은 재산이 내 것이 되었으니, 마치 소와 노예가 모두 동등하게 그의 권위에 복종하는 것처럼 말입니다.

(전도서 강론 337.13-338.14)

니사의 그레고리오스는 주인이 노예보다 우월하지 않으며, 노예와 주인은 같은 인간 본성을 공유한다고 주장한다. 그의 설교에 따르면 일부 기독교인들은 노예를 양이나 소와 비슷한 단순한 소유물로 여기고 노예를 별로 중요하게 생각하지 않았다.

일반적으로 교부들은 노예제도에 대해 무관심해 보였고, 명시적으로 반대하지 않았다. 노예제도는 기존 사회 제도로 인정되었고, 비난의 대상이 아니었다. 교회가 제국의 권력을 획득한 콘스탄티누스 시대 이후 기독교인들이 노예제도를 종식하기 위해 입법을 설계한 예는 없었다.

교부들은 사회에서의 지위와 상관없이 신 앞에서 모든 사람은 평등하며, 노예가 부유한 사람보다 하나님 나라에 더 합당할 수 있다는 점을 상기시키는 데 그쳤다. 그러나 이는 플라톤과 아리스토텔레스에서 한 걸음 더 나아간 것으로, 노예제를 더 이상 자연적인 제도로 간주하지 않았고, 재산권과 관련하여 신의 법이 아닌 인간 법의 영역에 속하는 것으로 간주하였다.

이자 문제

이자 문제에 대해 모든 교부는 명확히 반대했다. 반대한 이유는 두 가지로 정리할 수 있다. 첫째, 구약성서에서 이자를 부과하는 것을 금지하고 있다. 둘째, 이자를 받는 것은 이웃을 사랑하라는 계명에 어긋난다. 알렉산드리아의 클레멘스는 구약성서에 명기된 율법이 형제로부터 이자 받는 것을 금지하고 있다고 말한다.

> 나눔과 소통을 존중하면서, 많은 말을 할 수 있겠지만, 율법은 형제가 고리(usury)를 취하는 것을 금지하고 있습니다: 같은 부모에게서 태어난 사람뿐만 아니라 같은 인종과 정서를 가진 사람, 같은 말씀에 참여하는 사람을 형제로 지정하고, 돈을 위해 고리(usury)를 취하는 것이 아니라 필요한 사람들에게 열린 손과 마음으로 주는 것이 옳다고 간주하는 것입니다.
>
> (*The Stromata*, Book II, Chapter 18)

클레멘스는 형제라는 용어를 가족뿐만 아니라 같은 인종 또는 동료 신자라는 의미로 해석한다. 이자를 취하는 대신 도움이 필요한 사람들에게 베풀어야 한다고 덧붙인다. 콘스탄티누스 1세의 초대 자문자였던 락탄티우스(Lucius Caecilius Firmianus Lactantius, 250-325)는 한 걸음 더 나아가 이자를 요구하지 말아야 할 뿐만 아니라 빌려주는 것을 거절해서는 안 된다고 주장했다.

> 그는 도둑질하지 않으며 다른 사람의 것을 탐내지도 않습니다. 고리대금업자에게 돈을 주지 않을 것인데, 이는 다른 사람의 악으로부터 이익을 구하는 것이기 때문입니다. 그러나 필요에 의해 다른 사람이 빌려야 할 경우 빌려주는 것을 거부하지 않을 것입니다.
>
> (The Divine Institutes, Chapter 64)

초대 교회 신학자이자 예루살렘의 주교인 시릴(Cyril of Jerusalem, 또는

Cyrillus Hierosolymitanus, 313-386)은 고리대금업을 폭식, 방탕, 탐욕과 함께 큰 악덕 중 하나로 꼽았다.

> 모든 종류의 방종으로부터 냉정하게 서서 폭식이나 방탕에 빠지지 말고 모든 탐욕과 고리대금보다 우위에 서십시오.
>
> (*Catechetical Lecture* 4:37)

3세기 시리아 출신의 이란계 기독교 저술가 아프라하트 (Aphrahat, 또는 Aphraates, 270-345)는 수도사들이 이자를 받는 것을 반대하면서 이자는 탐욕에서 비롯된 것이라고 비판했다. 평신도보다 수도사에게는 이러한 원칙을 준수할 더 큰 책임이 있다고 주장했다.

> 빌려주고 이자를 받지 않게 하고 탐욕을 사랑하지 않게 하십시오.
>
> (*Demonstration* VI.—Of Monks. 8.)

몇몇 교부들은 부유하고 권력 있는 사람들이 돈으로 자신을 부유하게 하면서 가난한 사람들의 곤경을 더욱 악화시킨다는 사실을 강조했다. 교부 바실 또한 이자를 죄로 규정하였다.

선지자는 완전한 사람, 즉 영원한 평화의 생명에 오르도록 지정된 사람의 성품을 묘사할 때, 그의 고귀한 행위 가운데 고리대금업에 돈을 바치지 않은 것을 꼽습니다. 이 특별한 죄는 성경의 여러 구절에서 정죄되고 있습니다. 에스겔은 고리대금과 이자를 받는 것을 가장 큰 범죄로 간주합니다. 율법에는 '네 형제와 네 이웃에게 고리대금하지 말라'는 지시가 분명하게 명시되어 있습니다. ... 그리고 수많은 악이 가득한 성읍에 대해 시편은 무엇이라고 말합니까? '고리대금과 간교함이 그 거리에서 떠나지 아니하도다.' 이제 선지자는 '돈을 고리대금에 내놓지 않는 자'라고 말하면서 완전한 사람의 특징과 정확히 같은 점을 예로 들었습니다. 사실 생활필수품을 필요로 하는 사람이 강제로 빌려야 하고, 원금에 만족하지 못하는 사람이 가난한 사람들의 재앙을 통해 자신의 이득과 이익을 얻으려는 것은 비인간성의 마지막 단계입니다. 주님은 '너를 빌리려는 자에게 외면하지 말라'는 말씀에서 아주 분명하게 자신의 명령을 내리셨습니다.

(시편 강론 14:1.)

교부 바실은 가난한 사람들에게도 조언한다. 그는 돈을 빌리면 일시적인 안도감과 기쁨이 생기지만 결국에는 더 큰 어려움을 초래한다고 말한다. 또한 가난한 사람들에게 돈을 빌리면 자유를 잃는다고 경고한다.

> 돈을 얻은 사람은 처음에는 밝고 즐거워하며 다른 사람의 화려함으로 빛나고 변화된 삶의 방식으로 눈에 띄게 됩니다. 그의 식탁은 호화롭고 그의 옷은 가장 비쌉니다. 그의 하인들은 더 좋은 옷을 입고 나타나고, 아첨꾼과 부유한 동료가 있으며, 그의 방은 무수히 많은 무위도식자로 가득 차 있습니다. 하지만 돈은 사라집니다. ... 이제 밤은 그에게 휴식을 가져다주지 않고, 낮도 즐겁지 않고, 태양도 밝지 않으며, 그는 삶에 지치고, ... 잠을 자다가도 베개 옆에서 대부업자가 잠든 모습을 보게 됩니다. 잠에서 깨어나면 이자에 대한 불안과 공포가 엄습합니다. ... 빌려주는 사람은 경기가 끝나면 사냥개처럼 달려갑니다. ... 자유를 잃느니 차라리 모든 것을 포기하는 편이 낫습니다. ... 고리는 거짓말의 근원이며 배은망덕, 불공정, 위증의 시작입니다.

(시편 강론 14:2.)

이처럼 교부들은 고리대금이 대출자와 차용자 모두에게 해롭다고 주장했다. 기독교 저술가들이 일관되게 고리대금을 비판했지만, 이러한 경제적 관행은 지속되었다.

상업과 무역

이자를 죄악시하는 견해와 비슷하게 상업과 무역 활동에 대해 부정적으로 의견을 피력하는 교부들이 있다. 크게 두 가지 반대의견을 제시한다. 첫째, 상업과 무역은 부를 얻고자 하는 탐욕에 의해 주도된다. 경제적 독립이나 자급자족이 당시의 질서였던 세상에서는 풍요와 과잉이 존재할 수 없었다. 이와 관련하여 교부 터툴리안의 설명을 살펴보자.

> 나머지 잘못들을 대대로 거슬러 올라가면서 생각해 보면, "일만 악의 뿌리"인 탐심(딤전 6:10)부터 시작하겠습니다. 실제로 어떤 사람들은 이 탐심에 사로잡혀 "믿음에 대해 난파당했다"고 합니다. 디모데전서 1:19에서 탐심을 우상숭배라고 불렀습니다. 탐욕의 사역자가 하나님의 종에게 적합한 일입니까? 탐욕을 떠나서, 취득의 동기는 무엇입니까? 취득의 동기가 사라지면 거래의 필요성이 없어집니다.
>
> (우상에 관하여 Chapter 11)

상업과 무역에 대한 두 번째 반대 근거는 상업과 무역이 속임수에 기반한다는 것이다. 이에 따르면 상인들은 상품을 구매한 사람들을 속이고 가난하고 굶주린 사람들을 착취한다. 이와 관련하여 교부 암브로스는 옥수수가 많을 때 상인들은 시장에 옥수수가 너무 많지 않도록 옥수수를 저장하고, 그런 다음 굶주린 사람들을 희생시키면서 옥수수 가격을 올린다고 설명한다. 또한 기근이 발생하면 상인들은 옥수수 가격을 더 올려서 기근으로 인한 피해를 악화시킨다고 설명한다.

> 여러분은 열매를 맺는 땅의 작물에서 노동의 대가를 기대해야 하고, 풍요

로운 땅의 결실로부터 정당한 보답을 기대해야 합니다. 왜 자연의 산업을 이용하고 그것을 속입니까? 왜 모두를 위해 재배된 것을 인간을 위해 사용하는 것을 원망합니까? 왜 당신을 위해 풍요를 줄이십니까? 왜 당신의 목표를 원하십니까? 왜 가난한 사람들을 불모의 계절을 갈망하게 만듭니까? 그들이 풍성한 계절의 혜택을 느끼지 못할 때, 당신이 가격을 올리고 곡식을 저장하는 기술 때문에, 그들은 다른 사람들의 배고픔을 희생시키면서 사업을 하는 것보다 차라리 아무것도 생산되지 않는 것이 훨씬 낫다고 생각하기 때문입니다. 당신은 곡물 부족과 적은 식량 공급으로 많은 돈을 벌고 있습니다. 당신은 땅의 풍성한 작물을 보며 탄식하고, 곡식이 가득 찬 곡식 창고를 보며 슬퍼하며, 흉년이 들어 수확이 실패할 때를 기다립니다. 그런 다음 수확이 왔음을 기뻐합니다. 그런 다음 모든 사람의 불행에서 부를 모으고, 교활한 영리함과 교묘한 속임수에 불과한 이것을 산업과 근면함이라고 부릅니다. 사악한 계략에 불과한데도 당신은 그것을 구제책이라고 부릅니다. 이것을 강도라고 부를까요, 아니면 이득이라고 부를까요? ... 약탈자는 곡식을 숨기고 판매자는 곡식을 경매에 내놓습니다. 기근이 더 심해져서 곡식이 남아있지 않아야 하는 것처럼, 더 풍요롭지 못한 해가 이어져야 하는 것처럼, 왜 모든 사람에게 재앙을 바랍니까? 당신의 이익은 공공의 손실입니다.

(성직자의 의무에 관하여 Book III, Chapter 6. 41)

암브로스는 상인들의 관행을 "산업과 근면함"이 아닌 "교활한 영리함"으로 간주한다. 또한 "이득"이 아닌 "강도"로 표현한다. 즉 암브로스에게 정직한 거래는 존재하지 않는다. 다른 교부들도 상업과 무역 행위를 비판한다. 어거스틴은 상인들이 거래할 때 가격에 대해 거짓말을 하고 심지어 거짓 맹세를 하기도 한다고 말한다. 이러한 행위는 하나님을 모독하는 것이기에 기독교인은 상인이 되지 않아야 한다고 권면한다.

카파도키아 교부의 대표적 인물인 나지안조스의 그레고리오스(Gregory of Nazianzus, 329-390)는 옥수수 상인들이 기근이 닥쳤을 때 굶주린 사람들의 곤경을 악용하여 큰 이익을 얻었다고 비판했다. 무역에 있어서 상품 운송은 필수적인데, 당시 해상 운송이 육상 운송보다 훨씬 저렴했고, 따라서 해상 도시가 식량을 수입하기가 훨씬 쉬웠다. 이러한 상황을 상인들이 이용한 것이다.

> 기록상 가장 심각한 기근이 닥쳤습니다. 도시는 곤경에 처해 있었고, 재난에 대한 도움이나 구호의 손길이 없었습니다. 해양 도시는 수입품과 자체 생산품을 교환하여 어려움 없이 그러한 시기를 견딜 수 있지만, 우리와 같은 내륙 도시는 우리가 가진 것을 처분하거나 없는 것을 수입하여 과잉을 이익으로 바꾸거나 필요를 공급할 수 없습니다. 그러나 그러한 모든 고통에서 가장 어려운 부분은 공급품을 소유한 사람들의 무감각하고 만족스럽지 못한 부분입니다. 그들은 기회를 엿보고 고난을 이익으로 바꾸며 불행으로 번성하나니 가난한 자에게 자비를 베푸는 자는 여호와께 빌려주며(잠언 19:17) 곡식을 보류하는 자는 백성이 저주하리라는 말씀과 자선하는 자에 대한 약속과 불의한 자에 대한 위협에 유의하지 아니합니다. 그러나 그들은 잘못 판단한 정책으로 너무 만족하지 못하니, 그들은 동료들에 대한 그들의 연민을 닫고 자신에 대한 하나님의 연민을 닫고 그들의 필요를 잊어버렸기 때문입니다. 곡식을 사는 사람과 파는 사람이 그러한데, 그들은 동료를 존중하지도 않고, 자신들이 가진 것을 주신 하나님께 감사하지도 않으며, 다른 사람들은 곤궁합니다.
>
> (Oration 43:34)

당시 해상 운송은 무역에 있어서 큰 장점이다. 해상 운송에 대한 찬사는 교부의 저술에서 종종 발견된다. 예를 들어 교부 바실의 글을 살펴보자.

따라서 하나님의 눈에 바다는 땅 깊은 곳에서 수분의 해류를 만들기 때문에 선합니다. 또한 그것은 사방에서 한계를 초과하지 않고 강으로부터 물을 받기 때문에 좋습니다. 그것은 공기 중의 물의 기원이자 원천이기 때문에 좋습니다. ... 마지막으로 바다는 지구의 가장 먼 부분을 하나로 모으고 선원들의 상호 소통을 쉽게 해서 성벽과 아름다움을 동시에 형성하는 섬을 묶기 때문에 하나님의 눈에는 선합니다. 이를 통해 우리에게 일반적인 정보의 혜택을 제공하고 상인에게 부를 공급하며 생활필수품을 쉽게 제공하여 부자들이 과잉을 수출하고 가난한 사람들에게 부족한 것을 공급할 수 있도록 축복합니다.

(Hexaemeron, Homily 4:7)

바실을 포함한 교부들은 부정직한 상인의 착취를 비난하면서도 상업 자체가 경제에 이바지한 공헌을 인정하기도 한다. 물론 상업과 무역을 노골적으로 비판한 교부들도 있었다. 이렇게 교부신학 내에는 상업과 무역에 대한 다양한 시각을 발견할 수 있다. 상업과 무역에 대한 부정적인 시각이 존재했지만, 당시 로마 제국에서는 상업과 무역이 번성했다.

나는 이 모든 것을 말하지만, 도시가 다시 이 외형적인 구별조차도 되찾고 자신의 적절한 우선 순위에 나타날 것으로 기대합니다. 황제는 박애주의자이자 경건한 분이니까요. 그러나 나는 이 도시가 회복되더라도 너무 크게 생각하지 말고, 자랑하지 말고, 우리 도시의 명예를 그런 것에 두지 않기를 바랍니다. 다프네 교외나 노송나무의 높이와 수, 샘물, 도시에 사는 많은 인구, 자정까지 장이 서는 큰 자유, 상품이 풍성한 것에 대해 말하지 마십시오! 이 모든 것은 외형적인 것들로서 현세의 삶이 지속되는 한에만 남아있을 뿐입니다.

(동상에 관한 강론 17:14)

시장은 각 도시의 중심을 형성했고, 교부 크리소스톰의 강론에 따르면 다프네 도시에서 시장은 자정까지 영업했다. 전반적으로 교부 신학에서 상업은 도덕적 위험을 초래할 가능성이 있지만 직접적인 정죄의 대상은 아니었으며, 중요한 것은 정직한 방식으로 상업이 수행되어야 한다는 것이었다.

산업에 대한 언급

교부 시대는 이전 시대와 마찬가지로 농업이 주요 산업이었다. 또한 대부분 경제 활동은 남성의 전유물로 여겨졌다. 교부들은 이것이 신이 의도한 방식이라고 믿었다. 교부 크리소스톰은 하나님께서 시장은 남자에게, 집은 여자에게 맡기셨다고 말한다. 당시 여자는 물레를 돌리고, 베를 짜고, 옷을 만드는 일을 담당했다.

> 그리고 도시뿐만 아니라 각 가정에서도 큰 만장일치가 있기를 원하사 남자에게는 통치와 우월함으로, 여자에게는 욕망으로 무장하게 하시고, 자녀를 낳는 은사도 둘에게 공통으로 맡기셨으며, 이와 함께 화목하게 하는 다른 것들도 마련해 주셨느니라: 남자에게 다 맡기지도 아니하시고 여자에게 다 맡기지도 아니하시고 "이것들도 각각 나누어 주시되" 여자에게는 집을 맡기시고 남자에게 시장을 맡기시고 땅을 경작하는 일을 맡기시고, 베틀과 디딜방아는 여자의 것이니, 여자에게는 먹이는 일을 맡기시고 의복은 남자의 것이니 여인에게 길쌈하는 기술을 주신 분은 하나님 자신입니다. 이 차이가 나타나지 않는 탐욕에 화가 있으리라! 여성은 남자들에게 베틀을 소개하고 그들의 손에 베틀과 털실과 실을 넣는 데까지 이르렀습니다. 그런데도 신성한 경제에 대한 예견이 빛을 발합니다. 우리는 여전히 다른 더 필요한 일들에서 여자를 크게 필요로 하고, 우리의 삶을 함께 유지하는 일들에서 열등한 사람들의 도움이 필요하기 때문입니다.
>
> (고린도전서 1장 강론 34, 7)

교부 크리소스톰은 여성이 남성에게 베틀을 소개하고 그들의 손에 베틀과 털실과 실을 쥐여준다는 사실에 분노했다. 이것이 하나님의 섭리에 어긋난다고 생각한 것이다.

농업의 주요 목적은 가정을 자급자족하게 만드는 것이었다. 농업이 경제적으로 중요한 이유는 인류의 가장 기본적인 필요인 식량을 가정에 공급했기 때문이다. 교부 크리소스톰은 하나님이 인간을 창조하실 때 이 활동을 도입하셨다고 말하며 이에 대한 신성한 정당성을 제시한다.

> 농사, 직조, 건축의 기술이 있는데, 이 기술은 매우 필요하고 우리의 삶을 보존하는 데 크게 기여합니다. 다른 것들은 분명히 이것들에 부수적인 것일 뿐입니다. 대장장이, 목수, 양치기. 그러나 더 나아가, 예술 그 자체 중에서 가장 필요한 것은 하나님이 인간을 지으실 때 처음 도입하신 농업입니다. 신발과 옷이 없으면 살 수 있지만 농업이 없으면 불가능하기 때문입니다. ... 첫째는 농사, 둘째는 길쌈, 셋째는 건축, 그리고 마지막으로 신을 만드는 것이니 우리 중에는 신 없이 사는 종과 일꾼이 많음입니다. 그러므로 이것들은 유용하고 필요한 기술입니다.
>
> (고린도후서 강론 15, 7:13)

교부 크리소스톰에 따르면 직조는 두 번째, 건축은 세 번째이며 생계와 관련해서는 다른 기술이 실제로 필요하지는 않다고 말한다. 그레고리오스(Gregory of Nyssa)가 "땜장이(tinker)"에 대해 묘사하는 것을 살펴보자.

> 그는 처음에는 땜장이가 되어 염소 털 천막 아래 작은 망치와 작은 모루를 들고 앉아 지저분한 기계공의 일을 하면서 위태롭고 힘든 생계를 유지했습니다. 구리의 흔들리는 부분을 수선하고 구멍을 납땜하고 양철을 망치로 두드

려서 조각내고, 냄비 다리를 납으로 고정하는 사람이 실제로 어떤 수입을 올릴 수 있습니까?

(*Against Eunomius* Book I.6)

그레고리오스는 땜장이를 묘사할 때 여러 형용사를 사용하여 그가 이 직업을 경멸하고 있음을 보여준다. 그는 이 직업을 "지저분한 기계공"이라고 부르며 이 직업으로 생계를 유지하는 것은 매우 불안정하고 힘든 일이라고 말한다. 그는 또한 땜장이가 "실제로 어떤 수입을 올릴 수 있습니까?"라고 묻는다. 이러한 그레고리오스의 묘사는 아마도 땜장이라는 직업에 대해 당시 사회에서 일반적으로 가지고 있던 견해를 반영했을 것이다.

Chapter

8

중세신학과 경제사상 I

- 토마스 아퀴나스와 스콜라 학파
- 정당한 가격
- 자연법과 정의
- 실제 가격
- 이자와 고리대
- 이자와 화폐

가난한 자를 위한 경제:
성서와 경제사상

Chapter

8

중세 신학과 경제사상 I

유럽의 중세는 언제부터 언제까지인가? 학자마다 견해가 다르긴 하지만 대략 로마 제국의 멸망, 즉 대략 서기 500년부터 르네상스가 시작되는 1500년대 때까지를 말한다. 중세 시기는 전쟁, 기근, 전염병 등으로 인해 일반 민중들의 삶이 어려웠고, 강력한 민족 국가의 부재로 인해 교회가 지배적인 세력으로 존재했다.

9세기경 등장한 봉건제와 상대적으로 작은 시장 규모로 인해 경제 영역은 제한적이었다. 중세 시대 경제 분야는 종교의 영향력이 뚜렷하였다. 교회는 대중에게 일상생활에 대한 지침을 제공해야 했고, 그 주된 관심사는 사람들을 영적으로 인도하는 것이었다. 경제를 윤리의 관점에서 바라보았고, 종교의 권위에 의존해서 경제 원칙이 성립되었다. 중세의 경제관은 신학자, 철학자, 법률가 등의 저작을 통해 간접적으로만 재구성할 수 있다. 이들은 경제 문제를 별도로 고려할 만한 분야로 여기지 않았다. 대출과 이자와 같은 경제 문제와 직접적으로 관련된 언급도 철학의 부분으로서 의미가 있을 뿐이었다.

토마스 아퀴나스와 스콜라 학파

스콜라사상 또는 스콜라주의(Scholasticism)는 9세기에서 15세기에 걸쳐 중세 유럽을 지배한 신학 또는 철학 사상을 말한다. 스콜라 학파의 전성기는 13~14세기이다. 일반 철학이 추구하는 진리의 존재와 인식에 대한 탐구를 기반으로 기독교 신학을 정립하였다. 스콜라 학자는 신학자이자 철학자였고 경제 문제 또한 언급했다. 고대 그리스 철학부터 스콜라 학파에 이르는 경제사상은 경제 현상의 원인과 결과보다는 윤리와 정의에 관한 규범적인 내용이 대부분이다.

토마스 아퀴나스(Thomas Aquinas, 1225-1274)는 중세 스콜라학자로서 가장 널리 알려진 학자이다. 그는 도미니코 수도회의 신학자로서 그의 사상은 종교적 훈련뿐만 아니라 아리스토텔레스와 다른 그리스 철학자들로부터 영향을 받았다. 아리스토텔레스의 철학은 신학 교리를 합리화할 수 있다는 점에서 중요한 역할을 했다(Chaplygina and Lapidus, 2016).

13세기에 서방 세계에 퍼진 아리스토텔레스 저작의 라틴어 번역본, 주로 그의 니코마코스 윤리학 및 정치학은 아퀴나스에게 영향을 미쳤고, 아퀴나스는 아리스토텔레스에게서 목적론적이고 유기체론적인 사회 개념을 계승했다. 무생물에서 식물, 동물, 인간, 그리고 신에 이르는 자연의 계층 구조를 만들어 냈다. 이 계층 구조에서 인간은 하나님의 피조물일 뿐 아니라 이성을 부여받은 대리자이다. 또한 아퀴나스는 인간 개인보다 사회 전체의 중요성을 언급한다.

이제 한 공동체에 포함된 모든 사람은 그 공동체와 관련하여 전체에 대한 부분으로서 서 있지만, 부분은 전체에 속하기 때문에 부분의 선이 무엇이든 전체의 선으로 향할 수 있다는 것이 분명해졌습니다. 따라서 어떤 미덕의 선은, 그 미덕이 인간 자신에 대한 관계에서든 다른 특정한 개인에 대한 관계에서든, 정의가 지향하는 공동선을 가리키며, 따라서 모든 미덕의 행위는 인간을 공동선으로 이끄는 한에서 정의와 관련될 수 있습니다.

(신학대전 2부의 2, Question 58, Article 5)

아리스토텔레스의 정치 철학, 예를 들어 <정치학> 1권에서 인간은 유기체 내의 특정 기관처럼 도시라는 정치적 조직 내에서 자신의 기능을 통해서만 목적과 능력을 충족시킬 수 있으므로 정치적 동물이라고 주장한다. 이로부터 아퀴나스는 전체가 부분보다 우선한다고 주장하며 사회의 일부로서 인간의 위치가 이성을 부여받은 존재로서 목적의 위계에 부합한다는 것을 의미하기도 한다.

아퀴나스 시대 경제사상은 신학과 윤리학의 일부로 취급되었고, 이러한 경향은 이전 그리스 철학에서보다 더 강하였다. 종교적 구원과 현실에서 올바른 행위를 수행하는 방법을 탐구하는 것이 학문의 목적이었다. 경제 문제를 다루는 것은 이러한 목적을 위한 수단이었다. 아퀴나스의 대표 저서인 <신학대전>(*Summa Theologica*)에서 경제와 관련된 내용은 수천 페이지 중 수십 페이지에 불과하다.

경제 영역에 대한 아퀴나스의 생각은 정의의 개념, 즉 이웃을 희생시켜서 이득을 취하는 것은 안 된다는 기본 원칙을 중심으로 전개하였다. 경제 정의에 대한 이러한 관심에서 아퀴나스의 두 가지 주요 주장, 고리대금(Usury)에 대한 비판과 정당한 가격(Just Price) 개념이 등장한다.

플라톤과 아리스토텔레스와 마찬가지로 아퀴나스도 경제에 대해 규범적인 접근 방식을 취했으며 이자와 고리대금, 정당한 가격, 정당한 과세 등의 주제에 관하여 집중했다. 또한 스콜라 학파에는 스페인 철학자 프란시스코 데 비토리아(1483-1546)와 그의 살라망카 학파도 주목할 만하다. 13세기와 14세기에 꽃을 피운 스콜라주의는 16세기 살라망카 학파의 쇠퇴와 함께 종말을 맞았다.

스콜라사상은 세 가지 다른 지적 전통이 융합되었다. 첫째, 아리스토텔레스의 철학, 둘째, 성서와 교회 교부들, 셋째, 로마법이다. 스콜라 학자들은 고대인들의 경제관, 특히 아리스토텔레스의 경제관을 계속 발전시켰으며 성서의 전통과 로마법의 정신을 통합했다.

이전의 그리스 사상가들과는 달리 스콜라 철학자들의 초점은 이 세상에서 어떻게 좋은 삶을 얻을 수 있는지가 아니라 다음 세상에서 어떻게 지옥을 피할 수 있는지에 맞춰져 있었다. 구약성서에 따르면 인간은 낙원에서 쫓겨나 고난과 궁핍으로 가득한 삶을 살면서 죄의 벌을 받는 존재였다. 열심히 일하면 생존을 보장받고, 깊은 믿음을 보여준 것에 대한 보상으로 기적을 경험하는 삶을 살게 된다. 스콜라사상에 따르면, 인간이 겪는 물질적 어려움에 대한 해답은 더 많은 생산과 경제 성장이 아니라 자기 절제였다.

스콜라주의의 핵심 중의 하나는 고리대금업에 관한 교리였다. 스콜라 학파의 주장은 돈은 증식할 수 없다는 것이었다. 또한 신이 모든 사람에게 동등하게 시간을 주었기 때문에 대출받고 갚는 사이에 시간이 지나는 것만으로는 이자를 정당화할 수 없다는 것이었다. 그리고 대부분의 대출은 생산자가 아닌 소비자에게 이루어졌다는 점을 중시한다. 스콜라 학파는 기독교인의 의무가 어려움에 빠진 사람들을 돕는 것이라고 주장하였다. 가난한 이들이 필수품 소비를 위해 대출받을 때 이들에게 이자를 부과하여 착취하거나 그들의 상태를 악화시키지 않아야 한다.

고대와 중세 경제는 농업을 중심으로 해마다 큰 변화 없이 어느 정도 고정되어 있었고, 스스로 재생산하는 형태였다. 그러나 중세가 저물어가고, 지리 혁명과 산업혁명 이후 경제 성장이 이루어지면서 투자 자금 조달이 중요한 요소가 된다. 이러한 상황에서 그리스 철학과 스콜라사상이 뒷전으로 밀려나면서 이자와 고리대금에 대한 부정적인 견해는 완화되었다.

정당한 가격

경제 메커니즘 작동에 필수적인 분업은 모든 사람이 주고받는 교환을 필요로 한다. 따라서 교환을 어떻게 할지는 중요한 조건이다. 아리스토텔레스가 논의한 정당한 가격은, 다른 사람을 속이거나 강압을 가하지 않고 모든 측면에서 정상적인 상황이라면 시장에서 자발적으로 나타날 가격을 말한다. 정당한 가격의 개념은 거래 당사자가 서로를 이용해서는 안 된다는 것이다. 가치보다 높은 가격에 상품을 판매하는 행위는 정의의 원칙에 어긋나는 행위이다.

로마법 전통에 따르면 강압 없이 참여자들이 합의한 모든 거래 조건은 정당한 것으로 간주하였다. "물건은 판매할 수 있는 만큼의 가치가 있다"는 다이제스트(Digest, 라틴어로 Digesta)에서 자주 반복되는 구절이다. 다이제스트는 서기 530-533년 비잔틴 황제 유스티니아누스 1세의 명령으로 편찬된 로마법에 관한 요약집이고, 기원전 100년경에서 기원후 250년경까지 법학자들의 학설을 모았고 50권의 책으로 구성되어 있다. 다이제스트에 따르면 시장에서 자유롭게 사람들이 낼 용의가 있는 가격이 정당하다. 자발적으로 합의한 가격이 시장에서 통용되는 가격과 상당히 다른 경우 이러한 교환은 비정상적인 교환으로 간주할 수 있다.

아퀴나스는 로마법과 암브로스, 어거스틴 등 교부들의 전통에 따라 사기나 독점 관행이 없는 시장에서 통용되는 가격을 정당한 가격으로 파악했다. 당시에는 경쟁 시장은 예외적 현상이었고, 일반적으로 소수 권력자에게 유리한 규칙이 적용되었다. 12~13세기 당시에는 정치 당국이 적극적으로 개입하여 교환 대상이 되는 대부분 상품에 대해 가격을 정하였다. 장인들의 생산에 대해 엄격하게 규제하였기에 생산비용을 언급할 때 대부분 규제를 준수하는 법적, 제도적 비용을 의미했다.

근대 고전파 경제학의 가치이론에서 생산비용을 언급할 때 상품 생산에 필요한 노동량을 의미하고 이러한 비용이 정당한 가격을 구성한다고 생각하였다. 중세 사상은 이와 매우 다르다. 중세에 생산비, 특히 노동비용에 대한 언급이 있지만 정당한 가격 개념과는 연결하지 않았다. 중세 당시 비용 구조는 사회적 계층 구조에 의해 결정되었다. 스콜라 철학자들은 실질적으로 생산자가 사회에서 자신의 위치에 맞는 생활 수준을 유지할 수 있는 가격을 정당한 가격으로 생각했다. 스콜라사상에 의하면 경제 영역에서 정의는 계약의 내용보다 계약의 형식에 대한 신의를 지키는 것이다. 이해 당사자들이 자유롭게 합의한 계약과 함께 시장에서 개별적인 가격보다 전반적인 평균 가격을 정당한 가격으로 간주하였다.

정당한 가격에 대해서 아퀴나스는 <신학대전>의 '구매와 판매에서 저지르는 죄'를 다룬 절에서 논의하고 있다. 아퀴나스는 먼저 가치에 부합하지 않는 가격의 일반적인 문제를 다루는데, 여기서 부당한 가격은 너무 높은 가격과 함께 너무 낮은 가격도 포함된다. 공동체의 이익을 생각하면 한 사람에게 다른 사람보다 더 많은 부담이 있어서는 안 된다. 따라서 너무 높은 가격과 너무 낮은 가격 모두 부당한 가격이다.

> 정당한 가격 이상으로 물건을 팔기 위해 속임수에 의지하는 것은 이웃을 속여 그를 다치게 하는 것이기 때문에 전적으로 죄악입니다. ... 그러나 사기와는 별개로, 우리는 두 가지 방식으로 구매와 판매에 대해 말할 수 있습니다. 첫째, 그 자체로 볼 때, 그리고 이러한 관점에서 볼 때, 구매와 판매는 양 당사자의 공동 이익을 위해 성립하는 것이며, 그 중 하나는 다른 당사자에게 속한 것을 요구하고 그 반대의 경우도 마찬가지라고 철학자는 말합니다(정치학 1, 3). 이제 공동의 이익을 위해 설정된 것은 무엇이든 한 당사자에게 다른 당사자보다 더 많은 부담이 되어서는 안 되며, 결

과적으로 그들 사이의 모든 계약은 사물과 사물의 평등을 준수해야 합니다. 다시 말하지만, 인간이 사용하는 물건의 질은 그 물건에 대해 주어진 가격에 의해 측정되며, 그 목적을 위해 화폐가 발명되었습니다(윤리학 5장 5절). 따라서 가격이 물건의 가치를 초과하거나 반대로 물건이 가격을 초과하면 더 이상 정의의 평등이 존재하지 않으며, 결과적으로 물건을 그 가치 이상으로 팔거나 그 가치 이하로 사는 것은 그 자체로 부당하고 불법적인 행위입니다.

(신학대전, 2부의 2, Question 77, Article 1)

아퀴나스에 따르면 정당한 가격은 구매자와 판매자의 상황에 따라 달라질 수 있다.

둘째로 우리는 우연히 한 당사자에게는 유리하고 다른 당사자에게는 불리하게 작용하는 것으로 간주하는 매매에 대해 말할 수 있습니다. 예를 들어, 어떤 사람은 특정 물건이 매우 필요하지만, 다른 사람은 그것이 없으면 고통을 겪는 경우입니다. 이럴 때 정당한 가격은 판매된 물건뿐만 아니라 판매로 인해 판매자가 입게 되는 손실에 따라 달라집니다. 따라서 물건을 그 자체의 가치보다 더 비싸게 파는 것은 합법적이지만, 지급한 대가가 소유자의 가치보다 높지 않아야 합니다. 그러나 한 사람이 다른 사람의 재산을 소유함으로써 큰 이득을 얻고 판매자는 그 물건이 없어도 손해를 보지 않는다면, 후자는 가격을 올려서는 안 되는데, 왜냐하면 구매자에게 발생하는 이득은 판매자가 아니라 구매자에게 영향을 미치는 상황으로 인한 것이기 때문입니다. 이제 어떤 사람도 자기 것이 아닌 것을 팔아서는 안 되지만, 자신이 입은 손실에 대해 청구할 수는 있습니다. 반면에 어떤 사람이 자신이 산 물건에서 큰 이득을 얻었다면, 그는 스스로 판매자에게 그 이상의 대가를 지급할 수 있으며, 이는 그의 정직성과 관련이 있습니다.

(신학대전, 2부의 2, Question 77, Article 1)

구매자가 자신이 원하는 상품을 자신이 낼 용의가 있는 가격보다 적은 금액을 낼 때, 현대경제학에서 구매자가 소비자 잉여(Consumer Surplus)를 얻는다고 말한다. 소비자는 5만 원을 낼 용의가 있으나 시장 가격이 4만 원이면 소비자는 4만 원으로 상품을 구매한다. 이 경우 1만 원의 소비자 잉여를 얻었다고 말한다. 마찬가지로 재화와 교환하는 데 필요한 것보다 더 많이 받는 판매자는 생산자 잉여(Producer Surplus)를 얻는다. 생산자는 3만 원을 받을 용의가 있으나 시장 가격이 4만 원이면 4만 원에 판매한다. 이 경우 생산자는 1만 원의 생산자 잉여를 얻는다. 아퀴나스가 <신학대전>에서 설명하는 바는, 현대경제학의 용어를 사용하자면, 소비자 잉여와 생산자 잉여의 합, 즉 총잉여량이 최소화되고, 피할 수 없는 범위 내에서 어느 쪽도 다른 쪽보다 훨씬 더 많은 몫을 받지 않을 때 정의가 가장 잘 구현된다는 것이다.

현대경제학에서 중요한 개념 중 하나가 불완전 정보(Incomplete Information)이다. 아퀴나스에게 부당한 가격의 원인 중 하나는 판매되는 상품에 대한 불완전한 정보이다. 이는 판매자가 주장하는 것과 다른 상품, 상품의 양이 잘못 표시된 경우, 상품의 품질에 결함이 있는 경우, 이렇게 세 가지 형태로 나타난다.

> 판매되는 물건과 관련하여 세 가지 결함이 발견될 수 있습니다. 첫째, 물건의 실체와 관련하여: 판매자가 자신이 판매하는 물건에 결함이 있음을 알고 있다면 사기 판매에 대한 유죄가 성립되어 판매가 불법이 됩니다. 그러므로 우리는 특정 사람들에 대해 기록된 것을 발견합니다 "네 은이 찌꺼기로 변하고 네 포도주가 물과 섞여 있나니 섞인 것은 그 본질에 결함이 있기 때문이니라"(사 1:22). 또 다른 결함은 계량함으로써 알 수 있는 양에 관한 것이니, 누구든지 고의로 잘못된 계량법을 사용하여 판매하면 사기죄를 범하는 것이며 그 판매는 불법입니다. 그러므로 이렇게 기

록되어 있습니다: "너는 네 자루에 큰 것과 작은 것을 두지 말며 네 집에 도 큰 가마니와 작은 가마니를 두지 말라"(신 25:13,14) 그리고 더 나아가 "여호와께서는 ... 이런 일을 행하는 자를 미워하시며 모든 불의를 미워하시나니"(신 25:16)라고 기록되어 있습니다. 세 번째 결함은 품질에 관한 것으로, 예를 들어 어떤 사람이 건강하지 않은 동물을 건강한 동물인 것처럼 판매하는 경우이며, 누구든지 고의로 이렇게 하면 사기 판매에 대한 죄가 있으며 결과적으로 그 판매는 불법입니다.

(신학대전, 2부의 2, Question 77, Article 1)

첫 번째 사례에 대해 아퀴나스는 물을 탄 와인을 원액 와인으로 판매하는 경우를 예로 들었다. 두 번째는 곡물의 무게를 재는 데 사용되는 것과 같이 부정확한 무게의 형태를 취할 수 있다. 아퀴나스가 말하는 품질 결함에는 병든 동물을 건강한 동물로 판매하는 것이 포함된다.

이 모든 경우에 사기 판매에 대한 유죄 판결을 받을 뿐만 아니라 배상 책임도 져야 합니다. 그러나 판매한 물건에 앞서 언급한 결함이 있는데도 이에 대해 전혀 알지 못했다면, 판매자는 위에서 살펴본 것처럼 실질적으로 불공정한 행위를 했거나 그의 행위가 부당하지 않으므로 죄를 짓지 않습니다(질문 [59], 제2조). 그럼에도 불구하고 그는 결함을 알았을 때 구매자에게 보상할 의무가 있습니다. 또한 판매자에 대해 언급된 내용은 구매자에게도 같게 적용됩니다. 어떤 사람이 구리 대신 금을 팔 때와 같이 판매자가 자신의 상품이 특별히 가치가 낮다고 생각하는 경우가 있는데, 구매자가 이를 알고 부당하게 구매하면 배상할 의무가 있으며, 품질 결함과 마찬가지로 수량 결함에도 동일하게 적용됩니다.

(신학대전, 2부의 2, Question 77, Article 1)

아퀴나스가 언급한 세 가지 경우 모두 상품의 실제 가치에 비해 가격이 너무 높지만, 판매자가 문제를 인식하지 못하면 죄가 되지 않는다. 그러나 문제가 알려지면 판매자는 구매자에게 보상해야 한다. 판매자가 결함을 알고도 적절한 할인가로 상품을 판매하면 죄가 되지 않는다. 구매자는 판매자가 제시한 것보다 품질이나 수량 면에서 더 많은 것을 받았다는 사실을 알게 되면 보상을 제공할 의무가 있다.

> 상품을 판매하는 판매자는 구매자에게 결함이 있는 상품을 제공함으로써 구매자에게 손실이나 위험의 기회를 주는데, 그러한 결함이 구매자에게 손실이나 위험을 초래할 수 있다면 -- 손실, 이 결함으로 인해 상품의 가치가 떨어지고 그 이유로 가격에서 아무것도 취하지 않는 경우 -- 위험, 이 결함이 상품의 사용을 방해하거나 해롭게 만드는 경우, 예를 들어 사람이 날렵한 말 대신 절름발이를 팔고, 안전한 집 대신 흔들리는 집을, 건전한 음식 대신 썩거나 유독한 음식을 파는 경우입니다. 따라서 이와 같은 하자를 숨기고 판매자가 이를 알리지 않으면 그 판매는 불법 및 사기에 해당하며 판매자는 발생한 손해를 배상할 책임이 있습니다. 반면에 하자가 명백한 경우, 예를 들어 말의 눈이 한쪽만 있는 경우 또는 구매자에게는 쓸모없는 물건이지만 다른 사람에게는 유용한 물건인 경우, 판매자가 가격에서 자신이 받아야 할 만큼의 보상만 받는다면, 그 하자를 이유로 구매자가 필요 이상의 보상을 요구할 수 있으므로 판매자는 물건의 하자를 명시할 의무가 없습니다.
>
> (신학대전, 2부의 2, Question 77, Article 1)

아퀴나스는 말의 눈이 한쪽만 있는 경우처럼 결함이 명백히 드러나거나, 구매자에게는 쓸모없지만 다른 사람에게는 유용한 상품이라면, 판매자가 가격에서 자신이 받아야 할 만큼만 가져간다면, 구매자가 그 결함을 이유로 필요 이상의 보상을 요구할 수도 있으므로 판매자는 상품의 결함을 명시할 의무가 없다고 말한다.

교부신학과 중세 신학에서 일반적으로 상업적 이윤은 부정적으로 보았다. 그러나 아퀴나스는 가족을 부양하기 위한 작은 이익은 허용할 수 있다고 말했다. 또한 자선 기부나 국가에 대한 봉사를 위한 작은 이익은 허용될 수 있다고 제안하였다. 아퀴나스는 거래의 목적이 이득이 아닌 경우 이득이 발생하더라도 그 거래 자체가 죄악은 아니라고 생각했다.

자연법과 정의

중세 문헌에서 정당한 가격은 다양한 해석을 가진 경제 범주의 대표적인 예이다. 도덕적 또는 법적 관점에서 볼 때 가격에 대한 대략적인 직관은 고대 그리스 철학에서 나타나고, 아퀴나스의 저작에서 체계적인 개념으로 등장한다. 어떤 거래에 대한 가격이 도덕적으로 수용 가능한지 아닌지를 알기 위해서는 (1) 수용 가능성의 규범, 즉 정당한 가격이 명시되어야 하고 (2) 이 규범과의 차이가 도덕적 용어로 설명되어야 한다. 정당한 가격 개념은 경제적 거래 내에서 존재하는 도덕적 규범을 표현한다.

자연법은 사물의 질서와 인간의 본성에서 발견되는 도덕 원칙의 체계로 정의할 수 있다. 아퀴나스에게 자연법은 인간이 이성의 힘으로 알 수 있는 하나님의 영원한 법칙에 포함된다. 자연법 개념은 이미 고대 그리스 철학에 존재했지만, 중세 학자들은 이를 더 자세히 다루면서 신의 설계와 인간의 관습을 구분하고자 하였다. 자연법 사회 철학은 경제학의 시작으로 간주하는 고전파 경제학자들, 특히 애덤 스미스에게 영향을 주었다.

성서 전통과 교부신학에서 부와 소유는 부정적인 존재였다. 사유 재산에 대한 권리는 자연권의 지위를 얻지 못하였다. 이에 대해 아퀴나스의 견해를 살펴보자.

> 외적인 것에 관해서는 인간에게 두 가지 권한이 있습니다. 하나는 재산을 조달하고 분배하는 힘이며, 이와 관련하여 인간이 재산을 소유하는 것은 합법적입니다. 또한 이것은 세 가지 이유로 인간의 삶에 필요합니다. 첫째, 모든 사람은 많은 사람에게 공통된 것보다 자기만을 위한 것을 조달하는 데 더 조심하기 때문에, 하인이 많은 곳에서처럼 각자가 노동을 회피하는 경우, 공동체에 관한 일을 다른 사람에게 맡길 수 있습니다. 둘째, 모든 사람이 어떤 특정한 일을 직접 처리해야 한다면 혼란이 생길 수 있는 반면, 각 사람이 어떤 특정한 일을 직접 처리해야 한다면 인간의 일이 더 질서정연하게 진행되기 때문입니다. 셋째, 각자가 제 일에 만족하면 인간에게 더 평화로운 상태가 보장되기 때문입니다. 따라서 소유한 것을 나누지 않는 곳에서 다툼이 더 자주 발생하는 것을 관찰할 수 있습니다. 두 번째로 외부 사물과 관련하여 인간이 유능한 것은 그것의 사용입니다. 이 점에서 사람은 외부 것들을 자신의 것이 아니라 공동으로 소유해야 하며, 필요한 다른 사람들에게 전달할 준비가 되어 있어야 합니다. 따라서 사도는 이렇게 말합니다(딤전 6:17,18): "이 세상의 부한 자들에게 ... 쉽게 나누어 주고 다른 사람들에게 전할 수 있도록 하라" 등등.
>
> (신학대전, 2부의 2, Question 66, Article 2)

아퀴나스는 신의 창조 계획에서 인간이 차지하는 위치를 고려하여 외부 사물에 대한 소유권 원칙을 정당화했다. 합리적인 존재로서 인간은 신에 의해 창조되었을 뿐만 아니라 창조의 성취에 이바지하는 대리인이기도 하다. 따라서 관리하고 분배할 수 있는 권한은 배타적이고 양도 가능한 재산권의 표현이 아니라 신의 계획을 성취하는 데 필요한 능력으로 이해되어야 한다. 이러한 입장은 자연의 위계질서에서 인간 공동체 전체의 목표를 달성하기 위한 수단으로서 인간의 재산을 정당화한다. 따라서 사유 재산의 도입은 지금까지 무시되었던 개인적이고 주관적인 차원을 고려하는 방법으로 이해되어서는 안 되며, 공동의 목표를 효율적으로 달성하는 방법으로 이해해야 한다.

아퀴나스의 정당한 가격 논의는 자발적 교환의 맥락에서 자행되는 불의에 대한 성찰의 일부이다.

> 정의는 특정한 외부적 작용, 즉 분배와 교환(commutation)에 관한 것입니다. 이것들은 사물, 사람 또는 심지어 일과 같은 것의 사용으로 구성됩니다 ... 사물은 공동 재산에서 개인에게 분배될 수 있고 한 사람과 다른 사람 사이에 교환의 대상이 될 수 있으므로 분배 및 교환의 정의 문제는 같습니다 ... 그러나 두 가지 정의의 문제를 사람, 사물, 노동을 이용하는 주된 행위 자체로 본다면, 두 정의 사이에는 문제의 차이가 있습니다. 분배적 정의는 분배를 지시하는 반면, 교환적(commutative) 정의는 두 사람 사이에서 일어날 수 있는 교환에 관한 것입니다. 이 중 일부는 비자발적이고 일부는 자발적입니다. 다른 사람의 재물, 사람 또는 노동력을 그의 의사에 반하여 사용하는 것은 비자발적인 것이며, 이는 사기에 의해 은밀하게 이루어질 수도 있고 폭력에 의해 공개적으로 이루어질 수도 있습니다. 두 경우 모두 상대방의 재물이나 사람 또는 그와 관련된 사람에 대해 범죄를 저지를 수 있습니다. ... 자발적 양도란 사람이 자발적으로 자기 재물을 다른 사람에게 양도하는 것을 말합니다. 그리고 선물의 경우처럼 단순히 받는 사람이 빚을 지지 않도록 양도하는 것은 정의가 아닌 자유에 의한 행위입니다. 자발적 양도는 부채의 개념을 포함하는 한 정의에 속하며, 이는 여러 가지 방식으로 발생할 수 있습니다. 첫째, 매매에서와 같이 한 사람이 단순히 자신의 물건을 다른 물건에 대한 대가로 다른 사람에게 양

도하는 경우입니다. 둘째, 한 사람이 자신의 물건을 다른 사람에게 양도할 때, 후자는 소유자에게 반환할 의무와 함께 그 물건을 사용할 수 있습니다. 어떤 물건의 사용을 무상으로 허락하면 열매를 맺는 물건은 "사용"이라고 하고, 돈, 도자기 등과 같이 열매를 맺지 않는 물건은 단순히 "빌림"이라고 하지만 사용조차 무상으로 허락하지 않으면 "대여" 또는 "임차"라고 합니다. 셋째, 어떤 사람이 자신의 물건을 사용 목적이 아니라 "예금"과 같이 안전하게 보관할 목적으로, 또는 어떤 의무에 따라, 즉 어떤 사람이 자기 재산을 담보로 맡길 때나 어떤 사람이 다른 사람을 위해 담보를 서는 경우와 같이 회수할 의도로 물건을 양도하는 것을 "양도"라고 합니다. 이러한 모든 행위는 자발적이든 비자발적이든 간에 상환의 평등에 따라 동일한 방식으로 이루어집니다. 따라서 이 모든 행위는 하나의 동일한 정의, 즉 교환적 정의에 속합니다.

(신학대전, 2부의 2, Question 61, Article 3)

아퀴나스의 교환 정의에 대한 강조는 아리스토텔레스에게서 기인한다. 엄밀히 말하면 아리스토텔레스는 분배적 정의, 호혜적 정의, 교정적 정의의 세 가지 특수한 정의를 구분했다. 아퀴나스는 판매와 구매를 주된 관심사로 하는 교환적 정의에서 사물과 사물을 동등하게 하는 것이 필요하다고 말했지만, 분배적 정의는 사물과 사람 사이의 비율에 따라, 즉 사회의 목표 실현에 대한 개인의 기여를 반영한다는 점에서 공동체에서 각자의 위치에 따라 개인 간에 공공재를 분배하는 문제를 다룬다.

분배 정의에서는 전체에 속하는 것이 부분으로 인해, 그리고 전체에 대한 해당 부분의 위치의 중요성에 비례하는 양만큼 개인에게 무언가가 주어집니다. 결과적으로 분배 정의에서 한 개인은 공동체에서 더 두드러진 지위를 차지할수록 더 많은 공공재를 받게 됩니다. 귀족 공동체에서 이러한 탁월함은 미덕에 따라, 과두제에서는 부에 따라, 민주주의에서는 자유에 따라, 그리고 다양한 형태의 공동체에 따라 여러 가지 방식으로 측정됩니다. 따라서 분배 정의에서 평균은 사물과 사물 사이의 평등이 아니라 사물과 사람 사이의 비례에 따라, 즉 한 사람이 다른 사람을 능가하는 것처럼 한 사람에게 주어진 것이 다른 사람에게 할당된 것을 능가하는 방식으로 관찰됩니다. 따라서 철학자는 후자의 경우 평균은 "기하학적 비례"를 따르며, 평등은 양이 아니라 비율에 달려 있다고 말합니다(윤리학. 3,4). 예를 들어 우리는 6이 4에 대해 3이 2에 대해 같다고 말하는데, 이는 두 경우 모두 비율이 1과 1/2과 같기 때문입니다 ... 반면에 교환에서는 주로 판매와 구매에서 볼 수 있듯이 개인이 받은 무언가에 대한 대가로 개인에게 무언가가 지급됩니다. 따라서 한 사람이 다른 사람에게 속한 것에서 더 부자가 된 만큼 다른 사람에게 갚아야 하므로 물건과 물건을 평등하게 할 필요가 있습니다. 그 결과는 동일한 양의 초과에 따라 측정되는 "산술 평균"에 따른 평등이 될 것입니다. 따라서 5는 6과 4 사이의 평균이며, 전자를 1만큼 초과합니다. 따라서 처음에 두 사람이 5를 가지고 있고 그 중 한 사람이 다른 사람의 소유물에서 1을 받으면 받는 사람은 6을 갖게 되고 다른 사람은 4를 남길 것이므로 둘 다 평균으로 돌아가서 6을 가진 사람에게서 1을 빼앗아 4를 가진 사람에게 주면 정의가 있을 것입니다. 그러면 둘 다 평균인 5를 갖게 될 것이므로 정의가 있을 것입니다.

(신학대전, 2부의 2, Question 61, Article 2)

아리스토텔레스를 따라 아퀴나스에 따르면, 첫 번째 정의는 산술적 비율을 달성하고 두 번째 정의는 기하학적 비율을 달성한다는 점에서 교환적 정의와 분배적 정의를 구분할 수 있다. 그는 교환은 개인 간 관계이지만 사회적으로 인정된 규범의 중요성을 언급하며 사회 전체의 요구, 또는 공공의 행복에 복무할 때 교환이 원래의 목적을 달성한다고 본다. 이것이 바로 교환 정의가 분배 정의와 긴밀하게 연결된 이유이다. 분배적 정의는 주로 사회 내에서 각자의 지위에 따라 개인 간에 공동선을 분배하는 것을 다룬다. 사적 재화를 판매하는 것은 그것이 발생시키는 소득 분배, 즉 상인들의 노동과 비용을 통해 공공재를 분배하는 것과 동등한 것으로 볼 수 있다는 것을 의미한다.

실제 가격

정당한 가격은 가격의 수용 가능성에 대한 규범을 구성한다. 이는 무엇이 정당한가에 대한 도덕적 관점에 뿌리를 두고 있다. 따라서 실제 가격이 정당한 가격의 규범에서 벗어나거나 반대로 일치하는 이유를 설명하기 위해서는 거래자의 도덕성을 고려한다. 정보 부족, 정보 조작, 우발적 거래 등 세 가지 경우가 실제 가격이 정당한 가격에서 벗어나는 상황이다. 가치와 가격의 괴리 문제는 근대경제학에서 많은 논쟁의 대상이었다.

정보와 관련된 두 가지 상황에서 판매자와 구매자의 도덕성은 정당한 가격 자체가 아니라 상품과 거래 조건에 관한 정보의 역할과 연결된다. 정보가 부족하면 실제 가격이 정당한 가격에서 벗어나 거래 당사자 중 어느 한 편이 아무런 죄의식 없이 이득을 볼 수 있다. 반면 한 당사자의 정보가 부족한 상황을 이용하여 다른 당사자가 의도적으로 상대방에게 손해를 입히도록 정보를 속일 수 있고 이런 경우 아퀴나스는 사기로 죄악시한다.

상품과 거래 조건에 대해 양 당사자가 정확하게 알고 있고 서로 속일 의도가 없는 선의의 판매자와 구매자로 구성되어 있다면, 이러한 거래는 실제 거래와 비교할 수 있는 정당한 거래의 기준이 된다. 이러한 정보 상황에서 각 당사자는 황금률("남에게 대접을 받고자 하는 대로 너희도 남을 대접하라", 마 7:12)에 따라 행동하는 것을 기준으로 삼는다. 즉, 구매자와 판매자가 모두 정당한 가격을 알고 있는 경우, 구매자는 최소한 정당한 가격을 지급하는 것을 목적으로 삼고, 판매자는 최대한 정당한 가격을 받는 것을 목적으로 삼는다. 이러한 상황에서 양측이 수용하여 거래가 성사되는 가격이 실제 가격이 된다. 거래가 체결되는 방식에 대한 이러한 표현은 이익 자체를 낳는 거래에 대한 비판으로 이어지지는 않는다.

상인은 물건의 교환을 업으로 하는 사람입니다. 철학자(정치학 1, 3)에 따르면, 물건의 교환은 두 가지인데, 하나는 자연스럽고 필수적인 것으로, 삶의 필요를 충족시키기 위해 한 상품을 다른 상품으로 교환하는 것이고, 다른 하나는 상품과 교환하여 돈을 받는 교환입니다. 이러한 거래는 상인이 아니라 가정이나 국가에 생활필수품을 제공해야 하는 가장이나 공무원의 몫이라고 할 수 있습니다. 다른 종류의 교환은 생활필수품이 아니라 이익을 위해 돈을 돈으로 바꾸거나 어떤 상품을 돈으로 바꾸는 것으로, 철학자(정치학 1, 3)에 따르면 이런 종류의 교환은 적절하게 말하면 상인과 관련되어 있습니다. 전자의 교환은 자연적인 필요를 충족시키기 때문에 칭찬할 만하지만, 후자는 그 자체로 볼 때 한계를 모르고 무한대로 향하는 이득에 대한 탐욕을 충족시키기 때문에 비난받을 만합니다. 따라서 거래는 그 자체로 볼 때 본질적으로 선하거나 필요한 목적을 내포하지 않는다는 점에서 일정한 결함이 있습니다. 그럼에도 불구하고 거래의 목적이 되는 이득은 그 본질상 선하거나 필요한 것을 의미하지는 않지만, 그 자체로 죄악이나 미덕에 반하는 것을 의미하지도 않으므로 이득이 어떤 필요하거나 심지어 선한 목적으로 향하는 것을 막지는 않으며, 따라서 거래는 합법적인 것이 됩니다. 예를 들어, 어떤 사람이 거래를 통해 얻고자 하는 적당한 이득을 가정을 유지하거나 궁핍한 사람들을 돕기 위해 의도할 수 있으며, 또는 어떤 사람이 공공의 이익을 위해, 예를 들어 자신의 나라에 생활필수품이 부족하지 않게 하려고 거래를 할 수 있으며, 목적이 아니라 노동의 대가로서 이득을 추구할 수 있습니다.

(신학대전 2부의 2, Question 77, Article 4)

아퀴나스의 결론은 거래 자체가 비판받을 만한 행위는 아니라는 것이다. 따라서 거래에 있어서 악의적인 행위를 배제하는 것이 정당한 가격의 의미이다. 여기서 규제해야 할 것은 거래의 수익성 그 자체가 아니라 사기와 속임수이다. 정보를 제공하는 행위와 정보를 추구하는 행위 모두 권장된다. 아퀴나스가 언급한, 책의 높은 가치를 판매자에게 알리는 선량한 책 구매자의 경우 등이 이에 해당한다.

> 어거스틴은 ... 무지로 인해 책값을 낮게 요구한 사람에게 정당한 가격을 준 한 사람의 예를 들었습니다. 따라서 이러한 일반적인 욕망은 본성에서 나온 것이 아니라 악에서 나온 것이므로 죄의 넓은 길을 걷는 많은 사람에게 공통적이라는 것이 분명합니다.
>
> (신학대전, 2부의 2, Question 77, Article 1)

아퀴나스에 따르면 선의의 판매자는 자신의 정보를 이용해서 지배적 위치에 있는 구매자의 악의적인 행동으로부터 자신을 보호할 수 있다. 아퀴나스의 설명은 개인의 필요를 명시적으로 언급한다는 측면에서 주관적 또는 개인주의적 토대를 제공하기도 하지만 공평하고 정의로운 분배의 요건을 강조한다는 측면에서 전체적 또는 사회적 기반 위에 있음을 분명히 주장한다.

이자와 고리대

중세 신학자들의 정당한 가격에 대한 견해는 이자에 대한 관점에도 이어진다. 기본적으로 고대 그리스 철학, 성서 전통, 교부 신학과 마찬가지로 스콜라학자들도 이자에 대해 반대하였다. 화폐는 단순한 교환 수단에 불과하고, 돈을 증식하려는 행위는 부자연스럽고 탐욕에 의한 행위로 간주한다. 몇몇 학자들은 이자가 허용되는 예외적인 경우를 제시하기도 했다. 예를 들어, 대출자가 정해진 때에 빚을 갚지 않으면 대출자는 연체된 금액에 대한 이자를 청구할 수 있다. 또한 대출자가 대출로 인해 비용이 발생했음을 입증할 수 있다면, 심지어 이익 손실의 형태로도 보상을 청구할 수 있다고 주장했다.

고대와 중세의 맥락에서 고리대(usury)는 단순히 빌린 돈에 부과한 이자를 의미했고, 성서 전통에서 이자는 금지되어 있다. 이후 수 세기 동안 이자 금지 관행은 지속되었고 불가피하게 허용되더라도 최고 이자율이 제시되었다. 현대에서도 대부분 국가에서 이자의 최고한도는 법적으로 정해져 있다.

교회의 고리대금 금지 전통을 평가할 때 역사적 맥락을 고려해야 한다. 고대와 중세에는 돈을 빌리는 대부분 사람이 가난하여 자신이나 가족을 먹여 살릴 수 없는 상황이었다. 이러한 절박한 경제적 상황에 부닥친 사람을 착취하는 것은 죄이며 “네 이웃을 사랑하라”는 성경의 권고에 어긋나는 행위였다.

이자 금지에 대한 아퀴나스의 견해는 <신학대전>에서 찾아볼 수 있는데, 고리대(usury)라는 용어의 기원도 여기서 찾아볼 수 있다.

> 빌려준 돈에 대해 고리를 받는 것은 존재하지 않는 것을 판매하는 것이므로 그 자체로 부당하며, 이는 분명히 정의에 반하는 불평등으로 이어집니다. 이를 분명하게 하기 위해, 우리는 그 사용으로 인해 소비되는 어떤 것들이 있다는 것을 관찰해야 합니다: 따라서 우리는 포도주를 음료로 사용할 때 포도주를 소비하고 밀을 음식으로 사용할 때 밀을 소비합니다. 그러므로 이와 같은 물건에서 물건의 사용은 물건 자체와 분리되어서는 안 되며, 물건 사용의 권리를 부여받은 사람은 물건 자체를 부여받은 것이며, 이러한 이유로 이러한 물건을 빌려주는 것은 소유권을 양도하는 것입니다. 따라서 어떤 사람이 포도주의 사용권과 별도로 포도주를 팔려고 한다면, 그는 같은 것을 두 번 팔거나 존재하지 않는 것을 판매하는 것이므로

명백히 불의의 죄를 짓는 것입니다. 마찬가지로 그는 포도주나 밀을 빌려주고 이중 지불, 즉 하나는 동등한 금액으로 물건을 돌려주고 다른 하나는 사용 대가를 요구하는 불의를 저지르면, 이를 고리대금이라고 합니다. 반면에 그것의 사용이 소비로 구성되지 않는 것들이 있습니다. 집을 사용한다는 것은 집을 파괴하는 것이 아니라 그 안에 거주하는 것입니다. 그러므로 그러한 것에는 두 가지가 모두 허용될 수 있습니다. 예를 들어, 한 사람이 자기 집의 소유권을 다른 사람에게 양도하면서 한동안 사용을 유보하거나 그 반대로 소유권을 유지하면서 집의 사용을 허용할 수 있습니다. 이러한 이유로 사람은 자기 집 사용에 대해 합법적으로 비용을 청구할 수 있으며, 이 외에도 집을 임대하고 빌려줄 때와 마찬가지로 사용을 허락한 사람에게 집을 다시 빌려줄 수 있습니다. 철학자(윤리학 5권, 정치학 1권 3장)에 따르면 화폐는 주로 교환의 목적으로 발명되었으므로, 결과적으로 화폐의 적절하고 주된 사용은 화폐를 소비하거나 소외시켜서 교환에 매몰시키는 것입니다. 그러므로 빌려준 돈의 사용에 대한 대가를 받는 것은 본질적으로 불법이며, 그 대가를 고리대금이라고 합니다: 사람이 다른 부당하게 얻은 물건을 반환할 의무가 있는 것처럼, 고리대금으로 받은 돈도 반환할 의무가 있습니다.

(신학대전, 2부의 2, Question 78. Of the Sin of Usury)

아퀴나스는 <신학대전>에서 이자를 금지하고 있지만 대출의 결과로 양 당사자의 상황이 나빠지지 않는다면 돈을 빌린 사람이 자발적으로 사례하는 것을 허용한다. 또한 자선 행위와 같은 고귀한 목적이 있다면 이자를 받는 것은 죄가 아니라고 언급한다.

아퀴나스는 <신학대전>에서 기독교 신앙과 고대 그리스 철학을 종합하였다. 고대 그리스 철학자 아리스토텔레스는 상업에서 비롯된 모든 부를 부자연스러운 것으로 간주하여 정죄해야 한다고 생각했으며, 특히 돈으로 하는 상업, 즉 이자를 받는 대출을 정죄했다. 기독교 전통에서도 이자를 받는 대출에 대한 단호한 반대를 볼 수 있다. 반면 아퀴나스는 이자 금지에 대해 온건한 태도를 가지고 있다. 원칙적으로는 이자를 금지했지만, 정죄해야 할 이자 대출의 경우와 정당화할 수 있는 경우를 구분했다.

중세 학자들은 아리스토텔레스의 주장과 달리 고리대금에 대한 비판이 상업 활동 전반에 대한 적대감을 수반하지는 않았다. 스콜라 학파는 사기나 강압이 없는 행동, 상대방의 약한 지위를 악용하지 않는 행동을 요구할 뿐이었다. 16세기 스페인에서 활동하며 유럽 전역에 큰 영향을 미친 살라망카 학파에서는 다양한 학자들이 이자가 정당한 경우를 대폭 확대하였는데, 거의 모든 종류의 계약 상황으로 확대했다.

이자와 화폐

중세 사상에서 논의하는 가격 개념은 정당한 가격과 실제 가격, 두 가지 개념으로 구성된다. 전자는 당위적인 개념으로 하나의 기준이 되는 가격이고, 후자는 현실에서 실제 관찰할 수 있는 가격이다. 마찬가지로 중세 사상에서 이자 문제에 대한 논의는 화폐에 대한 규범적 측면과 실증적 측면, 즉 고리대 관련 교리와 이자 이론이 얽혀 있다. 근대경제학에서 이자를 설명할 때 시간 선호, 기술적 생산성, 위험 감수, 유동성 선호, 협상력 등의 개념을 이용한다. 이 중 이자를 협상력의 차이에서 발생하는 것으로 설명하는 것은 도덕적 관점에서 즉 당위적으로 바라보는 것이다. 채권자가 지배력의 차이를 이용해서 높은 이자를 받는다면 중세 당시 관점에서는 용납하기 어려운 것이었다.

중세의 화폐 개념은 일반적으로 아리스토텔레스의 화폐 개념에 영향을 받았다. 특히 아리스토텔레스의 <정치학>과 <윤리학>이 중요한 문헌이었다. 아퀴나스가 화폐를 보는 관점도 이로부터 기인한다.

> 화폐가 교환의 필요성, 즉 필요한 재화의 교환에 대한 인간 사이의 합의 또는 일종의 합의와 같은 것에 의해 생겨났다는 사실에서 수요가 모든 것을 측정한다는 사실이 분명해집니다. 사람 사이에 필요한 것을 화폐로 교환하는 것에 대한 합의가 있습니다. 따라서 화폐는 본질적으로 척도가 아니라 법(nomos)에 의한 것이기 때문에 화폐(numisma)라고 부릅니다(nomos는 법을 의미합니다). 통화를 교체하고 쓸모없게 만드는 것은 우리의 힘에 달려 있습니다.
>
> (Commentary on the Nicomachean Ethics, Book V: Justice, Lecture 9.)

아퀴나스는 물물교환에서 교환과 측정의 수단으로 화폐가 자연스럽게 생겨났다고 생각했다. 따라서 화폐가 사물의 본질이 아니라 인간의 의지에 따라 발달했다고 설명한다. 아퀴나스는 자발적 교환에서 이익이 발생한다고 생각했다. 금전 대출도 자발적 교환이라면 이익이 발생할 것이다. 이러한 논리에서 이자는 금전 대출이라는 자발적 교환에서 발생하는 이익이 될 수 있다. 교부신학에서는 가난한 사람이 소비를 위해서 부유한 사람에게 대출받는 경우를 기본적으로 생각한다. 이 경우는 금전 대출을 자발적인 교환의 한 사례로 여기는 것이다. 아퀴나스의 설명이 이를 잘 보여준다.

> 구매와 판매는 양 당사자의 공동 이익을 위해 성립하는 것으로 보이며, 그 중 하나는 다른 당사자에게 속한 것을 요구하고 그 반대의 경우도 마찬가지라고 철학자는 말합니다(정치학 1, 3). 이제 공동의 이익을 위해 설정된 것은 무엇이든 한 당사자에게 다른 당사자보다 더 많은 부담이 되어서는 안 되며, 결과적으로 그들 사이의 모든 계약은 사물과 사물의 평등

을 준수해야 합니다.

(신학대전, 2부의 2, Question 77, Article 1)

앞에서 언급한 소비 대출 경우는 채권자와 채무자의 협상력 차이를 강조하게 된다. 부자인 채권자는 가난한 채무자보다 훨씬 더 큰 권력을 가지고 있기에 교환에서 발생하는 이익을 차지하게 된다. 고리대에 대한 비판은 대출로 인해 발생하는 이익을 독점하는 것에 대한 비판이다. 소비 대출 이야기에서 비판받는 지점은 이익 전부가 채권자에게 간다는 것이다. 대출이 채무자가 가난에서 벗어나는 데 전혀 도움이 되지 않는다는 것이다. 고리대금업은 채권자의 협상력이 훨씬 더 높아서 이익 전액을 차지하게 된다. 그렇다면 대출 상황에서 도덕적으로 적절한 이익 분배는 어떠해야 하는가? 당시 교회는 대출 상황에 존재하는 힘의 비대칭성에 대해 강한 혐오감을 나타내며 채무자가 대출에 관하여 부담하는 모든 종류의 이자를 금지하였다.

Chapter

9

중세 신학과 경제사상 II

- 세 가지 전통: 성서, 로마법, 아리스토텔레스
- 정당한 이자와 자발적 교환
- 물리적 강압
- 경제적 강압과 고리대금업
- 경제적 강압과 상품 판매, 그리고 임금

가난한 자를 위한 경제:
성서와 경제사상

Chapter

9

중세 신학과 경제사상 II

세 가지 전통: 성서, 로마법, 아리스토텔레스

고리대금 금지는 14세기 초 교황 클레멘트 5세(Pope Clement V, 1264-1314)가 1311년 빈 공의회에서 고리대금이 죄가 아니라고 주장하는 사람들을 이단으로 처벌해야 한다는 칙령을 공포하면서 절정에 달했다. 토마스 아퀴나스의 <신학대전>을 비롯한 여러 신학자의 문헌이 이를 뒷받침한다. 중세 스콜라학자들은 성서, 로마법, 아리스토텔레스의 논리를 기반으로 이자를 반대하였다.

첫째, 성서와 교부신학 전통은 화폐의 본질에 관해 설명한다. 화폐의 유일한 기능은 구매 대금을 지급하는 것이다. 화폐는 무엇인가를 생산하지 않는다. 농부가 씨앗을 뿌리고 경작해서 수확을 얻는 것과 다르다. 또한 화폐 사용은 어떤 물건을 사용하는 것과는 다르다. 예를 들어 집을 빌려주고 돈을 받는 경우 세입자는 집에 거주함으로써 집을 사용한다. 경작을 통해 수확물을 얻는 것은 땅의 지력을 고갈시키며 집을 빌려주면 감가상각이 일어난다. 하지만 화폐는 고갈되는 것도 없고 감가상각도 일어나지 않는다.

앞에서 보았듯이 아퀴나스는 <신학대전> 2부의 2, Question 78에서 이자(고리대금)를 설명한다. 그는 빌려준 돈에 대해 고리대금을 받는 것은 존재하지 않는 것을 파는 것이기에 그 자체가 부당한 일이라고 주장한다. 포도주, 밀, 집의 소비를 예로 들며 설명하면서 아퀴나스는 화폐는 물건처럼 사용하는 것이 아니므로 이익의 원천이 될 수 없다고 주장한다. 아퀴나스의 또 다른 설명을 살펴보자.

> 은그릇의 주된 용도는 소비가 아니므로 은그릇의 소유권을 유지하면서 합법적으로 판매할 수 있습니다. 반면에 은화의 주된 용도는 대가를 지불하는 것이므로 은화를 판매하는 동시에 빌려준 금액의 반환을 기대하는 것은 합법적이지 않습니다. 그러나 은화의 이차적 사용은 교환일 수 있으며, 그러한 사용은 합법적으로 판매할 수 없다는 점을 유의해야 합니다. 이와 마찬가지로 은화의 이차적 사용도 있을 수 있는데, 예를 들어 어떤 사람이 과시용으로 또는 담보로 사용하기 위해 동전을 빌려줄 수 있습니다.
>
> (신학대전, 2부의 2, Question 78, Article 1, Reply to Objection 6)

둘째, 중세 교회의 이자 금지 전통은 로마법에서 실제 대출 계약을 의미하는 뮤툼(mutuum)의 조건과 관련 있다. 라틴어로 뮤툼(mutuum)은 대출 계약을 말하는데 채무자는 빌린 물건과 같은 종류의 물건을 빌린 수량만큼 상환할 의무가 있다. 로마법에서 뮤툼은 대체할 수 있는 재화에 대한 자발적 계약을 의미한다. 뮤툼의 조건에 따르면 이자는 지급하지 않는다. 금전 대출에 있어서 빌려준 돈과 같은 돈은 물리적으로 동일한 물건이 아니다. 동일한 물건이라면 채권자는 대출 기간 소유권을 유지하면서 사용권을 팔았기 때문에 이자는 부과될 수 있다.

뮤툼에 근거한 주장은 일관적이고, 그 조건에 따른 이자 금지 주장은 논리적이다. 다만 로마법은 이자를 허용하는 다른 계약 방식도 인정한다. 예를 들어 물건의 사용권만 채무자에게 이전되고 소유권은 그대로 유지되는 계약이 있다. 이를 로카티오(locatio)라고 부른다. 어찌 되었든 뮤툼의 조건은 거래의 대상이 갖는 성격에서 기인한다. 소유권과 사용권이 분리될 수 없는 사물로서 화폐의 본질은 금전 대출 계약의 성격을 결정짓는다.

셋째, 아퀴나스는 아리스토텔레스로부터 화폐의 본성에 관한 주장을 계승했다. <신학대전> 인용문에서 "철학자"는 아리스토텔레스를 의미한다.

> 철학자(윤리학 5권, 정치학 1권 3장)에 따르면 화폐는 주로 교환의 목적으로 발명되었으므로, 결과적으로 화폐의 적절하고 주된 사용은 화폐를 소비하거나 소외시켜서 교환에 매몰시키는 것입니다. 그러므로 빌려준 돈의 사용에 대한 대가를 받는 것은 본질적으로 불법이며, 그 대가를 고리대금이라고 합니다: 사람이 다른 부당하게 얻은 물건을 반환할 의무가 있는 것처럼, 고리대금으로 받은 돈도 반환할 의무가 있습니다.
>
> (신학대전, 2부의 2, Question 78, Article 1)

아퀴나스에게 화폐는 가장 완전한 형태의 교환 수단으로서 인간 이성의 산물이다. 화폐의 첫째 기능은 교환의 매개체이며, 이는 아리스토텔레스의 주장을 따른 것이다. 아퀴나스는 화폐의 또 다른 기능을 측정 수단으로 주장했는데 이는 아리스토텔레스와는 큰 관련은 없다. 화폐는 화폐 자체로부터 유용성이 나오지 않고 다른 물건의 가치를 측정하는 척도로서 의미가 있는 것이다. 따라서 금전 거래를 통해 적은 돈을 많은 돈으로 교환하는 것은 명백히 불합리하며 불평등한 것이다.

성서 전통, 로마법, 아리스토텔레스 철학, 이 세 가지는 토마스 아퀴나스를 포함한 중세 스콜라 학파의 사상적 배경이면서 동시에 이자 금지 주장을 뒷받침하는 요소이다. 이에 따르면 화폐의 본질과 그에 따른 계약 체계는 금전 대출에 이자를 부과하는 것을 불가능하게 한다. 이자의 존재를 정당화하기 위해서는 다른 기준이 필요할 것이다.

정당한 이자와 자발적 교환

중세 당시 이자를 정당화하는 주장도 존재했다. 그러한 근거의 대표적 사례는 보상의 개념이다. 즉 채권자가 입은 손해를 보상해 주는 의미에서 이자를 설명한다. 예를 들어 채무자가 대출금을 만기에 상환하지 못할 가능성으로부터 채권자를 보호하는 규정이 존재해서 일일 배상액이 정해져 있다. 아퀴나스는 채권자가 자신의 소유물을 사용할 권리를 박탈당한 것에 대한 보상의 개념으로 이자를 설명한다.

> 대출자는 자신이 가져야 할 물건의 손실에 대한 보상을 위한 계약을 차용인과 체결할 수 있는데, 이는 돈의 사용을 판매하는 것이 아니라 손실을 피하기 위한 것이기 때문입니다. ... 그러나 대출자는 자신의 돈으로 이익을 얻지 못한다는 사실 때문에 보상에 대한 계약을 체결할 수 없습니다. 아직 가지지 못한 것을 팔아서는 안 되기 때문입니다.
>
> (신학대전, 2부의 2, Question 78, Article 2)

따라서 이자가 대출 자체의 산물이 아니라 대출자가 입은 구체적인 피해에 대한 보상이라는 점을 강조하고 있고, 이러한 점은 대출의 기회비용으로 이해할 수 있다. 기회비용은 하나를 선택함으로 포기해야 하는 다른 것을 의미한다. 이 기회비용은 금전 거래에서 발생하는 이득을 대출자와 차입자 사이에 분배하는 데 있어서 핵심적인 요소이다. 대출의 기회비용에 해당하는 이자를 지급한 후에는 대출자와 차입자의 각 상황이 개선된다.

아퀴나스의 <신학대전>에서 정당한 가격과 이자 개념은 정의에 대한 논의의 한 부분으로 다루어졌다. 가격과 이자 개념을 이해한다는 것은, 정의의 요건을 충족하는 규범과 이 규범과는 다른, 현실에서 실제 나타나는 현상을 이해하는 것이다. 정당한 가격과 실제 가격의 괴리는 이후 근대경제학에서도 중요한 주제로 등장한다. 이자에 대한 논의도 이자 금지 전통과 현실 거래에서 존재하는 이자를 설명해야 하는 문제가 존재한다.

중세 스콜라 철학에서 교환의 자발성은 교환 자체의 정당성을 주장할 수 있는 근거이다. 중세 사상에서 교환 당사자가 자발적으로 동의한 경우에만 교환의 조건이 유효하고 도덕적으로 정당하다. 정당한 가격은 사기나 강압이 없는 자발적인 교환의 결과이다. 그러나 자발성은 간단하게 정의할 수 없는 복잡한 문제이다. 매우 가난한 사람은 선택의 여지가 거의 없어서 매우 불만족스러운 거래 조건을 받아들여야 할 수도 있다. 이 경우 가난한 사람이 대출받는 것은 자발적인 선택인가?

자발적 교환 개념과 관련하여 중요한 요소는 필요성, 정의와 합의의 타당성, 강압과 동의의 본질 등이다(Langholm, 2014). 필요는 교환에 참여하는 동기이다. 사람은 어떤 물건이 필요해서 구매하고, 돈이 필요해서 돈을 빌리거나 일을 해서 임금을 받는 직업을 갖는다. 일반적으로 교환에는 적절한 보상이 필요하다. 무엇이 적절한 보상인지는 정의의 문제이다. 교환은 양 당사자가 자유롭고 자발적으로 동의한 경우에만 유효하고, 그러한 경우 교환 조건은 정당하다.

자발적 교환에서 중요한 요소는 자발적 동의이다. 사기와 강압에 의한 동의는 무효가 된다. 사기는 교환 대상의 성격, 수량 또는 품질에 대한 허위 진술 또는 상대방의 어리석음이나 미성숙을 악용하는 것을 말한다. 강압과 관련하여 가장 직접적인 형태는 물리적 힘에 기반한 물리적 강압인데, 이는 경제적 사고의 대상은 아니다. 좀 더 경제적 해석의 대상이 되는 강압은 경제적 권력에 의한 강압이다. 경제적 권력, 즉 경제력이 교환의 당사자에게 균등하게 분배되어 있다면 자유롭게 동의하는 교환 조건에 도달할 수 있다. 하지만 경제적 권력이 불평등하다면 경제력은 남용될 수 있다. 독점적 권력을 이용해서 다른 사람들이 불공정한 교환 조건을 받아들이도록 할 수 있다. 이는 경제적 강압에 해당한다. 사실 물리적 강압은 중세 시대 익숙한 주제였고, 경제적 강압과 함께 물리적 강압도 중요시하였다.

물리적 강압

물리적 강압에 관한 중세 교회의 교리는 앞서 설명한 세 가지 전통에 기반해 있다. 이는 아리스토텔레스, 로마법, 그리고 교부신학의 전통, 특히 어거스틴 신학이다. 물리적 강압은 위협의 형태로 나타난다. 특정 행위를 수행하지 않으면 끔찍한 결과를 겪을 수 있다는 전망에 직면하게 된다. 위협에 굴복할 것인지 위협을 견뎌낼 것인지 선택은 가능하다. 그러나 자발적 선택이라고 하기는 힘들다.

아리스토텔레스는 강압을 당한 사람의 도덕적 책임에 주목했다. 그는 <니코마코스 윤리학>에서 선장의 경우를 예로 들어 설명한다. 바다에서 폭풍우로 위협받는 배의 선장이 난파를 피하려고 화물을 버리는 상황을 생각해 보자. 일반적으로 자기 재산을 버리는 선택을 하는 사람은 없지만, 폭풍우라는 주어진 상황에서는 누구나 이러한 행위를 선택할 것이다. 이러한 선택은 아리스토텔레스가 보기에 자발적인 측면이 강하다. 그렇지만 간단히 자발적 행위라고 말하기는 힘들다.

어거스틴은 그의 저작 <고백록>에서 강압에 관해 설명한다. 그는 강압에 복종한다는 것은 강압을 이겨낼 만큼 의지가 강하지 않다는 것을 의미한다고 주장한다. 누군가 죽음의 위협을 받고 죄를 짓는다면 그것은 죄를 짓고자 하는 의지가 있어서가 아니라 그저 살고 싶은 의지가 있을 뿐이다. 강압으로 저지른 죄를 비자발적이라고 부를 수는 있지만, 엄격히 말하면 전적으로 비자발적인 죄는 없다.

아리스토텔레스와 어거스틴의 강압에 대한 설명은 강압을 당하는 사람의 입장에 초점을 맞춘다. 이에 반해 로마법은 당사자 간의 계약이라는 맥락에서 강압 문제에 접근한다. 문제의 핵심은 강압으로 체결된 계약의 효력 여부이다. 로마법에 따르면 위협이나 협박 때문에 동의하였을 때 그 거래는 무효다.

> 총독은 "나는 공포를 통해 행해진 어떤 것도 승인하지 않을 것이다."라고 말합니다. 이전에는 칙령에 "강압이나 공포를 통해 행해진 것"이라고 명시되어 있었습니다. 강제는 의지에 반하는 강압을, 공포는 현재 또는 미래의 위험으로 인한 마음의 떨림을 나타내기 위해 언급되었지만, 이후에는 격렬한 힘의 표시로 인한 것은 무엇이든 공포로 인한 것으로 간주하기 때문에 강제에 대한 언급이 생략되었습니다.
>
> (*Digest*, 4.2.1)

로마법의 규정은 모든 종류의 위협에 적용되는 것은 아니며, 위협이 어느 정도 심각해야 한다. 심각함의 기준은 죽음, 고문, 노예로 전락, 투옥 등에 대한 공포에 직면한 경우이다. 강압과 관련하여 세 가지 전통인 아리스토텔레스, 어거스틴, 로마법에는 공통점이 있다. 모두 물리적 강압에 국한된다. 필요에 의한 강제는 고려되지 않는다. 경제적 범주에서의 강압은 중세 사상에서 나타난다. 경제적 강압이

고려되기 시작했을 때 중세의 저자들은 계약의 유효성에 관하여 부정적으로 대답하는 경향이 있었다.

경제적 강압과 고리대금업

경제적 강압이라는 개념은 고리대금업과 관련하여 확립되었다. 암브로스의 <고리대금>(De Tobia)은 고리대금에 대해 다룬 최초의 기독교 저작으로 손꼽히는데, 구약성서에 기반하여 고리대금업을 비판하였다. 설교집 <선함으로서의 죽음>(*De Bono Mortis*)에서 "Si quis usuram accipit, rapinam facit, vita non vivit"("누군가 고리를 받으면 강도를 저지른 것이고, 죽을 것이다")라는 유명한 선언을 한다. 이는 후대 학자들이 고리대금업을 비판하는 맥락에서 자주 인용했고, 암브로스의 이 선언은 중세 사상가들이 고리대금업에 반대하는 강력한 무기가 되었다. 스콜라 신학자 롬바르드(Peter Lombard, 1100-1160)는 십계명을 언급하면서 "여기에서도 고리대금업은 금지되어 있으며, 이는 강탈에 포함된다"(*Sentences* III, 37, 5: 211)고 말한다. 카탈로니아 도미니카 수도사 레이몬드(Raymond of Penyafort, 1180-1275)도 "고리대금업은 강도와 거의 또는 전혀 다르지 않다"(*Summa* II, 7, pr.: 537)고 언급한다.

암브로스와 그를 인용한 학자들은 경제적 강압을 염두에 두고 있다는 점을 주목해야 한다. 채권자가 채무자에게 높은 이자를 내지 않으면 해치겠다고 협박하는 상황을 말하는 것이 아니다. 이러한 상황은 물리적 강압이다. 경제적 강압 상황은 금전 계약에서 고리대금에 대한 사전 동의에 관한 것이다. 이와 관련하여 프랑스 스콜라학자 윌리엄(William of Auxerre, 1145-1231)은 절대적 의지와 상대적 의지를 구분한다. 초기 및 중세 기독교 신학적 가르침에 대한 윌리엄의 주석집 <황금요약집>(*Summa Aurea*)에서 이 내용이 나온다.

그의 절대적 의지에 따르면 돈의 소유자는 돈을 빌려주고 이자를 받는 것을 원하지 않지만, 그의 상대적 의지에 따르면 아무 대가 없이 돈을 빌려주지 않을 것이기 때문에 그가 돈을 받고 그것을 갖기를 원합니다. 따라서 약탈자는 소유자의 의사에 반하여 타인의 것을 취하는 것이며, 여기서 "의사에 반하여"라는 표현은 그의 절대적이고 독립된 의지를 제거한다는 의미로 이해되므로 약탈은 절도임이 분명합니다.

(황금요약집 III, 48, 1, 2: 913-14)

여기서 윌리엄은 절대적 의지와 상대적 의지를 구분하는데, 이는 이자에 대해 긍정적인 견해에 반박하는 과정에서 나온 것이다. 채무자가 적당한 이자 수준을 원하고 그 이상의 금액을 청구하지 않는 사람을 만나면 만족하기 때문에, 고리대금을 청구하는 것이 타인의 재물을 빼앗는 것이 아니라는 견해가 있는데 윌리엄은 이에 대해 반박하고 있다.

영국 신학자 토마스(Thomas of Chobham, 1160-1230)는 그의 저작 <참회록>(*Summa confessorum*)에서 이자와 고리대에 관하여 언급하는데, 이에 따르면 채무자가 고리대금을 지급하겠다고 자유롭게 약속하더라도 이는 절대적 의지('voluntate absoluta')가 아니라 상대적 의지('voluntate comparativa')에 의한 것이기에 정당화할 수 없다. 즉 채무자는 대출받지 못하는 것보다 높은 이자를 내더라도 대출받는 것을 원할 수 있다(참회록 7,6,11,4: 508).

중세 학자들은 금전 계약에서 경제적 강압은 상대의 절대적 의지에 반한 것으로 비판했다. 도미니카 신학자이자 초기 스콜라 철학자인 롤랑(Roland of Cremona, 1178-1259)은 고리대금이 자발적 의지에 반하여 강제로 내도록 하기에 죄악이라고 비판한다. 이에 반하여 도둑질이나 강도 등 범죄는 절대적 의지에 반한 행위라고 설명한다. 교황 이노센트 5세(Pope Innocent V)가 된 베드로(Peter of Tarentaise, 1102-1174)

는 롤랑에 이어 아리스토텔레스를 인용하여 고리대를 비판한다.

> 고리대는 보편적 소유자[즉, 하나님]가 금지했기 때문에 그의 의지에 반하여 다른 사람의 것을 취하는 것이며, 비록 그가 바다에 상품을 던지는 사람처럼 조건부이고 강제적인 의지로 그것을 할 수는 있지만 그의 절대적인 의지와 만족에 관하여 특정 소유자의 의지에 반하는 것입니다.
>
> (*Commentaries on the Sentences of Peter Lombard*, III, 37, 3, 4: 309)

아퀴나스의 스승이자 중세 독일의 위대한 철학자이자 신학자인 알베르트 대제(Albertus Magnus, 또는 Saint Albert the Great, 대략 1200-1280)는 고리대금 지급은 채무자의 의지에 반하는 것이며 조건부로 자발적일 뿐이라고 설명한다. 이탈리아 도미니코 수도회 수사 안토니노(Antonino Pierozzi, 또는 Antoninus of Florence, 1389-1459)는 미래에 대출받지 못할 가능성 때문에 고리대에 동의하는 사람도 자발적 동의가 아니라 강요된 것이라고 설명한다. 아퀴나스도 <신학대전>에서 이 문제를 다루고 있는데, 그에 따르면, 채무자는 자발적으로 고리대를 지급하는 것이 아니라 필요에 따라 강제적으로 지급하게 된다. 채무자는 대출이 필요하지만 이자 없는 대출이 가능하지 않기에 이러한 필요성에 따라 이자를 지급하는 것이다.

중세 프란체스코회 교부들도 필요성과 불충분한 의지의 논거에 기반하여 고리대금에 반대한다. 알렉산더(Alexander of Hales, 1185-1245)와 보나벤투라(Bonaventure, 라틴어로 Bonaventura de Balneoregio, 1221-1274)는 필요에 따라 고리대금을 빌려야 하는 경우 상대적 의지에 반하는 것은 아니지만 절대적 의지에 반하는 것이라고 설명한다. 존 던스 스코투스(John Duns Scotus, 1265-1308)는 아리스토텔레스의 <윤리학>을 인용하여 고리대금의 희생자는 필요에 따라 강요된 사람이며 자신의 의지에 따라 행동하지 못하는 사람이라고 설명한다. 아스테사누스

(Astesanus of Asti, ?-1330)는 절대적 의지의 결여를 반복해서 강조하며, 채무자는 대출받지 못하는 것보다 나은 대안이기 때문에 고리대에 동의한다고 설명한다.

채무자의 입장을 살펴보자. 채무자는 고리대금을 요구한 채권자로부터 대출받는 경우 다른 사람에게 죄를 지을 기회를 주는 것이고 이 또한 죄로 볼 수 있다는 주장이 존재한다. 물론 일반적으로 고리대는 채권자가 부과하고 채무자는 필요에 따라 어쩔 수 없이 받아들인다. 대부분 스콜라학자는 필요성이 인정되는 경우 고리대금을 수용한 채무자의 행위를 인정한다. 하지만 필요하지 않은데도 고리대를 수용한 채무자는 용서받을 수 없다. 프란체스코회 신학자이자 철학자 올리비(Peter John Olivi, 1248-1298)는 선한 목적을 위해 악을 사용하는 것은 선한 행위라고 말한다. 이것이 바로 필요에 따라 고리대금을 지급하는 채무자의 상황이다. 고리대는 폭력을 동반한 절도의 한 형태라는 교리는 이러한 예외 규정으로 인해 꽤 복잡한 문제이다.

경제적 강압과 상품 판매, 그리고 임금

경제적 강압은 고리대금업뿐만 아니라 상품 판매의 경우에도 존재한다. 아퀴나스는 대출과 매매를 설명하는데, 고리대금은 완전히 자발적으로 지급되는 것이 아닌 것처럼, 마찬가지로 물건을 가치보다 더 비싼 가격에 판매하는 때도 전적으로 강압적이거나 전적으로 자발적인 것은 아니라고 설명한다.

스콜라 철학자 헨리(Henry of Ghent, 1217-1293)는 구매자가 필요 때문에 부당한 것을 수용하도록 강요받기 때문에 상품 가격을 높게 책정하는 것을 비판한다. 중세 신학자 올리비(Peter John Olivi, 1248-1298)는 상품은 팔 수 있는 금액만큼 가치가 있다는 법적 격언에 대해 반대한다.

그에 따르면 이 격언은 특정 가격에 대한 양 당사자의 동의가 어떤 강력한 필요에 따른 비자발적 동의가 아닌 경우에만 유효하다. 구매자나 판매자의 의지에 결함이 없는 한 불공정한 가격은 발생하지 않는다. 그러나 당사자 중 한 사람이라도 전적으로 자유롭고 자발적인 의지에 따라 동의한 가격이 아닌 경우 강압에 의한 가격이므로 부당한 가격이 된다. 이탈리아 사제이자 프란치스코회 설교자인 베르나르디노(Bernardino of Siena, 1380-1444)는 스콜라 경제사상을 정립한 인물로 유명한데, 그는 올리비의 사상을 아리스토텔레스 철학과 연결하여, 계약이 극심한 빈곤이나 절박한 필요성에 따라 체결된 것이라면 도덕적으로 허용할 수 없다고 주장한다.

스콜라 철학자 고드프리(Godfrey of Fontaines, ?-1306 또는 1309)는 권력이 있는 사람은 상품을 가치가 올라갈 때까지 보유할 여력이 있지만, 가난한 사람은 필요에 따라 빨리 팔 수밖에 없다고 설명한다. 스콜라 철학자이며 수학자인 헨리(Henry of Langenstein, 1325-1397)에 따르면, 판매자가 낮은 가격을 자발적으로 받아들인다면 구매자가 낮은 가격에 상품을 사는 것에 도덕적 문제는 없다. 하지만 판매자가 필요에 따라 낮은 가격을 받아들인다면 강압에 의한 거래로 볼 수 있다. 프랑스 신학자 장 거송(Jean Charlier de Gerson, 1363-1429)은 아리스토텔레스의 사례, 즉 배를 구하기 위해 화물을 바다에 버리는 선장의 사례를 예로 들어 조건이 없는 절대적 동의만 정당하다고 주장한다. 독일 신학자 매튜(Matthew of Kraków, 1335-1410)는 "필요에 따라"(artati necessitate) 부당하고 불리한 가격을 받아들이는 가난한 사람의 경우를 반복해서 논의한다. 이러한 경우를 부분적으로 자유롭고 부분적으로는 강요된 선택으로 표현한다.

아리스토텔레스의 경제적 강압 개념은 고리대금과 가격의 경우를 대상으로 한 개념인데 이는 스콜라 철학에서 고용주와 피고용인간 임금 계약에도 적용되었다. 전문가가 전문적인 서비스를 제공하는 경우 일반적으로 그의 협상력이 우위에 있을 것이다. 아퀴나스에 따르면 그러한 사람이 지배적인 위치를 이용하여 지나치게 높은 금액을 받는다면 정의에 반하는 죄라고 설명한다.

> 사람은 허락할 의무가 없는 것을 허락한 대가로 정당하게 대가를 받을 수 있습니다. 이제 변호사가 다른 사람의 대의를 위해 탄원하거나 조언하는 데 항상 동의할 의무가 있는 것은 아니라는 것이 분명해졌습니다. 따라서 그가 자신의 탄원이나 조언을 팔아넘긴다면 그는 정의에 반하는 행동을 하는 것이 아닙니다. 병든 사람을 치료하기 위해 그를 돌보는 의사와 그와 같은 모든 사람에게도 동일하게 적용되나, 다만 그들이 사람, 당면한 문제, 수반되는 노동 및 국가의 관습에 대한 적절한 고려와 함께 적당한 수수료를 받는다면 말입니다. 그러나 그들이 악의적으로 적당하지 않은 수수료를 갈취한다면, 그들은 죄를 짓는 것입니다.
>
> (신학대전, 2부의 2, Question 71, Article 4)

아퀴나스는 변호사나 의사가 지나치게 높은 대가를 받는 경우 정의롭지 못한 것이라고 비판한다. 이러한 상황과 다르게 하층민의 경우는 일반적으로 고용주가 권력의 우위에 서 있다. 영국 신학자 몬티부스(William de Montibus, 1140-1213)는 그의 저서 <Speculum poenitentis>에서 구약성서의 레위기를 인용하며 고용주는 노동자에게 정당한 임금을 즉시 지급해야 한다고 권고한다. 영국의 스콜라 철학자이자 과학자인 그로스테스트(Robert Grosseteste, 1168-1253)는 사제는 사업에 종사하는 참회자들에게 계약에서 속임수를 썼는지, 고리대금업에 종사하는지, 노동자의 임금을 지급했는지 물어봐야 한다고 제언한다. 이탈리아 도미니카 수도사 파사반티(Jacopo Passavanti, 1302-1357)도 다른 사람의 소유물을 빼앗는 죄에 임금 체불을 포함한다. 아퀴나스도 <신학대전>에서 레위기를 인용하며 노동자는 매일의 노동으로 생계를 유지하는 가난한 사람들이므로 임금은 즉시 지급해야 한다고 권고한다.

중세 사상에서 경제적 강압 논리는 고리대금, 가격, 임금 등 다양하게 적용되었다(Langholm, 2014). 하지만 이 논리는 중세 후기에 쇠퇴하기 시작한다. 종교개혁 이후 스페인에서 스콜라 경제사상이 다시 부흥하기 시작하는데 살라망카 학파가 대표적인 흐름이다. 살라망카 학파는 16세기 후반부터 교회 경제사상의 주류로 등장하는데, 경제적 강압 주장에는 반대하는 견해를 밝힌다. 이러한 흐름과 함께 경제 정의에 관한 개념도 변화를 겪는다. 경제 정의는 계약 조건에 관한 것이 아니라 일단 합의된 조건에 따라 계약을 지키는 것으로 이해된다.

Chapter

10

아퀴나스의 경제사상

- 행복과 목적
- 행복의 속성
- 행복의 실체
- 자연적 부와 인공적 부
- 물질적 재화와 행복, 그리고 화폐
- 소유와 부
- 부와 정당한 가격

가난한 자를 위한 경제:
성서와 경제사상

Chapter 10

아퀴나스의 경제사상

중세 사상의 핵심은 스콜라주의라고 할 수 있고, 스콜라주의의 정수는 토마스 아퀴나스의 사상이다. 아퀴나스의 경제사상을 살펴보는 것은 쉽지 않은데 아퀴나스의 사상 자체가 매우 방대하기 때문이다. 앞서 보았듯이 아퀴나스의 경제사상은 정당한 가격과 고리대금업에 관한 생각을 중심으로 살펴보는데, 여기서는 행복이라는 개념을 중심으로 아퀴나스의 경제사상을 검토한다.

아퀴나스는 <신학대전>에서 신학적 성찰에 대한 논의를 정리한다. 보통 세 부분으로 구분하는데, 첫째, 창조의 근원으로서 하나님 자신에 관한 내용, 둘째, 이성적 피조물인 인간의, 하나님을 향한 움직임, 셋째, 인간이 하나님께로 돌아가는 길인 예수로 구분한다. 여기서 두 번째 부분, 즉 2부에서 행복에 대한 인간의 열망을 다룬다.

행복과 목적

아퀴나스에 따르면 행복이라는 개념은 인간의 삶에 관한 중요한 원리를 구성한다. 현대경제학의 목적 또한 일반적으로 국민의 행복 수준을 높이는 것으로 제시한다. 행복이라는 개념을 통해 아퀴나스와 경제학은 중첩될 수 있다(Hirschfeld, 2018). 아퀴나스는 우리의 궁극적인 행복이 하나님에게 있다고 생각하지만, 현실에서 가능한 행복을 탐색하는 것도 의미가 있다고 인정한다. 하지만 현실에서의 행복은 하나님 안에서의 행복과 달리 적절히 제한되어야 한다고 주장한다. 또한 아퀴나스는 인간의 행복은 욕망을 충족함으로써 찾는 것이 아니라, 존재의 완전함에서 찾을 수 있다고 주장한다. 인간에게 있어서 존재의 완성은 덕을 추구하는 것이고, 어떤 재화를 추구할 가치가 있는지 분별하는 방식으로 살아가야 한다.

아퀴나스는 현실에서의 진정한 행복은 덕을 기르는 데 있다고 주장하지만, 그러한 방식으로 행복을 추구하기가 어렵다는 사실도 인정한다. 그는 미덕에 의해 고양되는 높은 형태의 이성과 동물 수준에서 나타나는 낮은 형태의 이성, 즉 쾌락을 추구하고 고통을 피하는 낮은 이성을 구분한다. 아퀴나스에 따르면 인간은 온전하고 고차원적인 형태의 실천적 이성을 갈망할 수 있지만, 낮은 형태의 이성에 따라 행동하는 경우가 대부분이다. 이러한 아퀴나스의 논리 전개는 아리스토텔레스 철학에 기반한다.

> 인간은 비이성적인 동물과 다른 점이 있는데, 바로 인간이 자신의 행동의 주인이라는 점입니다. 그러므로 인간이 행하는 행동만이 인간이라고 올바르게 불리며, 인간이 주인입니다. 이제 인간은 이성과 의지를 통해 자신의 행동의 주인이므로 자유 의지는 “이성의 능력과 의지”로 정의됩니다. 따라서 고의적인 의지에서 비롯된 행동은 인간의 행동이라고 부르는 것이 적절합니다. ... 이제 어떤 행위가 어떤 힘에서 나오든, 그 대상의 본질에 따라 그 힘에 의해 발생한다는 것이 분명해졌습니다. 그러나 의지의 대상은 목적과 선입니다. 그러므로 모든 인간의 행동은 목적을 위한 것이

어야 합니다.

(신학대전, 2부의 1, Question 1. Man's last end, Article 1)

아퀴나스는 인간 행동의 목적을 행복으로 제시하는데, <신학대전>에서 인간의 행동에 대한 기본적인 전제조건을 제시한다. 인간은 어떤 궁극적인 목표나 목적을 달성하기 위해 의도를 가지고 행동한다는 것이다. 아퀴나스는 행복을 구성하는 요소에 대해 사람마다 다른 생각을 가질 수 있지만, 인간의 목적이 주관적으로 결정되지는 않는다고 생각했다.

아퀴나스는 인간 행동의 목적성과 다른 동물 행동의 동기를 구분하고, 인간 행동의 목적인 행복 추구가 달성되면 인간의 완성이 이루어진다고 생각했다. 인간은 고유한 형태의 이성을 지니고 있고 이 사실은 동물과 달리 도덕적 행동을 하는 이유가 된다. 아퀴나스는 인간답게 만드는 행위는 무엇인가라는 질문을 제시한다. 인간은 자신 행동의 주인이라는 점에서 동물과 다르고, 인간 행위의 본질은 의지의 행사라고 주장한다. 또한 인간의 행위는 이성의 숙고에서 비롯된 행위라고 본다.

이러한 질문을 생각해 볼 수 있다. 목적을 위한 행동이 이성적 본성에 합당한 것이라면 이성이 없는 동식물은 목적이라는 개념을 이해하지 못하는 것 아닌가? 이에 대해 아퀴나스는 다음과 같이 부정적으로 대답한다.

모든 행위자는 필연적으로 목적을 위해 행동합니다. 왜냐하면 서로에게 부여된 여러 원인들에서 첫 번째 원인이 제거된다면, 다른 원인들도 필연적으로 제거되어야 하기 때문입니다. 이제 모든 원인 중 첫 번째 원인이 최종 원인입니다. ... 주체는 목적을 위한 의도가 아니면 움직이지 않습니다. ... 그리고 이 결정이 이성적 본성에서는 의지라고 불리는 "이성적 욕구"에 의해 영향을 받는 것처럼, 다른 것들에서는 "자연적 욕구"라고 불리는 그들의 자연적 성향에 의해 야기됩니다.

(신학대전, 2부의 1, Question 1. Man's last end, Article 2)

아퀴나스에 따르면 모든 생물, 심지어 무생물도 목적을 위해 행동한다. 모든 피조물은 목적을 향해 나아가는데, 인간은 스스로 목적을 향해 나아가지만, 다른 존재는 자연적 성향이나 욕구에 이끌려 나간다는 점에서 차이가 있다. 그들의 목적은 다른 존재, 즉 창조주에 의해 고정되며, 창조주는 그 존재에게 목적을 향해 나아가는 자연적 성향을 심어준다. 예를 들어 나무는 자연적 성향에 따라 광합성을 통해 스스로 유지하기 위해 가장 많은 빛을 찾아 자연스럽게 성장한다.

사물은 두 가지 방식으로 움직입니다. 첫째, 사물로서 스스로 끝까지 움직이는 것, 즉 인간으로서 끝까지 움직이는 것이 있습니다. 둘째, 화살이 궁수에 의해 지시받아 움직여서 끝으로 향하는 것처럼, 다른 사람에 의해 끝까지 움직여서 끝으로 향하는 것이 있습니다. 따라서 이성을 가진 사물은 "의지와 이성의 능력"인 자유 의지를 통해 자신의 행동을 지배하기 때문에 스스로 끝까지 움직입니다. 그러나 이성이 결여된 것들은 자연적 성향에 따라 스스로가 아니라 다른 것에 의해 움직이는 것으로 끝을 향해 나아가는 경향이 있는데, 이는 끝의 본질을 알지 못하기 때문에 결과적으로 어떤 것도 끝을 정할 수 없고 오직 다른 것에 의해서만 끝을 정할 수 있습니다.

(신학대전, 2부의 1, Question 1. Man's last end, Article 2)

아퀴나스는 인간과 비이성적 동물의 대조를 통해 동물은 즉각적인 목적을 파악한다고 주장한다. 동물이 불완전하지만, 어느 정도는 이성적이고, 다만 동물에게 없는 것은 "끝의 본질"을 아는 능력이다. 개는 토끼에게 끌리지만, 토끼를 잡아먹는 것이 자신의 영양을 위한다는 점을 이해하지 못한다. 개는 자연스러운 식욕에 반응하고 있지만 스스로 지시하는 행위를 하는 것은 아니다. 목적을 위해 행동하는 사람은 그 행동의 목적이 무엇인지 알고 있다. 그러나 군인은 목적을 모른 채 명령을 받을 수 있다. 동물도 마찬가지이다. 동물은 군인이 지휘관에게 복종하는 것처럼 자신의 성향을 따르지만, 그 성향이 어떤 목적에 부합하는지 알지 못한다.

> 이성적 본성은 [행위자]를 지시하고 스스로 끝까지 인도하는 것처럼 목적을 지향하는 것이 합당한 반면, 비이성적 본성은 비이성적 동물처럼 목적을 파악하든, 아니면 지식이 전혀 없는 것들의 경우처럼 그것을 파악하지 않든, 다른 것에 의해 지시되거나 인도되는 것처럼 목적을 지향하는 것이 합당한 것입니다.
>
> (신학대전, 2부의 1, Question 1, Man's last end, Article 2)

아퀴나스는 목적성 또는 이성과 관련하여 인간과 동물의 차이를 명확히 구분한다. 동물과 달리 인간은 목적을 인식하고 수단과 목적의 관계를 이해할 뿐만 아니라 목적 자체를 이해한다. 여기서 인간은 스스로 판단할 수 있다는 점이 강조된다. 어떠한 행동을 하고 싶더라도 도덕적으로 죄악이라고 판단한다면 그 행동을 하지 않는다. 인간은 소비와 생산 등 경제 행위도 보편적 선에 비추어 행위 여부를 결정할 수 있다. 아퀴나스는 인간 이성의 독특한 측면을 끌어냄으로써 이성의 본질적인 활동을 도덕적 분별력, 즉 어떤 목적을 추구할 가치가 있는지에 대한 판단에서 찾는다.

아퀴나스는 인간의 올바른 행동은 하나의 최종 목적을 위해 질서정연하게 이루어진다고 주장한다. 인간은 삶을 목적이 있는 일관된 실체로 구성할 수 있고, 목적이 있는 행동을 한다. 대부분 사소해 보이는 행동도 궁극적으로 목적을 위한 행동이다. 아침에 식사를 준비하는 것은 아침 식사를 하기 위함이고, 이는 하루를 힘차게 출발하기 위함인데, 하루의 활동을 통해 원하는 무엇인가를 달성하기 위함이다.

> 행복은 완전한 선에 도달하는 것입니다. 그러므로 완전한 선에 도달할 수 있는 사람은 누구나 행복에 도달할 수 있습니다. 이제 인간이 완전한 선에 도달할 수 있다는 것은 그의 지성이 보편적이고 완전한 선을 파악할 수 있고 그의 의지가 그것을 원하기 때문입니다. 따라서 인간은 행복에 도달할 수 있습니다.
>
> (신학대전, 2부의 1, Question 5, The attainment of happiness, Article 1)

아퀴나스에 따르면 우리가 보편적인 선에 도달하지 못한다면 행동을 시작하지 않을 것이다. 그는 최종 목적으로서 행복을 제시하면서 이를 완전한 선과 관련지어 언급한다. 인간의 행복은 완전한 선, 즉 신에 대한 즐거움으로 완성된다고 본 것이다(Hirschfeld, 2018).

행복의 속성

앞서 보았듯이 아퀴나스는 인간이 목적을 위해 행동한다고 믿었고, 그 목적을 행복이라고 생각했다. 아퀴나스는 행복은 객관적으로 정의할 수 있다고 생각했다.

> 인간의 행복이 부로 구성되는 것은 불가능합니다. 철학자가 말했듯이 부는 두 가지, 즉 자연적인 것과 인공적인 것이 있기 때문입니다(정치학 1, 3). 자연적 부는 음식, 음료, 의복, 자동차, 주택 등과 같이 인간의 자연적

> 욕구에 대한 해결책으로서 인간에게 봉사하는 것이고, 인공적 부는 돈처럼 자연에 직접적인 도움이 되지 않지만, 교환의 편의와 판매할 수 있는 것의 척도로서 인간의 기술에 의해 발명된 것입니다.
> (신학대전, 2부의 1, Question 2, Things in which man's happiness consists, Article 1)

아퀴나스는 행복의 형식적 속성에 대해 논의한 후 우리가 행복을 찾을 수 있는 선의 후보 목록, 즉 부, 명예, 영광, 명예, 건강, 쾌락, 영적인 선 등에 대해 검토한다. 그 결과 이 들로부터 행복을 찾을 수 없다고 답한다. 그러나 아퀴나스는 우리가 어떤 선이나 재화가 행복을 구성하는지에 대해 이성적으로 토론할 수 있고 실제로 그 질문에 대한 객관적인 답이 있다고 주장한다.

아퀴나스는 형식적인 의미에서 모든 개인은 최종 목적, 즉 모든 욕망의 충족에 대해 동의한다고 주장한다. 그러나 어떤 선이 성취될 것인지에 대해서는 동의하지 않는다. 어떤 사람은 부, 어떤 사람은 권력, 어떤 사람은 쾌락 등을 욕망한다. 그러나 아퀴나스는 이것이 단지 욕망의 충족에 관한 문제가 아니라고 주장한다.

> 우리는 두 가지 방식으로 최종 목적에 대해 말할 수 있습니다. 첫째, 최종 목적의 측면을 고려하고, 둘째, 최종 목적의 측면이 실현되는 것을 고려합니다. 따라서 최종 목적의 측면에 관해서는 모두가 최종 목적을 추구하는 데 동의합니다. 모든 사람은 자신의 완전성 성취를 원하기 때문에 앞에서 언급한 것처럼 최후 목적은 성취됨으로 구현됩니다.(Article 5) 그러나 이러한 측면이 실현되는 것에 관해서는 모든 사람이 최종 목적에 대해 동의하지 않습니다. 어떤 사람은 재물을 완전한 선으로, 어떤 사람은 쾌락을, 다른 사람은 다른 것을 욕망하기 때문입니다. 따라서 모든 취향에 단맛은 즐겁지만, 어떤 사람에게는 포도주의 단맛이 가장 즐겁고 다른 사람에게

는 꿀의 단맛이나 이와 비슷한 것이 가장 즐겁습니다. 그러나 그 단맛은 모든 즐거운 것 중에서 절대적으로 최고이며, 가장 좋은 맛을 가진 사람이 가장 큰 즐거움을 얻습니다. 이와 마찬가지로 선은 가장 완전한 것으로, 선한 사람이 최종 목적을 위해 갈망하는 것입니다.

(신학대전, 2부의 1, Question 1, Man's last end, Article 7)

아퀴나스에 따르면 인간은 주관적인 욕망의 충족에서 기쁨을 느끼지만, 그것이 궁극적인 행복의 원천은 아니다. 인간 이성의 본질은 목적을 생각하고 스스로 행동을 취하는 능력이다. 인간은 무엇이 스스로 행복하게 만드는지 판단할 능력이 있으며, 불완전한 형태의 행복을 목표로 하고 있다는 것을 알게 되면 더 완전한 선을 추구하고자 한다. 아퀴나스에게 올바른 삶이란 옳은 일을 하기 위해 욕망을 무시하는 것이 아니라, 무엇이 실제로 만족스러운 목적을 구성하는지 판단한 뒤 가능한 범위 내에서 그 목적을 추구하도록 자신을 이끄는 것이다. 즉 인간의 선택은 스스로 원하는 것을 가장 효율적인 방법으로 획득하는 것보다 진정으로 선한 것을 원하는 방법을 훈련하는 것이다. 완전한 행복은 완전한 선과 미덕을 추구하는 것이다.

객관적인 선의 질서가 있다는 아퀴나스의 주장은 그의 세계관에서 자연스럽게 나오는 결론이다. 신이 세상을 창조했다는 세계관에서 객관적인 선의 질서가 있다고 가정하는 것은 당연하다. 신은 최고의 완전한 존재이자 완전성의 원천이기에 객관적인 선은 당연히 존재하게 된다(Hirschfeld, 2018).

행복의 실체

아퀴나스에 따르면 인간은 인간의 본성을 완성함으로써 행복을 추구한다. 하지만 인간의 본성은 복잡하다. 물질적 신체와 본능을 가지고 있으면서 동시에 고차원적인, 참되고 선한 것을 추구하는 능력이 있다.

그렇다면 인간이 추구하는 궁극적인 선은 구체적으로 무엇인가? 이 질문에 아퀴나스는 다양한 재화를 거론한다. 그가 보기에 부, 명예, 명성, 영광, 권력 등 소위 외재적 재화는 최고의 선이 되기 힘들다. 이러한 것들은 행복에 도움이 되지만 그 자체로 행복을 구성하지 않고, 그 자체가 목적이 될 수는 없다.

행복을 구성하는 다른 재화들도 있다. 건강, 쾌락, 그리고 영혼의 재화들이다. 이 재화들은 인간을 완성하는 요소이지만, 궁극적인 완성을 달성하지 않는다. 또한 이들은 목적 자체가 아니라 목적을 이루는 수단에 속한다. 건강과 쾌락을 얻기 위해 완전함을 추구하는 것이 아니라 완전함을 추구함으로써 건강과 쾌락을 획득한다. 영혼의 재화는 지식과 사랑 등으로 표현되는데, 실제로 행복과 밀접한 관련이 있다. 하지만 아퀴나스에 따르면 지식과 사랑의 대상이 완전할 때 행복을 달성한다. 즉 하나님을 알고 사랑할 때 완전하게 된다. 궁극적인 선, 하나님을 갈망하는 것이 완전한 행복으로 나아간다는 것이다. 인간은 완전함에서 행복을 발견한다. 완전한 존재인 하나님을 알고 사랑하는 행위로 행복을 이룰 수 있다.

> 이생에서 행복에 어느 정도 참여할 수는 있지만, 완전하고 진정한 행복은 이생에서 누릴 수 없습니다. 이는 두 가지 측면에서 생각해 볼 수 있습니다. 첫째, 행복에 대한 일반적인 개념에서 볼 수 있습니다. 행복은 "완전하고 충분한 선"이기 때문에 모든 악을 배제하고 모든 욕망을 충족시킵니다. 그러나 이생에서는 모든 악을 배제할 수 없습니다. 왜냐하면 현세에는 피할 수 없는 많은 악, 즉 무지, 과도한 식욕, 육체의 많은 형벌들이 존재하기 때문입니다. ... 그러므로 이생에서 진정한 행복을 누리는 것은 불가능합니다. 둘째, 행복의 구체적인 본질, 즉 신성한 본질에 대한 비전을 고

려할 때, ... 이생에서는 인간이 행복을 얻을 수 없습니다. 따라서 이생에서는 누구도 참되고 완전한 행복을 얻을 수 없다는 것이 분명합니다.

(신학대전, 2부의 1, Question 5, The attainment of happiness, Article 3)

아퀴나스에 따르면 궁극적인 행복은 하나님을 알고 사랑할 때 발견된다. 그러나 완전한 하나님에 대한 지식을 불완전한 인간이 획득하는 것은 불가능하다. 따라서 현실에서는 완전한 행복을 누릴 수 없다. 하지만 현실적인 행복 추구가 궁극적인 목적과 어떻게 연관되는지 확인해야 한다. 하나님과 피조물이 연결되어 있다면 현실에서의 행복은 궁극적인 행복과 관련이 있어야 한다.

아퀴나스는 현실의 행복과 궁극적인, 완전한 행복 사이의 관계를 어떻게 설명하는가? 아퀴나스는 행복은 서로 관련된 여러 개념의 집합으로 이해하고, 불완전한 행복은 완전한 행복에 이르지는 못하지만, 특정한 행복의 모습으로 나타나는 것으로 해석한다. 이런 방식으로 현실에서의 행복은 궁극적이고 완전한 행복을 반영할 수 있다.

아퀴나스는 인간이 동물과 달리 자유 의지와 통제력을 발휘하는 이성이 있다고 주장한다. 인간 행복의 본질은 인간이 완전해지는 것을 의미하고 이것은 완전한 선인 하나님을 알고 사랑하는 것이다. 그러나 여전히 인간은 유한한 피조물이므로 하나님을 알고 사랑하는 것은 완전함으로 가는 여정이다. 현실에서는 하나님을 알고 사랑하는 능력을 불완전하게 행사하며 불완전한 행복을 추구한다. 하나님을 불완전하게 알고 사랑하는 것은 현실에서 선을 추구하는 것이다.

아퀴나스는 행복을 욕망의 충족으로 이해하지 않는다. 인간이 누릴 수 있는 최고의 행복은 인격의 수양을 통해 존재를 완성하는 데 있다는 아리스토텔레스 철학 전통을 계승한다(Hirschfeld, 2018). 궁극적인 선은 신이고, 우리의 본성을 완전하게 함으로써 신을 닮아

가는 것이 행복을 누리는 방법이다. 아리스토텔레스는 이를 미덕의 추구라고 정의했다. 고대 그리스 철학에서 미덕은 자신이 하는 일을 잘하는 것을 말한다.

앞서 언급했듯이 아퀴나스는 인간 본성의 본질을 이성으로 보았다. 동물과 달리 인간은 어떤 재화가 추구할 만한 가치가 있는지 분별할 수 있다. 본능, 감정, 열정을 통제하고, 시간이 지남에 따라 획득하는 본성, 습관도 있다.

> 미덕은 어떤 힘의 완성을 의미합니다. 이제 사물의 완전성은 주로 그 끝과 관련하여 고려됩니다. ... 이제 그 자체로 행위가 결정되는 어떤 힘, 예를 들어 활동적인 자연적 힘이 있습니다. 따라서 이러한 자연적 힘은 그 자체로 미덕이라고 불립니다. 그러나 인간에게 적합한 이성적 힘은 한 가지 특정한 행동에 결정적인 것이 아니라 많은 행동에 구별 없이 연결되어 있으며, 우리가 위에서 말한 것에서 분명히 알 수 있듯이 습관에 의해 행동이 결정됩니다. 그러므로 인간의 미덕은 습관입니다.
>
> (신학대전, 2부의 1, Question 55, The virtues, as to their essence, Article 1)

아퀴나스에게 습관은 인간의 선택에 따라 획득하는 능력과 성향으로 구성된다. 예를 들어, 말하거나 운동을 하는 능력이 습관이다. 습관은 인간의 행동을 형성하는 데 작용하며, 거의 무한한 선택지에 직면하는 복잡한 세상을 헤쳐 나가는 데 도움이 된다. 본질적으로 습관은 일종의 본성이며, 좋은 것이든 나쁜 것이든 세상에 대한 안정적인 반응 패턴의 발달을 나타낸다. 따라서 습관은 우리의 이성적 본성이 결정한 바에 따라 우리의 열정을 형성한다. 따라서 "미덕은 습관"이다.

아퀴나스는 미덕을 중심으로 인간의 행복을 설명한다. 미덕은 인간의 행동을 완전하게 하는 내면의 원리이다. 인간이 미덕에 더 완벽할수록 인간의 행동은 더 완벽해지고 하나님을 더 닮아간다. 미덕과 습관을 통해 올바른 행위를 선택한다. 아퀴나스와 아리스토텔레스에게 진정한 미덕은 이성이 원할 만한 가치가 있다고 판단한 것을 적극적으로 추구하는 데 있다(Hirschfeld, 2018). 관련된 습관의 배양을 통해 스스로 원하는 대로 반응하도록 열정을 훈련했을 때 완전히 실현된다. 이러한 자기 통제와 훈련의 요소 때문에 미덕을 실천하는 것 자체가 최고의 인간적 성취를 이루는 것이다. 미덕의 성취는 인간과 같은 이성적 동물에게 적합한 자유의 성취이다.

자연적 부와 인공적 부

아퀴나스는 아리스토텔레스의 생각을 이어받아 자연적 부와 인공적 부를 구분한다(Hirschfeld, 2018). 전자는 경제 영역에서 생산되는 실제 재화와 서비스를 말하고, 후자는 경제적 교환을 촉진하는 데 사용되는 화폐를 말한다. 이 둘의 관계를 명확히 하기 위해 질서 개념을 사용한다. 자연적 부는 인간의 번영을 위해 질서화되고, 인위적 부는 자연적 부의 획득을 위해 질서화된다.

> 철학자가 말했듯이 부는 두 가지, 즉 자연적인 것과 인공적인 것이 있습니다(정치학. I, 3). 자연적 부는 음식, 음료, 의복, 자동차, 주택 등과 같이 인간의 자연적 욕구에 대한 해결책으로서 인간에게 봉사하는 것이고, 인공적 부는 돈처럼 자연에 직접적인 도움이 되지 않지만, 교환의 편의와 판매할 수 있는 것의 척도로서 인간의 기술에 의해 발명된 것입니다.
> (신학대전, 2부의 1, Question 2, Things in which man's happiness consists, Article 1)

아퀴나스에게 자연적 재화는 의식주와 같은 물질적 재화와 기타 도구 등을 말한다. 자연적 부는 다른 목적을 달성하는 데 필요한 재화로서 도구적 재화에 해당한다. 가계는 물질적 재화와 시간을 건강, 명성, 안락함 등 궁극적인 재화로 전환한다. 아퀴나스에게 자연적 부가 제공하는 가장 명백한 재화는 육체적 삶의 지원이다. 아퀴나스에 따르면 육체적 욕구는 유한하기에 자연적 부에 대한 합리적 욕구도 유한하다. 자연적 부에 대한 욕망이 합리적인지 판단하는 기준은 그 욕망이 충족 가능한지, 어느 정도면 충분한지 파악할 수 있느냐이다.

> 그러므로 자선의 완성에 도달하는 데 있어 첫 번째 기초는 자발적인 가난이며, 우리 주님의 말씀(마 19:21)처럼 "네가 온전하고자 하거든 가서 네 소유를 모두 팔아 가난한 이들을 주고 와서 나를 따르라"는 말씀에 따라 자기 재산 없이 사는 것이다.
> (신학대전, 2부의 2, Question 186, Things in which the religious state properly consists, Article 3)

자발적 가난을 이상적 삶의 방식으로 선포한 기독교 전통을 아퀴나스도 따르고 있지만, 또한 현실에서 가능한 행복의 척도도 탐구한다. 그것은 자연적 부의 긍정적 선을 추구하는 방향으로 이어진다. 자연적 부는 다양한 방식으로 선한 삶을 지원하고 특히 육체적 삶을 지원한다. 물질적 재화에 대한 인간의 욕구는 적절히 제한되어야 하지만, 육체적 삶을 지원하는 자연적 부에 대한 인간의 욕구를 생물학적 필요로 제한해야 한다는 주장은 아니다. 아퀴나스는 두 가지 형태의 필요성을 구분한다. 첫째, 인간이 살아 나가는 데 꼭 필요한 의식주와 같은 것이다. 둘째, 사회적 동물로서 인간성을 유지하는 데 필요한 것으로, 문화와 상황에 맞는 의복 같은 것을 포함한다.

자연적 부는 미덕을 실천하는 데 필요한 도구를 제공한다. 기술을 이용해 무엇인가를 생산하는 경우 탁월함을 발휘하는 데 필요한 도구가 포함된다. 기술은 인간의 능력을 완성하여 선을 이루고 그런 의미에서 미덕으로 간주한다. 예술과 공예는 물질적 재화에 의존한다. 따라서 미덕을 이루기 위해 기술을 발휘하는 경우 적절한 물질적 재화는 필요하다. 이는 미덕을 실현하는 삶에서 물질적 재화의 역할이 중요하다는 것을 의미한다. 물론 아퀴나스는 자연적 부에 대한 우리의 욕망은 본질적으로 유한하며, 자연적 부의 목적에 따라 제한된다고 생각한다. 미덕의 목적을 달성할 만한 부가 있다면 더 이상의 소득 증가는 불필요하다. 또한 물질적 재화가 목적을 향해 질서정연할 때는 물질적 재화를 욕망하는 것이 죄악이 아니지만, 물질적 재화에 대한 우리의 욕망이 목적의 본질에 의해 억제되지 않을 때는 탐욕의 죄악이 된다. 아퀴나스는 도구적 재화는 그것의 목적에 상응해야 한다고 주장한다. 목적이 건강일 때 주어진 물질이 건강에 도움이 되는 지점까지는 허용되나 그 이상을 원하면 이는 죄악이다. 현실에서 인간의 최고 목적은 인간 본성의 완성이다. 인간이 유한한 존재이기에 목적을 뒷받침하기 위한 자연적 부에 대한 인간의 욕망도 유한해야 한다.

아퀴나스는 인공적 부를 "돈처럼 자연에 직접적인 도움이 되지 않지만, 교환의 편의와 판매할 수 있는 것의 척도로서 인간의 기술에 의해 발명"된 것이라고 정의한다. 인공적 부는 오직 자연적 부를 위해서 존재한다. 즉 화폐(인공적 부)는 도구적 재화(자연적 부)를 위한 도구라고 할 수 있다. 이는 교환의 매개체와 회계 단위로서의 화폐의 기능을 설명한다. 아퀴나스의 주장은 명확하다. 인공적 부는 자연적 부를 위한 도구이고, 자연적 부는 완전한 선 또는 행복을 위한 도구이다. 인공적 부, 자연적 부, 행복 사이의 관계는 철저하게 위계적이다. 판단의 기준은 더 높은 범주에 종속된다.

인공적 부에 대한 아퀴나스의 견해는 기존 기독교적 전통과 크게 다르지 않다. 정당한 가격과 이자 금지에 대한 기본적 입장을 견지하고 있다. 여기서 공정한 교환이 중요하다. 공정한 교환을 위해 공정하게 가치가 측정되어야 한다. 사과와 신발의 가치가 1:1이라면 두 재화의 가격도 1:1이어야 한다. 화폐가 재화의 가치를 공정하고 정확하게 측정해야 한다. 회계 단위로서 화폐의 기능이 중요한 이유이다.

사실 화폐가 경제에 개입할 때 근본적인 문제는 인간관계가 물적 관계로 전환되는 것이다. 사과 가격이 천 원이라면 소비자는 사과 생산자에게 천 원을 주고 구매한다. 이때 소비자와 생산자의 관계는 인간관계가 아니고 천 원이라는 화폐 단위로 매개되는 물적 관계가 되어버린다. 소비자는 사과 생산자가 얼마나 노력을 기울여서 사과를 생산하는지는 관심이 없다. 생산자는 소비자가 사과를 얼마나 좋아하는지 관심이 없다. 소비자는 그저 높은 품질의 상품을 낮은 가격에 구매하는 것에만 관심을 두게 되고, 생산자는 소비자를 수익의 대상으로만 생각한다. 시장 가격이 정당한 가격인지는 누구도 관심을 두지 않는다.

아퀴나스에 따르면 화폐는 자연적 부를 위한 것이고, 자연적 부는 행복을 위한 것인데, 이러한 위계질서는 화폐에 의해 전복된다. 이제 사과라는 자연적 부의 가치는 사라지고 화폐가 최종 목적이 되는 현상이 발생한다. 자연적 부가 아닌 인공적 부, 즉 화폐를 더 보유하거나 획득하기 위한 경쟁이 시작된다. 수단에 불과한 화폐가 목적이 되는 현상이 발생한다.

> 자연적인 재물에 대한 욕망은 무한하지 않습니다: 자연적인 재물은 어느 정도는 충분하기 때문입니다. 그러나 인공적인 부에 대한 욕망은 무한한데, 철학자가 분명히 말했듯이 그것은 억제되지 않는 무질서한 욕망의 종이기 때문입니다(정치학, I, 3). 그러나 재물에 대한 욕망은 주권적 선에 대한 욕망과 달리 무한합니다. ... 그 이유는 우리가 그것들을 소유할

때 그것들의 부족함을 더 많이 깨닫기 때문이며, 바로 이 사실이 그것들이 불완전하고 주권적인 선이 그 안에 포함되어 있지 않다는 것을 보여줍니다.

(신학대전, 2부의 1, Question 2, Things in which man's happiness consists, Article 1)

아퀴나스는 인공적 부에 대한 욕망을 "무질서한 욕망"이라고 부른다. 이것은 높은 수준의 이성에 속하지 않은 낮은 수준의 욕망이다. 또한 인공적인 부에 대한 욕망은 억제되지 않은 욕망이기에 무한하다고 설명한다. 목적에 대한 욕망은 무한하지만, 수단에 대한 욕망은 목적에 복무해야 하므로 유한하다. 인공적 부에 대한 무한한 욕망은 그 자체로 문제가 된다.

무한한 욕망에 대한 문제는 인간이 경험하는 물질적 불만족의 핵심이다. "무질서한 욕망"의 질서를 따르는 경제체제에서는 진정한 행복을 추구할 수 없다. 아퀴나스는 물질적 재화도 완전한 선을 반영할 수 있다고 설명하였다.

이생에서 가질 수 있는 것과 같은 불완전한 행복을 위해서는 행복의 본질에 속하는 것이 아니라 윤리학에 명시된 대로 미덕의 작용으로 구성된 행복의 도구로 봉사함으로써 외부 재화가 필요합니다(윤리학, I, 13). 인간은 이생에서 관조적 미덕의 작동과 활동적 미덕의 작동을 위해 신체의 필수품이 있어야 하며, 후자는 그 작동을 수행하기 위해 다른 많은 것들도 필요로 합니다. 반면에 이와 같은 재화는 신을 보는 것으로 구성된 완전한 행복을 위해 지금 필요하지 않습니다. 그 이유는 이와 같은 모든 외적 재화는 동물적 육체를 지탱하기 위해, 또는 우리가 동물적 육체를 통해 수행하는 인간의 삶에 속하는 어떤 작용을 위해 필요하지만, 하나님을 보는 것으로 구성된 완전한 행복은 육체와 분리된 영혼 안에 있거나 육체와 연합된 영혼 안에 있을 것이며, 그러면 더 이상 동물적이지 않고 영적인 것이 되기 때문입니다. 따라서 이러한 외적인 재화는 동물적 삶에 부여된 것이기 때문에 행복을 위해 필요하지 않습니다. 그리고 이생에서 명상의 행복은 더 하나님을 닮은 것으로 행동의 행복보다 완전한 행복의 모습에 더 가깝게 다가서기 때문에, 윤리학(X, 8)에 명시된 대로 육체의 재화가 덜 필요하게 됩니다.

(신학대전, 2부의 1, Question 4, Things that are required for happiness, Article 7)

물질적 재화와 행복, 그리고 화폐

행복을 위해 물질적 재화가 필요한가? 성서에서는 천국에 있는 성도들에게 물질적 재화를 약속하고 있어서 물질적 재화가 완전한 행복의 일부가 되어야 한다는 주장이 있다. 이에 대해 아퀴나스는 반론을 제기한다. 그는 성서의 약속은 은유적으로 이해되어야 한다고 주장한다.

성경에 포함된 모든 물질적 약속은 은유적으로 이해되어야 하는데, 그레고리가 말한 것처럼 "우리가 아는 것에서 미지의 소망에 이르도록" 하기 위해 성경은 영적인 것을 육체적인 것의 형태로 표현하려 하기 때문입니다(Hom. xi in Evang.). 따라서 음식과 음료는 행복의 기쁨을, 부는 인간을 위한 하나님의 충분함을, 왕국은 인간을 하나님과의 연합으로 끌어올리는 것을 의미합니다.

(신학대전, 2부의 1, Question 4, Things that are required for happiness, Article 7)

아퀴나스에 따르면 성서에서 천국의 기쁨을 물질적 용어로 묘사하는 것은 그것이 인간이 이해할 수 있는 용어이기 때문이다. 또한 외적 재화는 비중이 작더라도 재화이기 때문에 완전한 행복의 일부가 될 수 있다는 주장도 있다. 하지만 아퀴나스는 물질적 재화는 행복과 양립할 수 없다고 명확히 선포한다.

> 동물적 삶을 위해 기능하는 이러한 재화는 완전한 행복을 구성하는 영적 삶과 양립할 수 없습니다. 그런데도 그 행복 안에는 모든 선한 것들의 총체가 있을 것인데, 왜냐하면 이러한 것들 안에 어떤 선이 있든 우리는 선의 최고 샘에서 모든 것을 소유하게 될 것이기 때문입니다.
> (신학대전, 2부의 1, Question 4, Things that are required for happiness, Article 7)

하나님은 완전한 선의 원천이기 때문에 그러한 물질적 재화에서 발견할 수 있는 선은 완전한 행복의 일부가 될 수 있다고 주장할 수 있다. 이것은 물질적 재화를, 유한한 창조 세계에서 가능한 유일한 방법으로 인간에게 하나님의 선하심을 나타내는 표징으로 보아야 한다는 주장이다.

유한한 피조물이 하나님을 반영하기 위해서는 우리가 세상에서 발견하는 질적으로 구별되는 재화들이 하나님의 선하신 측면을 나타내도록 해야 한다. 여기서 화폐의 위험성을 발견한다. 화폐는 재화의 질적 차이를 없애고 양적 차이로 전환한다. 화폐는 재화를 대체할 수 있는 것으로 간주하도록 유도하여 다양한 재화의 고유한 질적 특성을 사라지게 만든다. 이렇게 함으로써 현실에서 추구할 수 있는 불완전한 행복에서 물질적 재화의 기능을 방해한다. 화폐는 재화를 올바르게 평가하지 못하도록 유도한다. 현실에서의 행복을 추구하는 것은 재화를 조화롭게 배열하고 순서를 매기고 높은 수준의 재화와 낮은 수준의 재화를 구별하는 것이다. 금전적 측면에서만 재화를 평가하게 만드는 것은 이렇게 현실 행복을 추구하는 방법을 가로막는 것이다. 화폐는 모든 재화를 하나의 지표로 환원한다. 재화 간의 질적 차이를 없애고 가격으로만 평가하도록 만든다. 선한 삶을 유지하는 데 필요한 물질적 재화를 결정하는 데 있어서 가격은 충분한 정보가 아니다.

화폐로 평가한 재화들은 본질적으로 대체할 수 있는 것이 된다. 사과가 천 원이고 신발이 이천 원이면 사과 2개와 신발 1개는 서로 대체된다. 그러나 사과가 필요한 사람에게 이러한 대체 가능성은 의미가 없다. 선한 삶을 위해 사과가 필요한 사람이 있고 신발이 필요한 사람이 있다. 그러나 화폐로 평가한 재화는 이러한 고유한 특성이 사라진다. 물질적 재화를 통해 하나님의 완전한 선을 추구하기 위해서는 높은 수준의 재화에 더 높은 가치를 부여해야 한다. 이런 점에서 화폐는 완전한 선 또는 행복을 추구하지 못하도록 기능한다. 물질적 번영은 인간의 최종 목적의 수단이 되지 못하고 오히려 방해물이 된다.

물질적 재화는 좋은 삶에 필요한 요소이다. 아퀴나스는 청빈과 금욕을 권고하는 기독교 전통에 서 있지만, 또한 인간의 물질적 번영도 중시하며, 물질적 재화가 인간의 삶을 유지하고 미덕의 실천을 위한 물질적 기반을 제공하는 목적에 맞게 잘 정돈되어 있다면 진정한 재화로 간주한다. 즉 아퀴나스는 부 자체를 반대하지는 않는다. 다만 물질적 부에 대한 인간의 욕망을 적절한 목적에 따라 통제하고 제한해야 한다. 물질적 재화에 대한 인간의 무한한 욕망의 병폐를 아퀴나스는 강조한다.

아퀴나스는 화폐가 교환을 촉진하고 결과적으로 물질적 번영을 촉진하는 유용한 발명품이라고 믿었다. 그러나 인공적 부를 조화롭게 배열하는 기능보다 재화를 양적 기준으로 추상화하여 개별 재화의 질적 특성을 고려하지 못하게 만드는 문제를 일으킨다.

소유와 부

기독교적 전통에서 소유와 부는 부정적인 존재이다. 아퀴나스도 이러한 전통 위에 서 있지만 인간의 삶에서 경제적 재화의 역할에 대해 상대적으로 적극적인 해석을 시도한다. 아퀴나스는 <신학대전>에서 정의의 덕을 다룬 부분에서 사유 재산에 대한 긍정적 견해를 보여준다(Hirschfeld, 2018).

> 외부 사물은 두 가지 방식으로 고려할 수 있습니다. 첫째, 그 본질과 관련하여 인간의 힘이 아니라 오직 만물이 순종하는 하나님의 힘에 달려 있는 것입니다. 둘째, 그것들의 사용과 관련하여, 인간은 자신의 이성과 의지로 그것들을 자신의 이익을 위해 사용할 수 있으므로 외부 사물에 대한 자연스러운 지배권을 가지고 있습니다.
>
> (신학대전, 2부의 2, Question 66, Theft and robbery, Article 1)

사유 재산에 대한 구체적인 언급은 절도와 강도에 대해 설명하는 부분에 명시되어 있다. 무엇이 절도에 해당하는지 판단하기 위해서는 먼저 소유에 대해 정의해야 한다. 아퀴나스는 먼저 신이 만물을 창조하고 만물에 대한 지배권을 행사한다는 점에서 인간이 재화를 소유할 수 있는지에 대한 질문부터 시작한다. 아퀴나스는 물질은 그 본질에 있어서는 하나님의 힘에 종속되어 있지만, 그 사용에 있어서는 인간에게 자연적 지배권이 있다고 설명한다. 아퀴나스는 외부 사물에 대한 인간의 지배권에 대해 신이 인간이 사용할 수 있도록 그러한 것들을 창조했다고 설명한다. 인간은 하나님을 온전히 닮았기 때문에 다른 모든 비이성적 존재보다 더 완전하다. 상대적으로 완전에 가까운 인간이 외부 재화를 지배할 수 있다는 주장은 자연에 대한 도구적 관점을 취하고 있지만, 인간의 목적을 위해 지구 환경을 파괴하라는 권유는 아니다. 아퀴나스는 사물의 본성을 조작할 수 있는 인간의 권리를 배제하는데, 이는 신의 배타적 지배권이기 때문이다. 사물을 지배하라는 권유는 물질적 재화와 올바른 관계를 맺는 조건에서 적용된다. 여기서 핵심은 질서이다. 인간은 세상의 재화를 진정한 인간의 선에 맞게 질서 있게 사용할 수 있다.

> 불완전한 것은 항상 위에서 언급한 것처럼 완전한 것을 위해 존재합니다(II-II:64:1). 철학자는 이 논증을 통해 외부 사물을 소유하는 것이 인간에게 자연스러운 것임을 증명합니다(정치학, I, 3). 더욱이, 하나님의 형상이 깃든 이성과 관련하여 인간에게 주어진, 다른 피조물에 대한 인간의 이러한 자연적 지배권은 인간의 창조(창 1:26)에서 다음과 같은 말로 잘 드러납니다: "우리의 형상과 모양대로 우리가 사람을 만들고, 그들로 바다의 고기를 다스리게 하자" 등의 말씀에서 알 수 있습니다.
>
> (신학대전, 2부의 2, Question 66, Theft and robbery, Article 1)

인간이 외부 재화의 사용과 관련하여 지배권을 갖는 이유 중 하나는 "하나님의 형상"과 관련이 있다. 다른 피조물에 대한 우리의 지배권은 우리가 이성을 소유한 데서 비롯되며, 이는 우리가 하나님의 형상대로 창조되었다는 사실에서 출발한다. 아퀴나스는 창세기 1장 26절을 인용하여 하나님의 형상과 모양대로 창조된 인간이 다른 피조물을 지배하는 권리를 설명한다. 인간이 하나님의 형상으로서 이성을 행사하는, 즉 다른 피조물에 대한 지배권을 행사하는 권리는 청지기적 측면을 갖는데, 이성의 행사는 창조에 대한 하나님의 섭리를 반영하여 이루어진다.

> 반론 1에 대한 답변. 하나님은 만물을 주권적으로 다스리시며, 그분의 섭리에 따라 인간의 육체의 생계를 위해 특정한 것들을 지시하셨습니다. 이

러한 이유로 인간은 사물을 사용할 수 있는 능력과 관련하여 사물에 대한 자연적인 지배권을 가지고 있습니다.

반론 2에 대한 답변. 부자는 외부의 것을 마치 다른 사람, 즉 하나님으로부터 받지 않은 것처럼 주로 자기에게 속한 것으로 간주하여 책망받습니다.

반론 3에 대한 답변. 이 주장은 외부 사물에 대한 지배권을 그 본질에 관한 것으로 간주합니다. 위에서 언급했듯이 그러한 지배권은 오직 하나님에게만 속합니다.

(신학대전, 2부의 2, Question 66, Theft and robbery, Article 1)

아퀴나스는 이 세계 자체가 인간에게 주어진 선물이라는 사실을 상기시킨다. 따라서 재산과 부에 대한 감사의 태도를 언급하고, 재산에 따르는 책임감을 강조한다. 인간은 외부의 재화를 올바르게 사용하고 청지기 정신을 발휘하여 이성을 사용하도록 신뢰받기 때문에 지배권을 가지고 있다. 다시 말해, 물질세계는 인간이 올바른 이성을 행사하여 인간의 힘을 덕스럽게 행사해야 하는 영역이다.

인간이 외부의 재화를 적절히 소유할 수 있다는 사실을 확인한 아퀴나스는 이제 개인이 외부의 재화를 사적으로 소유할 수 있는지에 대해 설명한다. 아퀴나스는 인간에게 공통으로 주어진 물질적 재화는 공동 사용을 위해 제정된 것이라고 주장하는 전통을 계승한다.

외적인 것에 관해서는 인간에게 두 가지 권한이 있습니다. 하나는 재산을 조달하고 분배할 수 있는 힘이며, 이와 관련하여 인간이 재산을 소유하는 것은 합법적입니다. 또한 이것은 세 가지 이유로 인간의 삶에 필요합니다. 첫째, 모든 사람은 많은 사람이나 모두에게 공통된 것보다 자기만을 위한 것을 조달하는 데 더 조심하기 때문입니다. ... 둘째, 모든 사람이 어떤 특정한 일을 함께 처리한다면 혼란이 생기지만 각 사람이 어떤 특정한 일을 각각 처리한다면 인간의 일이 더 질서정연하게 진행되기 때문입니다. 셋째, 각자가 자신의 일에 만족하면 인간에게 더 평화로운 상태가 보장되기 때문입니다. 따라서 소유한 것을 나누지 않는 곳에서 다툼이 더 자주 발생하는 것을 관찰할 수 있습니다. 두 번째로 외부 사물과 관련하여 인간의 유능한 점은 그것의 사용과 관련 있습니다. 이 점에서 사람은 외부 사물들을 자신의 것이 아니라 공동의 것으로 소유해야 하며, 필요에 따라 다른 사람들에게 전달할 준비가 되어 있어야 합니다. 따라서 사도는 이렇게 말합니다(딤 6:17-18): "이 세상의 부자들에게 ... 쉽게 베풀고 다른 사람들에게 전할 수 있도록 하라".

(신학대전, 2부의 2, Question 66, Theft and robbery, Article 2)

아퀴나스는 외부 재화의 조달 및 분배 권한과 그 사용을 구별해야 한다고 주장한다. 조달 및 분배 권한은 재산을 생산적인 목적으로 사용하고 그로 인한 소득을 배분할 수 있는 권한을 말한다. 조달 및 분배 권한과 관련하여 사유 재산은 합법적일 뿐만 아니라 인간 생활에 필요한 것이기도 하다.

아퀴나스는 합법적 사유 재산 주장에 대해 몇 가지 이유를 제시한다. 우선 사람은 모두에게 공통된 것보다 자신만을 위한 것에 더 주의를 기울인다. 또한 각 사람이 특정한 일을 각각 직접 처리하고 자기 일에 만족하는 편이 좋다. 모든 인간이 매일 공동선을 위해 해야 할 다양한 일 중 어떤 일을 해야 할지 결정해야 한다면 무엇을 해야 할지 아는 것은 어렵다. 따라서 재산을 할당함으로써 개인과 공동체의 일을 일치시키면 개인은 자기 재산에 대한 전문성을 개발할 수 있다. 아퀴나스는 재산을 어떻게 분배해야 하는지에 대해서는 구체적으로 언급하지 않지만, 특정 토지가 특정 사람에게 더 많이 분배되어야 할 이유는 없다고 설명한다. 재산 분배와 관련해서는 인간의 관습에 따라 결정할 문제로 인식한다.

조달 및 분배 권한과 달리 사용과 관련하여 개인은 외부의 물건을 자신의 소유가 아니라 공동의 소유, 즉 필요한 다른 사람들과 공유할 준비가 되어 있어야 한다.

> 반론 1에 대한 답변. 재화의 공동체는 자연법에 기인하는데, 이는 자연법이 모든 것을 공동으로 소유하고 아무것도 자기 소유로 소유해서는 안 된다고 지시하기 때문이 아니라, 소유의 분할이 자연법에 따르는 것이 아니라 위에서 언급한 것처럼(II-II:57:3) 오히려 인간의 합의에서 비롯된 것으로서 적극적 법에 속하는 것이기 때문입니다. 따라서 소유물의 소유권은 자연법에 반하는 것이 아니라 인간의 이성에 의해 고안된 추가 사항입니다.
> 반론 2에 대한 답변. ... 부자가 처음에는 공동 재산이었던 것을 다른 사람이 소유할 것을 예상하고 다른 사람에게 몫을 준다면 불법적인 행동이 아니지만, 다른 사람이 그것을 무차별적으로 사용하지 못하도록 배제한다면 죄를 짓는 것입니다. ...
> 반론 3에 대한 답변. 암브로스가 "누구든지 공동의 것을 자기 것이라고 부르지 말라"고 말할 때, 그는 사용과 관련하여 소유권에 대해 말한 것이므로 다음과 같이 덧붙입니다: "너무 많이 쓰는 사람은 강도입니다."
> (신학대전, 2부의 2, Question 66, Theft and robbery, Article 2)

아퀴나스는 우리가 진정으로 필요로 하는 재화를 획득하는 것이 탐욕의 사례라고 생각하지 않는다. 탐욕은 우리가 적절하게 필요로 하는 것보다 더 많은 재화를 욕망하는 것을 의미한다. 아퀴나스에게 있어서 사람들이 극심한 빈곤으로 고통받는 세상에서 과소비하는 사람은 자신의 이익에 반하는 동시에 이웃에게 해를 끼치는 행동을 하는 것이다. 절박하고 긴급한 상황에 부닥친 사람이 다른 사람의 재산을 가져가는 것은 도둑질이 아니다. 실제로 그 책임을 져야 할 사람은 지나치게 많이 소비하는 사람이다.

아퀴나스는 물질적 재화가 인간의 선을 위해 질서정연하게 구성된다고 생각한다. 다른 사람이 굶주리고 있는데 내가 무질서한 욕망의 충족을 추구하기 위해 물질적 재화를 오용하고 있다면, 그것은 인간의 선을 위해 물질적 재화를 질서 있게 사용하는 것이 아니다. 아퀴나스에 따르면 사유 재산은 우리 자신을 부양하기 위한 수단으로 존재하지만, 특정 재산에 대한 우리의 청구권이 그 재산의 열매를 우리가 원하는 방식으로 사용할 수 있는 권리를 부여하는 것은 아니다. 자연의 질서에 따르면 물질적 재화는 인간의 삶을 유지하기 위한 것이며, 사유 재산 제도는 이러한 기본 목적보다 우선하지 않는다. 아퀴나스에 따르면 사유 재산이 도덕적으로 정당할 수 있는 것은 그 인간의 최종 목적을 달성하는 데 이바지할 수 있기 때문이다. 우리가 하지 말아야 할 것은 재산권이 인간의 선에 이바지하든 이바지하지 않든 간에 절대적인 것이 될 정도로 그것을 높이는 것이다.

부와 정당한 가격

아퀴나스에 따르면 필요한 정도보다 많은 것을 원하는 욕망이 문제이다. 그렇다면 필요한 정도는 어느 정도인가? 적절한 물질적 부는 어느 정도인가? 우리 자신의 이익을 위해 사용하고 남은 것은 다른 사람들의 필요를 충족시키기 위해 남겨둘 의무가 따른다. 아퀴나스는 자신의 삶을 유지할 수 있는 최소 수준이 박탈되는 경우 남에게 베풀어서는 안 된다고 주장한다. 물론 경제적 필요성은 단순히 생물학적 생존의 문제는 아니다. 사회적 지위를 유지하는 데 필요한 것도 포함한다. 인간이 사회적으로 필요한 정도를 넘어서 재화에 집착한다면, 그렇게 함으로써 이웃에게 죄를 짓는다면 이는 탐욕의 죄를 짓는 것이다. 그리고 자신의 과소비로 인해 다른 사람들이 절박한 빈곤에 빠진다면 이웃에게 죄를 짓는 것이 될 것이다.

아퀴나스는 사회적으로 결정된 규범을 강조한다. 당시 중세 사회의 규범을 생각해 보자. 중세 경제는 상업화와 도시화 추세가 존재했지만, 오랜 기간 큰 변화 없는 봉건제를 기반으로 했다. 그 당시는 소득에 따라 생활 수준이 결정되는 세상이 아니라 직업에 따라 생활 수준이 결정된다. 영주의 높은 생활 수준은 낮은 수준에서 살아가는 농민들과 대조된다. 아퀴나스는 이러한 당시 사회의 불공정과 불평등에 대해 지적하지는 않는다는 점에서 중세 사회의 한계를 벗어나지는 못한다. 상인에 대한 아퀴나스의 논의도 살펴보자. 당시 상인은 신흥 사회 계층이고 이들에게 적절한 생활 수준이 무엇인지에 대한 규범은 아직 확립되지 않았다. 상인들은 당시 사회 변화를 주도했기에 그들에게 적절한 규범이 없다는 사실은 사회를 흔들 수 있는 요인이 된다. 상업에 대해 부정적인 기독교적 전통에서 아퀴나스도 벗어나지는 않는다. 아퀴나스는 상인들이 무한한 이득에 대한 탐욕에 빠지기 쉽다고 주장했다.

인간은 본질적으로 사회적 동물이다. 따라서 적절한 생활 수준을 분별하는 것은 사회적 요소를 고려해야 한다. 사회적으로 인정되는 생활 수준은 경제가 성장함에 따라 점차 오를 것이고 도움이 필요한 사람들에게 도움을 주는 행위를 억제할 수도 있다. 경제적 필요의 한계와 그에 상응하는 생활 수준이라는 주제는 정당한 가격과 임금이라는 주제로 이어진다(Hirschfeld, 2018). 소유와 부에 대한 아퀴나스의 논의는 <신학대전>에서 정의를 논하는 부분과 긴밀히 연결된다. 아퀴나스에 따르면 필요한 정도를 넘어선 부는 도움이 필요한 사람들에게 분배하는 것이 올바른 삶의 원칙이다. 물질적 재화에 대해 올바른 삶을 살아가는 개인은 적절한 생활 수준에 대해 의식적으로 고민하고 사회적으로 요구되는 지출이 많지 않은 공동체의 일원이라면 자선에 관해 부담을 느끼지 않을 것이다.

아퀴나스는 정당한 가격에 대한 논의에서 정당한 임금에 대해 명시적으로 언급하지는 않지만, 이 둘은 직접적으로 연결되어 있다. 중세의 정당한 가격 개념은 임금을 포함한 생산 비용을 반영해야 한다는 장기적 가격 개념과 밀접한 관련이 있다. 예를 들어 신발의 정당한 가격은 신발을 만든 장인이 정당한 임금을 받을 수 있을 정도의 충분한 금액이어야 한다. 그렇다면 정당한 임금은 무엇일까? 정당한 임금은 생산자가 적절한 생활 수준을 유지할 만한 임금이다.

거래에서 정의가 어떻게 ㅈ실현되는지 평가하기 위해서는 거래하는 사람들의 적절한 생활 수준이 무엇인지에 대한 기준이 있어야 한다. 이것이 정당한 가격이나 임금을 구성하는 중요한 결정 요인이 된다. 정당한 가격이나 임금을 지급할 의향과 능력은 어떤 종류의 생활 수준이 정당한 것인지와 많은 관련이 있을 것이다.

아퀴나스는 사회적으로 결정된 생활 수준을 개인이 경제 정의를 실천해야 하는 기준으로 받아들였다. 하지만 사회적으로 결정된 생활 수준 자체가 정의로운지에 대해 기준을 제시하지 않았다. 공동체 재화를 어떻게 분배해야 하는지에 대한 질문은 그 공동체의 가치를 반영한다. 사회에서 높은 소득을 얻는 직업은 그 직업에 대한 사회에서의 높은 평가를 반영한다. 따라서 적절한 생활 수준에 대한 고민 없이 경제 정의에 대한 논의를 시작할 수 없다. 결국 물질적 재화가 인간다운 삶에서 어떤 역할을 하는지에 대한 명확한 기준이 필요하며, 이것은 꽤 복잡한 작업이 될 것이다.

Chapter

11

이자와 고리대금

- 역사적 배경
- 법적 배경
- 중세 금융 관행
- 아퀴나스의 사상적 영향
- 화폐의 소모성

가난한 자를 위한 경제:
성서와 경제사상

Chapter

11

이자와 고리대금

기독교 전통의 경제사상에서 이자 문제는 핵심적인 논의 주제이다. 고대와 중세 시대에는 이자가 혐오스러운 것이었다. 유대인끼리 이자를 받고 빌려주는 것을 금지한 히브리 전통은 중세 교회가 모든 이자를 금지하는 정책으로 이어졌다. 아이러니하게도 유대인은 이방인에게 돈을 빌려주고 이자를 받는 대부업자로 인정받았다. 중세 초기에는 교회에서 모든 이자를 고리대금으로 간주했다. 오랜 역사를 거치면서 현대 금융업에서 이자는 당연한 관행이 되었지만, 여전히 과도한 고리대는 불법적 행위이다(Geisst, 2013).

역사적 배경

고대 로마에서 이자와 고리대 문제는 논쟁의 대상이었다. 로마법에 따르면 단순 이자는 허용되었지만, 누적 이자, 즉 복리 이자는 금지되었다. 과도한 이자, 고리대금 금지는 고대부터 거의 모든 사회에서 찾아볼 수 있다. 대출에 이자를 부과하는 행위는 오래된 금융 관행이지만, 대출자가 차용자를 착취하는 약탈적 행위라는 비판은 초기부터 존재했다. 오랫동안 고리대금업 금지는 법의 일부로 존재했으나, 사람들은 여전히 광범위하고 공개적으로 고리대금업을 수행했다.

로마의 멸망 이후 로마법은 역사의 뒤안길로 밀려났다. 12세기에 이르러 수 세기 동안 사라졌던 책들이 다시 등장하면서 아리스토텔레스의 책은 아퀴나스를 비롯한 스콜라학자들의 주요 참고 자료가 되었다. 스콜라 학파는 화폐가 교환 수단으로 사용되는 특성 외에는 본질적인 특성이 없다는 아리스토텔레스의 주장을 받아들였다. 화폐는 스스로 증식할 수 없다는 주장이었기에 고리대금업은 허용할 수 없었다. 로마법에서 정상적인 이자와 과도한 고리대를 구분했지만, 중세 교회법은 모든 이자를 인정하지 않았다.

고대에서 중세까지 고리대금 금지 정책은 지속했지만, 이를 우회하는 사례는 다양하게 발생했다. 그리고 대부업자가 지위를 남용하는 경향도 지속되었다. 유대인을 포함한 대부업자들은 종교재판을 받을 수 있는 위험에 직면했기에 위험 부담을 보상받을 수 있는 과도한 이자를 요구하였다. 또는 이자를 할인 수수료로 위장하여 부과하였다. 전통적으로 이자를 받는 일은 종교법상 사형에 해당하는 범죄였지만, 세속 세계에서는 좀 더 관대하게 용인되었다. 일반적으로 종교가 강한 사회일수록 이자에 대한 금지가 더 강했다.

물물교환 경제에서는 이자가 보통 현물로 지급되었기 때문에 이자를 계산하는 것이 어려웠다. 상인이 농부에게 씨앗을 빌려주었을 때 정상적인 이자는 무엇일까? 얼마를 어떤 상품으로 갚아야 하나? 씨앗에서 수확한 작물의 가치가 씨앗보다 더 높거나 낮았나? 이러한 질문은 지역 수준에서 해결되었다. 일반적으로 일반 물품에 대한 이자는 엄격한 의미에서 고리대금으로 간주하지 않았다. 하지만 화폐가 널리 사용되면서 이자 윤리에 대한 논의가 시작되었다. 고리대금이란 원래 빌려준 원금을 초과하는 금전 대출에 대해 지급하는 모든 금액을 의미한다. 화폐 경우에도 같은 문제가 지속되었다. 무엇을 높은 이자로 간주하였나?

가장 단순한 형태로, 돈을 빌리는 사람이 돈을 빌리지 않고는 생활할 수단이 없는 경우 소비 목적의 대출에 부과하는 이자는 부당한 것으로 생각했다. 이 경우 모든 이자는 고리대금이고 착취로 간주한다. 이 개념은 가장 오래된 개념으로 구약성서에서 찾아볼 수 있다. 하지만 당시 대출 계약서를 보면 선지자들의 경고에도 불구하고 고리대금 대출이 이루어졌음을 알 수 있다. 히브리인들 사이에서 이자는 12%로 책정되었다. 많은 고대 문화권에서 비슷한 이자율 구조가 발견되었다. 느헤미야는 기원전 444년에서 432년 사이에 유대의 지방 총독으로 재직할 때 분쟁 해결에 12%의 이자율을 적용하도록 선언했다. 유럽의 통치자들은 종종 고리대금을 요구했지만, 상환 시기가 되면 고리대금을 금지하는 교회법을 인용하는 경우가 많았다. 세속법에서는 전통적으로 고리대금업을 비난하지 않았기 때문에 종교를 인용하는 것은 대출금을 갚지 않는 강력한 이유였다.

대출 비용을 충당하기 위해 최소한의 이자를 부과해야 하면서도 최소 이자율이 얼마인지는 거의 언급되지 않았다. 로마 제국 이전 시대에 이자와 고리대금에 대해 논의할 때 가장 큰 문제는 이자를 정확히 계산하는 방법을 결정하는 것이었다. 당시 이자율의 개념과 계산이 일정하지 않았고 실제로 시간이 지남에 따라 변화해 왔다. 현존하는 자료 중 일부는 이자가 월 단위로 단순하게 계산되었음을 강력하게 시사한다. 연간 이자율은 단순히 매월 부과되는 금액에 대출이 연장된 개월 수를 곱한 금액이었다. 고대에는 체계적인 은행 시스템이 없었기 때문에 표준적인 상환 조건은 존재하지 않았고 대출 기관마다 달랐다.

로마법에서는 고리대금업을 성문화하려는 가장 주목할 만한 시도가 바로 12표법(Duodecim Tabularum)이다. 주로 귀족이 평민에게 돈을 빌려주었는데, 평민은 부과되는 이자율에 격렬하게 반대했다. 로마 역사에서는 대출 이자율을 금지하거나 통제하려는 시도가 가득했다. 기원전 450년 데켐비리(Decemviri, 10인 위원회)로 알려진 의회가 만든 법에는 "누구든지 12분의 1을 초과하는 이자율로 고리대업을 해서는 안 된다"고 명시되어 있었다. 이후 공화정 말기와 제국 초기에 대출 이자율이 12%로 인상되었다. 이후 여러 차례 개정되어 이자율은 상대적으로 낮은 수준이지만 대출금을 상환하지 않을 때의 처벌은 가혹한 수준이었다.

법적 배경

구약성서와 로마법을 권위 있는 자료로 삼은 초대 교회는 고리대금에 대한 금지를 명문화하기 시작하였다. 기원후 325년 니케아 공의회(Concilium Nicaenum Primum)는 고리대금 금지를 구체화했는데, 이자를 요구하는 성직자를 파면하도록 하였다. 이 법은 이후 지속된 고리대금 금지법의 시작이었다. 총 50% 이상의 이자를 부과하는 사람을 처벌하도록 했는데, 당시 이자율이 월 1% 정도였고 대출금 상환에 보통 4년 넘게 걸린다는 것을 짐작할 수 있다. 즉 당시 시장에서 부과하는 평균 이자율을 인정하여 1% 미만의 이자는 허용하였다. 허용할 수 있는 이자가 존재한다는 것은 고리대금을 과도한 이자로 해석하였음을 시사한다. 니케아 공의회 이후 고리대금 금지는 교리적 지위를 얻게 되었다. 구약성서에서 언급하였고 초대 교회의 성서 해석과도 잘 맞아떨어졌기 때문에 이 사회적 관행은 이제 교리의 차원이 되었다. 나아가 니케아 공의회 결정은 로마 시민에게도 민법의 효력을 가졌다.

345년 카르타고 공의회(Concilium Carthaginense)는 고리대금 금지를 평신도에게까지 확대했다. 440년부터 461년까지 재위했던 교황 레오 1세의 저술에서도 고리대금 금지를 확인할 수 있다. 교황 레오의 저술은 고대의 위대한 교황으로 꼽히는 그의 위상 때문에 니케아 교리와 동등하지는 않더라도 높은 권위를 가지고 있었다. 그의 칙령에서 성직자의 고리대금업을 금지하고 고리대금업을 하는 평신도를 정죄하였다. 고리대금업은 살인과 동등한 죄악으로 취급하였다. 고대와 중세에 고리대금 개념의 바탕을 이루는 원리는 시간이었다. 르네상스 시대 이전까지 시간은 신이 인간에게 부여한 선물로 여겼다. 따라서 시간은 개인이 다른 사람에게 팔 수 없는 공동의 재산이었다. 따라서 고리대금업은 하나님과 교회에 대한 범죄이며 용납될 수 없는 행위였다.

4세기 후반에 작성된 테오도시우스 법전(Codex Theodosianus)은 콘스탄티누스 시대에 작성된 모든 법전을 집대성한 것으로 고리대금업 금지도 포함한다. 이 법전은 로마 제국의 새로운 공식 종교인 기독교 신앙을 따르지 않는 모든 사람을 시민의 권리에서 배제하였다.

니케아 공의회 이후 200여 년이 지난 뒤 유스티니아누스 1세 통치 기간에 세 가지 법전, 〈칙법휘찬〉(Codex Constitutionum), 〈학설휘찬〉(Digesta, Pandectae), 〈법학제요〉(Institutiones)를 발표했고, 이를 <로마법대전> 또는 <유스티니아누스 법전>이라고 칭한다. 여기에서는 사용권을, 자기 소유가 아닌 재산의 결실을 그 재산의 실체를 손상하지 않고 사용하고 가져갈 수 있는 권리로 설명한다. 이 규정은 징수된 이자가 차용인에게 해를 끼치거나 그의 인격이나 소유물을 위태롭게 해서는 안 된다는, 고대 시대부터 내려오는 경고를 따르고 있다. 고대와 중세 세계에서는 이자가 해를 끼치지 않는 경우에만 이자를 지급할 수 있었다. 그 결과 대출자에 따라 이자율에 차이가 있었다. 개인은 6%, 기업 대출자는 일반적으로 8%의 이자율로 대출을 받았다. 이자율은 지역사회의 관행에 따라 달랐고, 결국 재판소가 상황에 따라 적절한 이자율을 결정했다.

유스티니아누스 시대에 편찬된 법전에는 레오의 헌법으로 알려진 동로마 제국의 초기 법률이 포함되어 있었다. 동방 제국의 황제 레오 1세의 이름을 딴 이 법전은 고리대금의 관행을 명백히 금지했지만 4%의 단순 이자율은 허용했다. 고리대금 금지는 9세기까지 니케아 교리와 교황 레오의 저술에 명시된 대로 기독교인들에게 유지되었다. 이는 신성 로마 제국이 형성되면서 정치권력에 의해 다시 논의되었다. 카롤루스 대제(Carolus Magnus)는 세속의 문제와 함께 교리에 대해서도 발언하였다. 그는 성직자의 고리대금업 금지를 평신도에게까지 확대했다. 그는 당시 유럽에서 강력한 통치자였기에 그의 영향으로 인해 교회 공의회도 고리대금 금지를 강화하였다.

고리대금에 대한 교회의 금지 입장은 강력한 영향력을 발휘했으나, 12세기 이후 상업의 부흥과 고리대금업을 통해 얻을 수 있는 수익은 새로운 상인 계층이 무시하기에는 너무 큰 매력이었다. 이는 중세 말과 르네상스 초기 은행의 발전으로 이어졌다. 상인들이 상업을 통해 부를 축적하고 고리대금업이 큰 수익원임이 드러나게 되면서 대부업은 인기를 얻게 되었다.

중세 금융 관행

중세 시대에 대출이 증가하면서 돈을 빌려주는 행위로 생계를 유지하는 사람들을 고리대금업자라고 불렀다. 이들은 전당포를 운영하면서 대출 서비스에 수수료를 부과하고 있었다. 당시 전당포를 통해 많은 개인 대출이 이루어졌고, 이에 따라 전당포 간판은 고리대금의 상징으로 여겨졌다. 전당포의 주요 고객은 가난한 사람들과 하층민이었고, 전당포 중개인은 대부분 유대인이었다. 전당포에서 부과하는 이자율은 연 50%를 초과하는 경우가 많았고 소비 대출이 대부분이기에 부당한 거래로 여겨진다. 하지만 전당포는 상업적으로 성공을 거두었고, 이는 이탈리아 지역에서 새로운 유형의 금융기관을 탄생시켰다.

아이러니하게도 이탈리아에서 전당포 기능의 필요성을 인식한 것은 프란체스코 수도회와 같은 종교 단체에서였다. 전당포는 은행이 거의 없고 개인에게 서비스를 제공하는 금융기관이 없던 당시 최후의 수단으로 대출을 제공하는 역할을 담당했다. 14세기 초 프란체스코회 수도사 듀랑(Durand of Saint-Pourçain, 1275-1332)은 이탈리아에서 민간 대출 외에 국가 대출 기관이 있어야 한다고 제안했다. 공공 대출 기관 아이디어는 당시 금융 관행에 새로운 유형의 금융기관을 제시한 것이다. 이는 5% 이하의 이자율로 대중에게 대출을 제공하여 전당포보다 저렴하고 관대하게 대출을 실행하는 기관을 말하였고, 나중에 은행으로 발전하였다. 동시에 프란체스코회는 고리대금 금지를 유지하려는 교황청과 충돌을 피할 수 없었다.

중세 상업의 또 다른 특징은 어음이 증가했다는 점이다. 이는 외환이 수반되는 국제 교역이 증가하면서 나타났다. 어음을 통해 한 국가의 상인은 화폐를 소지하지 않고도 국경을 넘어 다른 국가의 상인에게 대금을 지급할 수 있게 되었다. 10세기와 11세기에 서유럽에서 상업이 부흥하기 시작했는데 이는 십자군 전쟁의 원인인 동시에 결과이기도 했다. 십자군 전쟁 당시 유대인들은 유럽에서 대부업자로서 롬바르드족 등과 경쟁을 벌였다.

12세기에 유럽에서 무역의 부흥이 시작되어 상인들이 동방 제국 및 이슬람 세계와 더 많이 접촉할 수 있게 되었다. 이는 무역과 학문의 전반적인 부활을 알렸기 때문에 12세기 르네상스라고 불리게 되었다. 그러나 고리대금업이 해석되는 방식에는 새로움이 없었다. 무역이 유럽의 정치적, 경제적 면모를 바꾸고 있었지만 이에 대한 비난은 거세졌다. 12세기 법전으로 유명한 <그라티아누스 교령집>(Decretum Gratiani)에서 고리대금은 명확히 언급되고 있다. 그라티아누스는 볼로냐 대학에서 가르치던 수도사로 추정되지만, 그에 대해 알려진 바는 없다. 이 법령집은 이탈리아 많은 대학에서 교재로 채택되었고 당시 로마법의 전반적인 부흥으로 이어졌다. 중세 무역이 부흥하는 와중에도 고리대금 금지는 법령에서 강조되었다.

12세기에는 상업 및 개인 거래에서 이자가 명백하게 부과되고 있으며, 그 효과와 의도가 고리대금과 분리되어 있다는 것이 분명해졌다. 이자는 대출자에게 해를 끼치지 않아야 했으며, 대출자는 형벌에 처하지 않고 적시에 대출금을 상환할 수 있어야 했다. 또한 대출은 소비가 아닌 생산 목적이어야 했고, 대출을 주업으로 하지 않는 사람이 빌려줘야 했다. 12세기에 소집된 교회 공의회는 고리대금에 대해 분명한 태도를 밝혔고, 고리대금에 대한 정죄는 명확했다. 서유럽의 이자율이 상승하던 경제 부흥기에 고리대금에 대한 비난이 더욱 거세진 것은 우연이 아니었다. 영국에서는 개인 대출 금리가 40%에서 120%까지 다양했고, 이탈리아에서는 기업 대출 금리가 20%대였다.

아퀴나스의 사상적 영향

플라톤은 12세기 후반까지 중세 사상가들에게 철학적 해석의 주요 근원이었고, 아리스토텔레스는 교회의 고리대금 개념에 영향을 미쳤다. 중세 서구 유럽에서 아리스토텔레스 저작 대부분은 12세기 후반에 이르러서야 이슬람 학자를 통해 유럽 학자들에게 알려졌다. 십자군 전쟁은 중동에서 기독교의 영향력을 확립하는 데는 실패했지만, 무역과 문화적 접촉을 통해 많은 그리스 철학자를 재발견하는 데 이바지했다.

아퀴나스에 의해 교회 사상에 포함되기 전까지 고리대금에 대한 금지는 철학적 근거가 부족했다. 그러나 아리스토텔레스가 고리대금업을 비난했다는 사실이 밝혀지면서 이론적으로 또 교리상으로 고리대금업에 반대할 수 있는 근거를 갖게 되었다. 아퀴나스는 아리스토텔레스의 사상을 따르면서 그의 정치와 윤리를 둘러싼 정의의 개념도 고수했다. 아리스토텔레스는 대출자가 차용자로부터 부당한 이득을 취하려 하지 말고 양 당사자에게 적용되는 정의에 따라 도움의 손길을 내밀 것을 요구했다.

아퀴나스는 <신학대전>에서 수 세기에 걸쳐 전개된 고리대금업에 대한 논증을 요약했다. 고리대를 옹호하는 주장에서는 고리대 계약이 자발적이므로 정당하다는 논리가 중심이었다. 이를 반박하는 아퀴나스는 아리스토텔레스의 화폐 불임 주장을 이어받았다. 돈을 빌려주고 이자를 받는 행위는 존재하지 않는 것을 파는 행위이므로 정의에 반한다고 주장했다. 아퀴나스에 따르면 돈의 사용은 단순했으며, 고대 그리스의 아리스토텔레스 시대 이래로 변하지 않았다. 물론 아퀴나스는 상업 영역에 대해 인지하고 있었다. 그는 상거래가 존재하고 일상적인 거래에서 이자가 부과된다는 사실을 인식하고 있었다. 여기서 정당한 가격 개념이 개입한다.

정당한 가격 개념에 따르면 상품은 소유자의 가치 이상의 가격으로 팔 수 없다. 동시에 부과된 가격은 판매자와 구매자 모두에게 해를 끼치지 않아야 한다. 어떤 물건이 소유자가 느끼는 가치에 해당하는 가격으로 판매되려면 그 가치를 계산해야 한다. 만약 어떤 물건이 정해진 가격보다 소유자에게 10% 더 가치가 있다면 10% 높은 가격은 정당하다. 정당한 가격 개념으로 이자를 인식할 수는 있다. 그러나 한 당사자에게 정당한 가격이 다른 당사자에게는 부당할 수 있고, 가격을 분류할 수 있는 표준 시장이 없었기 때문에 가격 개념은 여전히 논란의 여지가 있다. 또한 시간에 대한 요금으로서 이자는 적용할 수 있는 개념이 아니다. 교리상 시간은 하나님의 소유이고 금전적 가치로 환원할 수 없다.

중세 교회의 권력이 강력해짐에 따라 고리대금업 금지 주장 또한 더 강력해졌다. 고리대금업 금지는 단순한 법 수준에서 나아가 자연법 수준에서 논의되었다. 자연법은 시공간의 제한 없이 통용되는 보편적 원칙을 구체화한 법을 말한다. 중세 당시 국가 간의 관계를 규정하는 국가법과 특정 국가의 법인 민법은 자연법에 일치해야 한다는 원칙이 적용된다. 처음에 고리대금업은 민법이나 국가법 위반에 불과했으나, 아퀴나스가 등장하면서 자연법의 수준에서 논의되었다. 13세기 후반에 이르러 자연법은 고리대금업을 금지하게 되었다. 자연법은 하나님의 말씀을 지상에서 해석하는 것이므로 고리대금업을 하나님과 인간에 대한 죄악으로 규정한 것이다. 자연법은 성서에 기원을 두고 있으며 교회의 입장과도 일치한다. 성서에서 고리대금업이 금지되었기에 이를 위반하는 것이 자연법을 위반하는 범죄인 것은 의심의 여지가 없었다.

14세기에 들어서 상업이 번성하고 은행업이 발달하며 교황청의 지속적인 자금 수요로 인해 고리대금에 대한 전면적인 정죄는 현실적으로 어려움이 있었다. 많은 사업가와 은행가들을 종교재판에 넘길 수 있다는 불안정한 상황은 고리대금을 금지하는 교회의 권위를 약화했다. 특히 아라비아 숫자와 십진법을 사용하는 이자가 대학에서 공개적으로 가르치고 있었기 때문에 고리대금에 대한 교회의 권위는 더욱 약화하였다.

화폐의 소모성

아퀴나스의 고리대 비판의 특징은 화폐의 소모성에 관한 주장에 있다(Wykes, 2003). 화폐 소모성 주장의 핵심은 세 가지이다. 첫째, 화폐는 상품 거래를 촉진하기 위한 교환의 척도 역할을 한다. 둘째, 화폐는 교환 과정에서 소비된다. 셋째, 화폐의 사용은 화폐의 실체와 분리될 수 없다. 여기서 중요한 개념은 대여되는 물건의 소유권이다. 물건을 빌리는 행위와 돈을 빌리는 것은 소유권 측면에서 전혀 다른 의미를 지닌다.

기본적으로 아퀴나스는 탐욕의 맥락에서 고리대금업을 논의하는데, 이는 그가 기존 교회 전통을 계승한다는 점을 나타낸다. 하지만 그는 아리스토텔레스 철학에 초점을 맞춰 논의를 진행함으로써 기존 전통과 중요한 차이점을 드러낸다. 아퀴나스는 포도주나 빵과 같이 사용 과정에서 소비되는 것과 집과 같이 그렇지 않은 것을 예로 들며, 전자의 경우 소유와 사용이 구분되지 않고, 집의 경우 소유와 사용이 분리되어 있음을 설명한다. 고리대를 받고 돈을 빌려주는 행위는 자연법과 정의에 어긋나는 행위이고, 이는 포도주나 빵과 같이 사용 과정에서 소비되는 재화에 적용된다.

아퀴나스는 교환 행위자의 의도와 각 행위자가 다른 당사자에게 영향을 미치는 상황에 대해 논의한다. 한 사람이 다른 사람의 재산을 소유함으로써 큰 이득을 얻고, 판매자는 손해를 보지 않는다면, 구매자에게 발생하는 이득은 판매자가 아니라 구매자에게 영향을 미치는 상황이다. 따라서 판매자는 가격을 올려서는 안 된다. 누구도 자기 것이 아닌 물건을 팔 수 없다. 물론 자신이 입은 손실에 대해서는 청구할 수 있다. 교환은 정의롭게 이루어져야 한다.

돈을 빌린 사람이 그 돈으로 많은 돈을 벌면 원금보다 더 많은 돈을 갚아야 할 의무가 있는가? 이 질문에 대해 아퀴나스는 명확히 반대하고 있다. 돈을 빌린 사람의 장사 수완과 통찰력은 돈을 빌려준 사람과 무관하다. 채권자는 채무자와 손실에 대한 보상을 포함한 계약을 체결할 수 있다. 그러나 자기 돈으로 이익을 얻지 못한다는 사실에서 비롯한 보상 계약은 허용되지 않는다. 아직 가지고 있지 않을 것을 팔 수 없다. 이러한 아퀴나스의 주장은 농업 경제에 가장 적합하게 적용된다. 농업은 통제할 수 없는 요인에 크게 좌우되기 때문이다. 물론 아퀴나스는 상인이나 장인에게 돈을 빌려주는 경우 윤리적 이윤의 가능성을 언급한다. 상인은 자신이 위험을 부담하면서 투자하고 장인은 자기 기술에 사용하므로 농업의 경우와 다르다.

아퀴나스의 고리대금 비판에서 나타나는 특징은 화폐의 소비성, 즉 화폐의 실체와 사용의 동일성과 소유권의 이전이라는 주장을 제시했다는 점이다. 또한 상업 거래에서 행위자들의 의도와 당사자들 간 의무의 중요성도 주목할 만하다. 불공정 판매에 대한 비판과 고리대금 관행 비판은 밀접하게 연결된다.

Chapter

12

종교개혁과 경제사상

- 마틴 루터와 장 칼뱅
- 일과 노동
- 이자와 고리대
- 무역과 상업, 그리고 산업

가난한 자를 위한 경제:
성서와 경제사상

Chapter

12

종교개혁과 경제사상

종교개혁의 시작은 일반적으로 마틴 루터가 교황의 면죄부 관행을 비난한 1517년으로 거슬러 올라간다. 루터는 교회에 대한 금전적 기부로 죄를 사면할 수 없다고 주장했다. 수 세기 동안 로마 가톨릭 교회는 유럽 국가의 군주제를 지지하면서, 때에 따라서는 통제했다. 군주제는 사회적, 경제적 역할이 잘 정의된, 고도로 구조화된 시스템에 의존했기 때문에, 경제적 이득을 비난하는 신학은 사람들을 적절한 위치에 유지하는 효과적인 메커니즘이었고, 가난은 거룩함의 증표로 여겨졌다. 당시 인구의 많은 부분이 가난하고 지배층이 독점적으로 재산을 소유하고 경제 발전은 정체되었다.

종교개혁가들은 경제 문제에 대한 견해에 있어서 통일적이지 않았고, 주변 사회의 영향을 받았다. 사실 초기 종교개혁가들은 경제 문제에 큰 관심이 없었다. 종교개혁은 경제 분야에 관한 것이 아니었다. 그러나 종교개혁은 신앙생활의 맥락에서 경제적 실천에 관심이 있었다. 종교개혁가들은 신학의 실천에 관심을 가졌고, 따라서 경제는 신학의 실천이 이루어지는 핵심 영역이기 때문에 중요하다.

마틴 루터와 장 칼뱅

개신교 종교개혁의 선구자인 마틴 루터(Martin Luther, 1483-1546)가 비텐베르크에서 발표한 95개조 반박문은 당시 교회의 면죄부 남용에 대한 대응이었다. 95개조 반박문의 몇몇 논제는 면죄부 판매자들로 인해 교구민들이 입은 경제적 피해에 대해 다루고 있다. 예를 들어 다음과 같다.

27. 돈이 연보궤에 짤랑하고 떨어지는 순간 영혼이 연옥으로부터 풀려난다고 말하는 이들은 단지 인간적인 교리를 가르치는 것이다.

28. 돈이 연보궤에 짤랑하고 떨어지면, 욕심과 탐욕도 분명히 증가한다. 그리고 교회의 중보 결과는 오직 하나님의 손에 달려 있다.

50. 교황이 면죄부 교사들의 진상을 안다면, 그는 자기 양의 뼈와 살 그리고 그 가죽으로 성 베드로 사원을 세우기보다는 오히려 그 사원이 재로 화하기를 원했을 것임을 그리스도인들은 알아야 한다.

51. 교황은 면죄부 판매자들로부터 돈을 갈취당한 많은 이들에게 성 베드로 사원을 팔아서라도 돈을 나누어 주기를 원할 것이며 또 원해야 한다는 것을 그리스도인들은 알아야 한다.

66. 면죄부의 보물은 지금 부를 위해 사람을 낚고 있는 그물이다.

86. 또, "오늘날 최고의 부자였던 크라수스(Crassus)보다도 훨씬 부자인 교황이 가난한 신자들의 돈이 아니라, 자기 돈으로 이 성 베드로 사원을 짓지 않는 이유는 무엇인가?"

루터의 종교개혁이 경제 개혁은 아니었지만, 교인들에 대한 재정적 착취는 분명 그의 저항으로 이어졌다(Eaton, 2016). 루터의 경제 윤리는 중세적인 것으로 평가된다. 루터가 경제를 바라보는 핵심 교리는 돈은 불멸한다는 믿음이었다. 이자를 받고 돈을 빌려주는 것에 대한 정죄는 루터가 돈의 불멸성에 대한 믿음을 직접적으로 드러낸 것이다. 이는 이전 시대에는 일반적인 견해였지만, 16세기는 농업과 중상주의적 이해관계가 충돌하는 과도기적 시기였기에 당시 경제적 변화를 반영하는 견해는 아니다. 경제 활동에 관한 루터의 견해는 그가 1524년에 쓴 글 "무역과 고리대금에 대하여(On trading and usury)"를 참조할 수 있다.

> 거룩한 복음은 빛으로 온 이후 로마서 13장 13절에서 성 바울이 말한 것처럼 모든 "어둠의 일"을 책망하고 드러냅니다. 그것은 온 세상을 밝히는 찬란한 빛이며 세상의 일이 얼마나 악한지를 가르치고 우리가 하나님과 이웃을 위해 해야 할 참된 일을 보여주기 때문입니다. 그러므로 상인 중 일부도 깨어나서 그들의 거래에서 많은 사악한 속임수와 해로운 재정 관행이 사용되고 있음을 알게 되었으며, 전도서 말씀이 여기에 적용되며 "상인들은 죄가 없을 수 없다"는 것을 두려워해야 합니다. 아니, 디모데전서 6장 10절의 마지막에 나오는 성 바울의 "탐심은 일만 악의 뿌리"와 "부하려 하는 자들은 마귀의 올무와 많은 무익하고 해로운 정욕에 떨어지나니 곧 사람으로 파멸과 멸망에 빠지게 하는 것이라"는 말씀이 이 사건에 적합하다고 생각합니다.
>
> (무역과 고리대금에 대하여 On Trading and Usury)

경제사상의 역사에서 마틴 루터는 중세 스콜라주의 교리와 자주 동일시된다. 돈은 불임이라는 그의 믿음은 이러한 평가를 뒷받침하는 근거로 제시된다. 그러나 루터는 고리대금에 관한 저술에서 이러한 추론을 거의 사용하지 않았으며 고리대금의 부도덕성에 대한 그의 주장은 이 명제에 의존하지 않았다. 루터를 스콜라주의 학자들과 차별화하는 이러한 사실들은 그가 아리스토텔레스 자연철학에 반대하고 유명론이 그의 사상에 미친 영향과 일치한다(Singleton, 2011).

루터는 경제사상에서 흥미로운 위치를 차지하고 있다. 막스 베버에 따르면 루터에 의해 촉발된 개신교 종교개혁이 자본주의의 발전을 촉진했다. 반면에 루터의 경제사상은 중세적이고 중세 교회 전통을 철저하게 계승한 것으로 인식된다. 루터는 고리대금 금지를 지지하고 예외를 인정하지 않았으며, 정당한 가격이 시장 가격이 아니라는 중세 사상의 한 견해로 회귀하였다. 루터는 금융, 무역 및 상업에 결코 호의적이지 않았다. 사실 돈의 불임 성격을 믿으면서 동시에 아리스토텔레스의 자연 신학을 맹렬하게 비판한 루터의 주장은 단순하게 해석하기 힘들다. 루터에게는 고리대금의 부도덕성과 긍정적 해석이 공존하기도 한다.

프랑스 출신으로 스위스 제네바에서 종교개혁 활동을 펼친 칼뱅(John Calvin, 1509-1564)은 루터와는 매우 다른 맥락에서 본인의 생각을 펼쳤다. 비텐베르크는 신성 로마 제국의 농업 공동체였지만 스위스는 고립되어 있었기 때문에 가능한 모든 수단을 동원해 스스로 살아남아야 했다. 이에 따라 초기 개혁가들과의 긴장이 존재했다. 예를 들어 츠빙글리(Ulrich Zwingli, 1484-1531)는 스위스인들에게 국가의 큰 수입원이었던 용병 제도를 중단할 것을 촉구하는 데 많은 시간을 보냈다. 또한 칼뱅의 생애 동안 제네바에는 난민들이 대거 유입되었다. 따라서 무역과 상업 문제에 대한 칼뱅의 관점은 루터의 그것과 크게 달랐다(Eaton, 2016).

> 따라서 우리는 자기 뜻이 아니라 주님의 뜻을 구하고 그분의 영광을 증진하기 위해 행동해야 한다는 원칙을 따릅니다. 우리 자신을 거의 잊고 우리 자신의 이성을 확실히 미루면서 하나님과 그분의 계명에 순종하는 것을 신실하게 연구할 때 우리의 능력은 위대합니다. 성경이 우리 자신에 대한 사적인 이익을 내려놓으라고 권고할 때, 성경은 부나 권력 또는 인

간의 호의에 대한 과도한 갈망을 우리 마음에서 몰아낼 뿐만 아니라 세상의 영광에 대한 모든 야망과 갈증, 기타 더 은밀한 유해물을 근절합니다.

(<기독교강요 Institutes of the Christian Religion> III, vii. 2)

<기독교강요> 3권에서 칼뱅은 기독교인의 기본자세에 대한 지침을 제시한다. 자신의 이익과 욕심을 우선시하지 말라고 권고한다.

이웃의 유익을 구하는 의무를 수행한다는 것은 얼마나 어려운 일입니까! 자신에 대한 모든 생각을 버리고 자신이 되지 않으려 하지 않는 한 결코 그것을 성취할 수 없습니다. 자신을 버리고 전적으로 타인을 위해 헌신하지 않는다면 바울이 말하는 자선 활동을 어떻게 실천할 수 있을까요? ... 우리가 주님으로부터 얻은 것은 무엇이든 교회의 공동선을 위해 사용하는 조건으로 부여된 것이며, 따라서 우리의 모든 은사의 정당한 사용은 다른 이들과 친절하고 자유롭게 소통하는 것임을 상기시켜 줍니다.

(<기독교강요 Institutes of the Christian Religion> III, vii. 5)

칼뱅은 우리 자신보다 다른 사람의 이익을 먼저 돌보는 것이 교인의 의무라고 권고한다. 이 사상은 칼뱅의 경제 윤리를 뒷받침하는 기둥을 형성한다.

우리가 살아가려면 필요한 삶의 지원을 사용해야 하며, 필요성보다 쾌락에 더 복종하는 것처럼 보이는 것들도 피할 수 없기 때문입니다. 그러므로 우리는 필요를 위해서든 쾌락을 위해서든 순수한 양심으로 그것들을 사용할 수 있도록 수단을 지켜야 합니다. 주님은 백성에게 현재의 삶이 하늘나라로 가는 일종의 순례라고 말씀으로 이것을 규정하십니다. 우리가 이 땅을 통과할 뿐이라면, 이 땅의 축복이 우리의 진보를 지체시키는 것이 아니라 돕는 한도 내에서만 사용되어야 한다는 것은 의심할 여지가 없습니다. ... 어떤 선하고 거룩한 사람들이 무절제와 사치가 엄격하게 억제되지는 않더라도 끊임없이 과도하게 행해지는 것을 보고, 그토록 해로운 악을 바로잡고자 할 때, 사람이 꼭 필요한 한도 내에서만 육체의 재물을 사용하도록 허용하는 것 외에 다른 방법이 없다고 생각했는데, 이는 참으로 경건한 권고이지만 불필요하게 엄격하여서 양심을 하나님의 말씀에 묶이는 것보다 더 가까운 족쇄에 묶는 매우 위험한 일을 하게 됩니다. 더욱이, 그들에 따르면 필요는 원하는 것을 모두 금하는 것이었기 때문에 빵과 물 외에 어떤 것도 추가하는 것은 거의 합법적이지 않았습니다. ... 오늘날에도 많은 사람들이 외적인 것을 사용하면서 육체적 방탕의 구실을 찾고 동시에 음탕의 길을 닦으려 하지만, 나는 이 자유가 제지되어서는 안 되며, 합법적이라고 생각하는 한도 내에서 사용하는 것은 모든 사람의 양심에 맡겨야 한다는 것을 결코 양보할 수 없는 당연한 것으로 간주합니다.

(<기독교강요 Institutes of the Christian Religion> III, x. 1)

제3권 10장에서는 현재의 삶에 대해 가져야 할 올바른 태도에 대해 다룬다. 칼뱅은 하나님께서 우리에게 축복을 주시지만, 우리는 이 세상을 지나가는 것일 뿐이라는 사실을 기억해야 한다고 말한다. 그는 하나님이 우리에게 주신 것을 그 목적에 따라 사용하는 한 모두 사용할 수 있다고 허용했다. 이것은 기독교인이 삶의 필수품 이상의 것을 누릴 수 있도록 허용하는 견해이다. 그러나 인간은 주어진 자원을 적절히 활용하되, 이 세상과 그 축복이 일시적이라는 사실을 항상 기억해야 한다.

마틴 루터는 당시 상황을, 세속적 열망을 포기하고 대신 개인의 영성에 집중하며 세속적 문제는 세속 권력에 맡겨야 하는 상황으로 보았다. 이에 반해 칼뱅은 루터의 이원론과는 다른 관점을 지녔다. 그는 지상의 현실을 긍정하고 종교 윤리를 합리화하며 종교적 실용주의를 바탕으로 논리를 펼쳤다. 이러한 관점에서 칼뱅은 노동과 화폐 문제에 대해 이전과 다른 접근 방식을 보여주었다. 칼뱅주의는 기본적으로 루터 사상에 기반하여 지상과 영적 영역의 분리에 대한 루터의 주장을 계승했다. 하지만 칼뱅의 관심은 개인의 영적 영역뿐 아니라 외부 세상도 포함하고, 사회의 쇄신 필요성을 역설했다.

루터는 농민 중심으로 사회와 경제를 인식하지만, 칼뱅주의는 기본적으로 도시 운동의 성격을 지닌다. 도시를 중심으로 상인과 장인들을 기반으로 하였기에 이자 대출을 금지하는 기독교 전통과는 충돌의 여지가 있었다. 따라서 기독교 전통에 의존하지 않는 다른 유형의 규범을 제시하고자 하였다. 칼뱅은 하나님이 신자들에게 전 생애의 거룩함을 요구한다고 믿었다. 종교적 실천은 삶의 방식이어야 했다. 따라서 세상을 더 나은 곳으로 만드는 행동이 하나님의 영광을 높이는 것이라는 주장으로 이어졌다. 칼뱅주의 신앙은 일상생활에서 실천되어야 했다. 칼뱅의 입장에서 기독교인들은 세상에 참여하도록 격려받았다. 칼뱅의 가르침은 세상에 대한 긍정적 입장을 강조한다(Chmielewska, 2017).

일과 노동

종교개혁 당시까지만 해도 육체노동은 혐오스럽고 타락한 활동으로 취급되었다. 이러한 노동에 대한 태도는 고대 그리스 철학의 잔재로, 주로 노예가 수행하는 육체적 노동을 자유의 영역인 정치 영역과 대조되는 영역으로 간주하였다. 일은 그 자체로 가치 있는 것이 아니라 인간의 욕구를 충족시키기 위한 수단으로 생각하였다. 반면 종교개혁 이후 세속적인 일상 업무에 종교적 의미를 부여하였고, 직업은 소명이라는 개념이 만들어졌다.

사회학자 막스 베버(Max Weber, 1864-1920)는 개신교의 특정 분파, 특히 칼뱅주의의 윤리와 자본주의의 발달 사이의 연관성을 제시했다.

이에 따르면 칼뱅주의 개신교는 하나님의 창조물을 최대한 활용하고 영광을 돌리는 방법으로 일의 가치를 강조하며, 직업적 성공을 신의 선택의 표시로 여겼다. 또한 검소한 생활 방식과 사치품 거부를 권장하기 때문에 이러한 직업윤리는 생산 수단 개발과 경제 성장을 위한 이상적인 토대라고 여겼다.

베버는 칼뱅주의 전통의 가르침이 자본주의 정신으로 이어져 개신교 국가가 가톨릭 국가보다 경제적으로 번영할 수 있었다고 주장했다. 이러한 주장은 이후 학계에서 많은 논쟁을 불러일으켰다. 베버는 경제 성장의 원동력으로 규율, 절약, 산업에 대한 장려에 초점을 맞추었다. 더 중요한 것은 일을 신성하게 만드는 데 이바지한 '소명'에 대한 관점이었다. 일에 대한 이러한 관점은 개신교 국가들이 더 생산적이고 근면할 뿐만 아니라 수입의 더 많은 부분을 저축에 투자하여 미래 투자를 위한 동력을 제공하게 되었다고 주장하였다.

베버의 주장으로 인해 칼뱅주의와 경제 성장 사이의 연관성을 증명하거나 반증하려는 수많은 학술 연구가 나타났다. 경제 활동을 장려하는 칼뱅의 주장은 당시 사회 경제 시스템에 큰 영향을 미쳤다. 고대와 중세 사회에서 노동은 가장 낮은 계급의 역할이었기에 경멸의 대상이었다. 부를 축적하기 위한 무역과 거래는 이웃의 희생으로 이익을 얻는다는 점에서 부당한 행위로 비판받았다. 하지만 칼뱅과 다른 개신교 개혁가들의 가르침에 따라 노동과 일의 개념이 바뀌었다. 이에 따르면 사람들은 자신의 직업에 가장 적합한 형태의 일을 전문적으로 하도록 하나님의 부르심을 받았다.

칼뱅의 신학에는 구원과 정죄가 이미 하나님에 의해 결정되었으며, 지상의 어떤 행동으로도 그 운명을 바꿀 수 없다는 예정론이 포함되어 있다. 최종 결과가 미리 결정된 상태에서 사람들은 가난이 구원을 촉진할 것이라던 이전 신학에서 벗어날 수 있었다. 새로운 메시지에 따르면 경제적 성공이 신의 은총의 표시이다. 부유한 사람들은 자신의 직업에 대한 하나님의 부르심에 응답함으로써 하나님의 축복을 받았다고 생각했다. 마찬가지로 가난한 사람들은 그들의 행동이 하나님의 뜻에 부합하지 않기 때문에 가난한 상태에 놓여 있다고 생각했다.

부의 축적을 축복으로 여겼지만, 하나님의 부르심과 다른 부를 추구하는 것은 부정적인 것으로 여겼다. 탐욕으로 비난받은 것은 자기 자신을 위한 부의 추구인데, 부는 그 자체로 유혹이기 때문이다. 성서 전통에 따른 금욕주의는 부를 추구하는 것 자체를 비난하였지만, 소명에 따른 노동의 결실로서 부를 얻는 것은 하나님 축복의 표시로 여겼다. 종교개혁가들은 소명과 노동에 대한 관점을 높였고, 노동을 신성한 부르심과 신에 대한 봉사로 격상시켰다. 마틴 루터의 노동에 대한 논의는 주로 그의 주석, 특히 시편 127편과 128편에서 찾아볼 수 있다. 루터는 노동이 창세 때부터 하나님이 정하신 축복이라고 생각했고 이에 따라 일에 대한 관점을 개혁했다(Eaton, 2016).

교회에서 전통적으로 어떤 사람들은 교회와 관련된 직업으로 부름을 받았다고 가르쳤다. 이러한 사람들을 위해 세상의 위험과 유혹으로부터 안전하게 소명을 실천할 수 있도록 다양한 수도원 형태의 질서가 세워졌다. 따라서 두 가지 계층의 기독교인이 형성되었다. 매우 독실하고 거룩한 사람들은 수도원에 거주했고, 이런 수준의 헌신에 도달하지 못한 사람들은 세속적인 영역에서 최선을 다해 살아가야 했다. 루터는 이러한 구분을 없애고 모든 사람이 자신의 노동을 소명으로 여기고 하나님을 기쁘시게 하는 삶을 살아야 한다고 주장했다.

> 그러면 우리는 우리가 영적이라고 부르는 사람들, 즉 사제, 주교 또는 교황이 다른 그리스도인들과 다른 수준이나 더 높은 수준에서 다르지 않고,

> 현세의 권세가 악인을 벌하고 선인을 보호하기 위해 칼과 막대를 손에 들고 있는 것과 마찬가지로 하나님의 말씀과 성례, 즉 그들의 일과 직분에 관심을 가져야 한다는 점에서 똑같다는 것을 알 수 있습니다. 구두 수선공, 대장장이, 농부 등 모든 사람은 각자의 소명에 따른 직분과 기능을 가지고 있지만 모두 똑같이 봉헌된 사제와 주교이며, 각자의 직분을 맡은 사람은 다른 사람에게 유용하고 유익해야 하며, 그렇게 많은 종류의 일이 모두 하나의 공동체로 통합되어 몸의 지체가 모두 서로에게 봉사하는 것처럼 하나가 될 수 있어야 합니다.
>
> (독일 기독교 귀족에게 고함 To the Christian Nobility of the German Nation, 1520)

루터의 "독일 기독교 귀족에게 고함(Address To The Nobility of the German Nation)"은 1520년 8월에 출판된 종교개혁 3대 논문 중 첫 번째 작품인데, 여기서 사역이 소명인 사람과 세상에서 소명을 발견한 사람 사이에 구별은 없다. 소명이라고 번역되는 "beruf"는 전통적으로 수도원이나 성직자로서의 소명, 즉 세상으로부터의 부름을 의미했다. 루터는 이 용어를 그리스도인의 일상 업무에 적용했다. 어떤 사람은 직업적 사역을 통해 하나님을 섬기도록 부름을 받지만, 어떤 사람은 세속적 노동을 통해 하나님을 섬기도록 부름을 받은 것처럼, 이 둘 사이에 영적인 구분은 없다.

인간은 자신이 종사하는 직업과 관계없이 하나님께 영광을 돌릴 수 있다. 루터는 교회뿐만 아니라 가정, 작업장, 들판 등 온 세상이 하나님을 섬기는 일로 채워질 수 있다고 생각했다. 노동에 대한 이러한 새로운 태도는 이제 자신의 에너지를 자신의 소명에 적용하면서도 삶을 하나님을 위한 봉사로 볼 수 있다는 것을 말한다. 루터가 칼뱅주의자들만큼 프로테스탄트 노동 윤리에 큰 영향을 미치지는 못했지만, 소명에 대한 그의 재해석은 분명 새로운 노동관을 향한 큰 발걸음이었다. 일반적인 일을 신에 대한 봉사라고 생각함으로써 이제 사람들은 열정적으로 일할 수 있게 되었다. 즉 하나님을 기쁘시게 하는 일은 사제들만이 아니라 모든 사람의 일입니다. 소명과 일에 대한 칼뱅의 관점은 여러 면에서 루터의 그것과 유사했다(Eaton, 2016).

> 마지막으로 지켜야 할 것은, 주님께서 우리 각자에게 삶의 모든 행동에서 각자의 소명을 존중할 것을 당부하신다는 것입니다. 그분은 인간 마음의 끓어오르는 불안과 변덕스러움, 한 번에 반대되는 것을 붙잡으려는 열망과 야망을 잘 알고 계십니다. 그러므로 우리의 어리석음과 성급함으로 인해 혼란에 빠지지 않도록 그는 삶의 여러 방식에서 각각 다른 임무를 부여했습니다. 그리고 아무도 자신의 적절한 한계를 넘지 못하도록, 그는 소명이라는 이름으로 다양한 삶의 방식을 구별했습니다. ... 모든 일에서 주님의 부르심이 올바른 행동의 기초이자 시작이라는 것을 아는 것으로 충분합니다. 그것을 참고하여 행동하지 않는 사람은 의무를 수행하면서 결코 올바른 길을 지키지 못할 것입니다.
>
> (<기독교강요 Institutes of the Christian Religion> III, x. 6)

칼뱅은 루터와 마찬가지로 각 개인의 소명을 설명한다. 칼뱅에 따르면 인간의 인생에서의 소명은 하나님에 의해 예정되어 있다. 이것은 구원론적인 의미가 아니라 하나님의 피조물 각자에 대한 그분의 개인적인 돌봄의 표현이다. 소명의 기간에 대해서는 칼뱅과 루터는 다른 견해를 가졌다. 루터는 하나님이 우리를 특정한 직업으로 부르실 때 우리는 평생 그 직업에 머물러야 한다고 주장했다. 반면 칼뱅은 노동자가 자신의 소명을 위반하지 않고 직업을 바꿀 수 있다고 언급했다. 실제로 칼뱅은 사람들이 직업을 바꾸는 데 있어서 중요한 역할을 했다. 루터와 칼뱅은 처한 상황이 달랐기 때문에 서로 다른 결론을 내렸을 것이다. 1560년대 실업과 경기 침체가 제네바를 강타했을 때, 칼뱅은 직물 제조업과 같은 산업을 도시로 끌어들이는 데 중요한 역할을 했다. 칼뱅의 사상이 제네바 경제에 미친 영향만큼이나 제네바 경제가 칼뱅의 사상에 많은 영향을 미쳤다(Eaton, 2016).

일에 대한 칼뱅 주장의 또 다른 측면은 일의 영적 중요성이었다. 칼뱅은 성직자와 수도자의 소명만 하나님의 부르심이라고 부르는 교회의 주장에 동의하지 않았다. 칼뱅은 인간의 기술은 신의 선물이며, 따라서 그렇게 대우받아야 한다고 주장했다. 그는 또한 노동의 삶보다 명상적인 삶이 선호되어야 한다는 교회의 가르침에 대해서도 이의를 제기했다. 교회의 가르침은 마리아와 마르다의 이야기에서 잘 나타난다. 마리아는 일하지 않고 예수님의 말씀을 경청한 것에 대해 칭찬받았다. 칼뱅은 마르다가 일한 것이 문제가 아니라 일하지 말았어야 할 시간에 일한 것이 문제이고, 모든 종류의 노동은 노동자가 하나님께 바치는 제물로서 동등하다고 보았다.

칼뱅주의는 육체노동에 대한 접근 방식을 근본적으로 변화시켰다. 노동은 인간에게 부여된 재능과 능력을 생산적으로 사용하는 것이기 때문에 가치 있는 활동으로 인정받게 되었다. 즉 일은 수입원이 아니라 그 자체로 가치가 있는 활동이 된 것이다. 이는 종교에서 내세와 구원을 추구하는 방식에서 현세에 초점을 맞추는 방식으로 전환하는 것을 의미한다(Chmielewska, 2017).

이자와 고리대

이자와 고리대금은 기독교계에서 오랜 기간 죄악시 되어왔다. 그러나 실제로는 이자가 발생하였고, 교회조차도 활동 자금을 조달하기 위해 높은 수준의 이자를 지급했다. 경제 문제에 대해 스콜라 학파와 루터 사이에는 연속성이 존재한다. 루터는 스콜라사상에서 독점을 경제적 강압으로 여기는 주장에 기반하여 푸거와 같은 독점적 은행 기업을 비판하였다. 루터에게 현금을 사용한 교환이나 물물교환은 공정한 교환이지만 외상 판매에는 악의성이 존재한다(Singleton, 2011). 루터는 교회의 전통적인 이자 금지 명령을 지지했다. 루터의 고리대금에 대한 견해는 당시 교회의 공식적인 가르침, 즉 고리대금에 반대하는 것과 일치한다. 루터는 대출 자체를 반대하지는 않지만, 기독교인은 성서의 명령에 따라 아무런 대가를 기대하지 말고 빌려주어야 한다고 주장한다.

루터는 1519년 11월에 고리대금에 관한 짧은 설교를 했고 1520년에 출판되었다. 이후 무역에 관한 그의 글과 함께 1524년에 무역과 고리대금에 관한 글로 출판되었다. 고리대금에 대한 루터의 비판은 위험이라는 요소에 집중하고 자신의 노력 없이 부유하게 된 사람들에 대한 경멸에 기반한다. 반면 1524년 글에는 자연법과 스콜라 철학의 논거가 들어있고, 당시 농촌 경제 현실을 반영하고 있다(Wykes, 2003).

> 세 번째 방법은 빌려주는 것입니다. 즉, 내 재산을 내어주고 돌려받으면 다시 가져오고 그렇지 않으면 그것 없이 해야 합니다. 그리스도께서는 이런 종류의 빌려주기에 대한 규칙을 정하시고 "다시는 아무것도 바라지 말고 빌려주라", 즉 너희는 자유롭게 빌려주되 돌려받지 못할 위험을 감수하고, 돌아오면 가져가고, 그렇지 않으면 선물로 주라고 말씀하십니다. 복음은 빌려주는 것과 주는 것, 즉 선물은 돌려받지 않고, 빌려준 것은 돌려주면 돌려받는다는 점, 그러나 우리가 빌려줄 때는 그것이 선물이 될 수 있다는 위험을 감수한다는 점을 구별하고 있습니다. 빌려준 것보다 더 많은 것, 더 좋은 것을 돌려받기를 기대하며 빌려주는 사람은 분명히 저주받은 약탈자이며, 빌려준 것만 돌려받기를 요구하거나 기대하며, 돌려받을

위험을 감수하지 않고 빌려주는 사람조차도 기독교적인 방식으로 행동하는 것이 아니기 때문입니다.

(무역과 고리대금에 대하여 On Trading and Usury, 1524)

루터는 최대 6% 이자를 허용했는데 모든 이자 대출이 금지되어야 한다고 생각하지는 않았음을 알 수 있다. 루터는 유명론을 주창한 스콜라 신학자 가브리엘 빌(Gabriel Biel, 1418-1495)의 교환 이론으로부터 영향을 받았는데, 그 이론에 따르면 이자를 포함한 거래는 상호 이익이 되는 조건에서만 발생한다. 루터의 주장에 따르면, 이자율이 매우 높거나 독점 상태 또는 속임수와 사기로 한쪽 당사자를 속이는 경우가 아니라면 공정한 교환이 이루어진다. 루터는 돈을 빌려주고 대출자가 차용자의 활동에 따른 위험을 공유하는 경우 4%에서 6% 정도의 이자는 정당하며 이는 고리대금에 해당하지 않는다고 주장한다. 또한 정부가 허용할 수 있는 이자 비용 상한선을 설정해야 한다고 주장한다.

... 가난한 사람들이 대출이나 선물로 도움을 받는 것이 하나님의 뜻 ... 다시 말하지만, 구매자와 판매자 모두 자기 재산이 필요하므로 둘 다 빌려주거나 줄 수 없지만 그러한 거래로 자신을 도와야 합니다. 이것이 백에 4, 5 또는 6 굴든을 지급하도록 규정한 교회 법을 어기지 않고 이루어지면 견딜 수 있지만, 너무 적은 것보다 너무 많이 취하는 것을 두려워하는 하나님을 향한 경외심이 항상 있어야 적절한 사업 거래에 탐욕이 끼어들지 않을 수 있습니다. 비율이 낮을수록 더 신성하고 기독교적인 거래입니다. 그러나 언제 5%, 4%, 6%를 지급해야 하는지를 지적하는 것은 제가 관여할 일이 아닙니다. 부동산이 너무 좋고, 부유해서 6%를 청구할 수 있는 시기는 법이 결정하도록 맡기겠습니다.

(무역과 고리대금에 대하여 On Trading and Usury, 1524)

기본적으로 루터는 모든 유형의 이자를 수반하는 대출을, 타인의 노동력과 투자 실패로 인한 비극으로부터 이득을 취하려는 시도로 간주한다. 루터에게 이자는 탐욕의 표현이다. 진정한 기독교인은 자선을 베풀거나 빌려주는 경우 대가를 기대하지 않고 빌려줄 것이다.

칼뱅은 제공되는 이자율의 수준과 대출의 목적에 따라 이자는 합법적이라고 주장했다. 이자율이 너무 높지 않다면 괜찮고, 소비 대출은 안 되지만 생산을 위한 대출은 권장된다. 칼뱅은 경제적 필요 때문에 돈을 빌리는 것과 영리 목적으로 돈을 빌리는 행위를 구분한다. 그는 고리대금업이 공평과 형제애에 어긋나는 한 불법이어야 한다는 교회의 전통적인 가르침에 동의하지만, 모든 이자가 금지되어야 한다는 의견에는 이의를 제기한다.

> 저는 고리대금업이 정의와 자선에 반하는 경우를 제외하고는 우리 사이에서 전적으로 금지되어 있다고 생각하지 않습니다.
>
> (사키누스에게 보낸 편지 Letter to Sachinus, 1545)

칼뱅은 밭을 사들이고자 하는 부자가 이를 위해 돈을 빌리는 경우를 예로 든다. 그는 기본적으로 돈을 빌려준 사람은 대출금을 갚을 때까지 밭에서 생산된 농산물 일부를 가져가야 한다고 주장한다. 이 경우 돈을 빌려준 사람은 자기 돈으로 밭을 구매했기 때문에 밭 일부를 소유하고 있으며, 따라서 땅의 수익에 대한 몫을 받을 자격이 있다고 주장한다. 또한 원금 상환이 위험에 처하거나 어떤 이유로 지연되는 경우 이자를 용인한다. 하지만, 돈을 빌려주는 일이 전업이 되어서는 안 된다고 생각한다.

> 돈이 돈을 낳지 않는다는 성 암브로스와 크리소스톰의 추론은 너무 피상적입니다. 확실히 돈이 튼튼한 상자에 갇혀 있으면 불임이 될 것입니다.

어린아이도 그것을 알 수 있습니다. 그러나 저에게 대출을 요청하는 사람은 이 돈을 유휴 상태로 유지하고 아무것도 얻지 않으려는 의도가 없습니다. 이익은 돈 자체가 아니라 돈의 사용에서 오는 수익에 있습니다. 따라서 이러한 미묘한 차이는 표면적으로는 어느 정도 무게가 있는 것처럼 보이지만 자세히 살펴보면 실체가 없기에 사라진다는 결론을 내릴 필요가 있습니다. 따라서 저는 고리대금업은 성경의 특정 구절이 아니라 단순히 공평의 규칙에 따라 판단해야 한다고 결론을 내립니다.

(사키누스에게 보낸 편지 Letter to Sachinus, 1545)

이자에 관한 성서 본문에 대한 칼뱅의 해석은 두 가지 원칙에 따라 이루어진다. 첫 번째는 인류의 형제애이다. 두 번째는 사회 정의에 대한 기독교적 이상이다. 이 견해에 따르면 정의로운 것은 자선에 부합하는 것에서 비롯된다. 칼뱅은 고리대금에 대한 성서의 금지는 무시할 수 없지만, 상인들의 대출 행위는 그 금지의 원인이 된 대출 맥락에서 벗어났다고 인식했다. 실제로 칼뱅은 도움이 필요한 사람에게 돈을 빌려주고 그 대가로 이자를 기대하는 것은 잘못이라는 성서의 이상을 유지했다. 칼뱅은 도움이 필요한 사람에게 돈을 빌려주지 않고 대신 자선을 베푸는 것을 선호했다.

칼뱅은 수입이 정해진 한도를 넘지 않는다면 금전적 이익을 취하는 것은 도덕적이다. 칼뱅은 대출 문제에 있어서 양 당사자의 이익을 모두 고려한다. 채권자의 이익이 채무자를 희생시키면서 빠른 속도로 부자가 될 정도로 크거나, 후자가 노동으로 얻은 이익이 없을 정도로 커서는 안 된다. 가난한 사람들을 위한 대출은 무이자여야 한다. 칼뱅은 빈민을 위한 대출과 영리를 목적으로 하는 상업적 대출의 차이, 즉 빈민의 궁핍으로 인해 얻은 이익과 상인이 다른 상인에게 자본을 빌려줌으로써 얻을 수 있는 이익 사이의 차이를 강조했다. 칼뱅의 견해가 당시 사회 환경에서 혁명적인 것은 아니다. 제네바 시의회는 1538년에 이자 수취를 승인했다. 칼뱅주의는 상인과 장인을 기반으로 한 도시 기업가 정신에 뿌리를 두고 있어서 당시 고리대금업으로 알려진 이자를 받고 돈을 빌려주는 문제에 대해 적극적으로 논의하였다.

칼뱅은 고리대금업으로 인한 수입이 자신을 부양하는 기초가 되어서는 안 되며, 따라서 누구도 전문 대부업자로 일해서는 안 된다고 믿었다. 그는 고리대금 문제를 교리적 관점이 아니라 특정 기독교 공동체 내의 사회적 관계의 한 요소로서, 주어진 장소와 시간의 상황을 고려하여야 한다고 믿었다. 칼뱅은 고리대금을 죄로 선언한 성서의 구절이 더 이상 당시 현실과 일치하지 않는다고 판단했다. 또한 같은 유대인에게는 이자를 받지 않으면서 비유대인에 대해서 이자 받는 것을 허용하는 태도의 모순을 지적했다(Chmielewska, 2017).

중세 스콜라 신학의 고리대 반대는 아리스토텔레스 철학의 영향 아래 있다. 종교개혁가에게 이러한 영향은 복합적이다. 칼뱅은 아리스토텔레스의 화폐 불임 주장에 동의하지 않지만, 루터는 동의한다. 하지만 루터의 고리대금 비판이 항상 화폐 불임 주장에 기반한 것은 아니었다. 나아가 루터는 아리스토텔레스 자연철학에 대해 반대한다.

> **41.** 사실상 아리스토텔레스의 윤리학 전체가 은혜의 최악의 적입니다. 이것은 스콜라 학자들과 반대되는 것입니다.
>
> **43.** 아리스토텔레스 없이는 어떤 사람도 신학자가 될 수 없다고 말하는 것은 오류입니다. 이것은 일반적인 의견과 반대되는 것입니다.
>
> (스콜라 신학에 대한 논박 Disputation Against Scholastic Theology)

루터는 1517년에 발표한 <스콜라 신학에 대한 논박>(Disputation

Against Scholastic Theology)의 논제 41에서 명확히 아리스토텔레스 철학을 반대한다. 루터는 철학과 이성에 대해 비판적인 경향이 있는데 이러한 적대감은 특히 아리스토텔레스 전통을 겨냥한다. 1255년 파리 인문대학에서 아리스토텔레스의 저작을 교과과정에 포함하기로 하였는데 이에 대해 루터는 반대하였다.

> **25.** 교황청이 제정하고 명령한 모든 것이 죄와 오류를 증가시키는 방향으로만 향하고 있기 때문에 대학도 훌륭하고 철저한 개혁이 필요합니다. ... 아리스토텔레스의 <물리학>, <형이상학>, <영혼에 관하여>, <윤리학>은 지금까지 그의 최고의 책으로 여겨져 왔지만, 자연의 사물이나 성령의 사물에서 아무것도 배울 수 없지만 자연의 사물을 다루는 것을 자랑하는 그의 나머지 모든 책과 함께 완전히 폐기되어야 한다고 조언하고 싶습니다. ... 이 저주받은 교만하고 난폭한 이교도가 거짓말로 수많은 훌륭한 그리스도인들을 미혹하고 바보로 만들었다는 사실이 저를 슬프게 합니다.
>
> (독일 기독교 귀족에게 고함 To the Christian Nobility of the German Nation, Proposals for Reform Part III)

루터는 아리스토텔레스 철학이 신학적으로 문제가 있다고 생각했다. 루터는 믿음을 통한 칭의 주장과 아리스토텔레스 철학을 대비시킨다. 아리스토텔레스 철학 전통에서 발견되는 주장, 즉 미덕이 자신의 노력을 통해 개발되고 습관화를 통해 인간에게 주입된다는 주장을 반대한다. 칭의와 은혜에 대한 논의에서 아리스토텔레스의 윤리학에 대한 비판은 아리스토텔레스 형이상학에 대한 비판으로 이어진다. 스콜라 신학자 가브리엘 빌에게 영향을 받아 유명론을 받아들인 루터의 사상은 아리스토텔레스 형이상학에 대해 반론을 제기한다. 아리스토텔레스는 화폐와 관련하여 보편적 실체의 존재를 주장한다. 루터는 아리스토텔레스와 아퀴나스의 실재론에 반대하는 유명론에 근거하여 보편적 실체는 주관적 사고와 별개로 존재하지 않는다고 주장한다. 이러한 유명론의 영향으로 루터는 화폐 불임 명제에 크게 의존하지 않게 된다.

무역과 상업, 그리고 산업

루터는 생필품 교환을 위한 상업은 합법적이지만 국제 무역의 목적은 과시이며 그러한 무역은 유용한 목적이 없고 나아가 사람과 땅의 돈을 빼앗아 간다고 생각했다. 나아가악 무역업에 빠지게 하는 탐욕에서 벗어날 수 있기를 바라며 상인들의 남용과 죄를 정의하려고 시도했다.

> 구매와 판매가 필요하다는 것은 부정할 수 없습니다. 특히 그 거래가 필요하고 명예로운 목적에 부합할 때, 그것은 생략될 수 없으며 기독교적인 방식으로 실천될 수 있습니다. 족장들도 지혜롭게 소, 양모, 곡물, 버터, 우유 및 기타 물품을 사고 팔았기 때문입니다. 이것들은 하나님께서 땅에 내려 주셔서 사람들에게 나누어 주신 선물입니다. 그러나 인도 캘커타 등지에서 값비싼 비단, 금세공품, 향신료 등 쓸모가 없는 사치품만 가져오고 땅과 백성의 재산을 빼앗아 가는 외국 무역은, 우리에게 정부와 왕자가 있다면 허용해서는 안 될 무역입니다.
>
> (무역과 고리대금에 대하여 On Trading and Usury, 1524)

루터는 상인이 가능한 한 높은 가격에 상품을 판매할 수 있는데 이러한 행위는 온갖 탐욕의 문을 열어준다고 주장한다. 상품을 가능한 한 가장 높은 가격에 판매하는 것은 이웃을 고려하지 않는 것이며, 구매자가 상품에 대해 더 절실할수록 그 상품에 대해 더 높은 가격을 요구할 수 있다. 루터는 무역과 상업은 다른 사람의 필요를 이용함으로써 도둑질하는 것이라고 주장한다.

> 상인들은 그들의 주요 격언이자 모든 날카로운 관행의 기초가 되는 하나의 공통된 규칙을 가지고 있습니다. 그들은 말합니다: 나는 내 물건을 최대한 비싸게 팔 수 있다. 그들은 이것이 그들의 권리라고 생각합니다. 그것은 탐욕에 자리를 내주고 모든 문과 창문을 지옥으로 여는 것입니다. 무슨 뜻일까요? "내 이익이 있고 내 탐욕을 채우는 한, 내 이웃을 돌보지 않고 내 이웃에게 한꺼번에 열 번의 상처를 입힌다면 그것이 무슨 상관이겠습니까?" 이 격언이 기독교적 사랑뿐만 아니라 자연법에도 얼마나 뻔뻔스럽게 정면으로 어긋나는지 알 수 있습니다. 이제 무역에 무슨 이득이 있을까요? 그러한 불의가 전체 사업의 주요 격언이자 규칙인데 어떻게 죄가 없을 수 있습니까? 이를 바탕으로 한 무역은 다른 사람의 재산을 강탈하고 훔치는 것에 지나지 않을 수 있습니다.
>
> 도적의 눈과 탐욕스러운 배를 가진 상인은 사람들이 자신의 상품을 꼭 필요로 하거나 구매자가 가난하여 상품이 필요하다는 것을 발견하면 그를 이용하고 가격을 올립니다. 그는 물건의 가치나 자신이 수고와 위험을 무릅쓰고 얻은 것이 아니라 상대방의 필요만을 생각하며, 그것을 덜어주기 위해서가 아니라 자신의 이익을 위해 그것을 사용하여 이웃의 필요가 없었더라면 올리지 않았을 물건의 가격을 올립니다. 그러므로 그의 탐욕 때문에 상품에는 이웃의 필요에 비례하는 가격이 있어야 하고, 이웃의 필요는 자신의 상품과 마찬가지로 가치가 있어야 합니다. 기도하십시오, 그것은 비기독교적이고 비인간적인 행동이 아닙니까? 가난한 사람을 파는 것은 자신의 가난을 파는 것이 아닙니까? 그의 궁핍 때문에 그의 물건을 더 귀하게 사야 한다면, 그것은 마치 자신의 궁핍을 사야 하는 것과 같으니, 팔리는 것은 있는 그대로 물건이 아니라, 물건에다 그가 그것을 가져야 한다는 사실을 더한 것이기 때문이다.
>
> (무역과 고리대금에 대하여 On Trading and Usury, 1524)

루터는 무역과 상업에 대해 기본적으로 죄악이라고 비판하지만 이윤 획득 자체를 부정하지는 않는다. 상황에 따라 이윤이 정당할 수 있다고 주장한다.

> 그러면 내가 얼마나 팔 수 있느냐고 묻습니다. 이웃에게 지나치게 많이 받거나 바가지요금을 받지 않도록 공정하고 옳은 것을 어떻게 해야 합니까? 저는 대답합니다: 그것은 참으로 글이나 말로 다스릴 수 없는 일이며, 누구도 모든 종류의 상품의 가격을 정하려고 시도한 적이 없습니다. 그 이유는 상품이 모두 똑같지 않기 때문입니다. 한 종류는 다른 종류보다 더 먼 거리에서 왔고 한 종류는 다른 종류보다 더 비쌉니다. 그러므로 이 점에서 모든 것이 불확실하고, 또 불확실해야 하며, 모든 상품을 가져올 장소로 특정 도시를 정하거나 상품에 대한 확실한 원가를 정할 수 있는 것 이상으로 고정된 규칙을 만들 수 없습니다. 왜냐하면 같은 도시에서 같은 길로 가져온 같은 상품이 어느 해에는 다른 해보다 훨씬 더 비쌀 수 있기 때문인데, 아마도 날씨나 도로가 나쁘거나 다른 일이 발생하여 한 번에 비용이 다른 때보다 높아지는 경우가 발생할 수 있기 때문입니다. 이제 상인이 상품에 대한 원가를 지불하고 자신의 수고와 노동력, 위험에 대한 보상을 받을 만큼의 이익을 취하는 것은 공정하고 옳은 일입니다. 농부의 머슴이라도 먹을 것이 있어야 하고 노동력을 고용해야 하는데, 누가 공짜로 봉사하거나 노동할 수 있겠습니까? 복음은 "일꾼은 그 품삯을 받기에 합당하다"고 말합니다.
>
> (무역과 고리대금에 대하여 On Trading and Usury, 1524)

무역과 상업은 상황에 따라 이윤이 정당화될 수 있다. 또한 어느 정도의 이윤이 적당한 지도 상황에 따라 다르다. 루터는 세속 정부의 역할 중 하나는 시장을 감독하고 필요할 때 가격을 조정하여 경제에서 정의와 공평이 지배할 수 있도록 하는 것이라고 주장한다.

현세 당국이 이 문제에 대해 현명하고 정직한 사람들을 임명하여 모든 종류의 상품의 가격을 평가하고 그에 따라 상인이 정당한 가격을 받고 정직한 생활을 할 수 있는 외부 가격을 고정하는 것이 가장 좋고 안전한 방법이 될 것입니다. 특정 장소에서 와인, 생선, 빵 등의 가격을 고정하는 것과 마찬가지로. 하지만 우리 독일인들은 술과 춤으로 너무 바빠서 그런 규제를 용납할 수 없습니다. 그렇다면 우리는 그러한 법을 기대할 수 없기 때문에 차선책은 그들이 공동 시장에서 가져오거나 이웃에서 관습적인 가격으로 상품을 보유하는 것입니다.

(무역과 고리대금에 대하여 On Trading and Usury, 1524)

루터는 상인들이 구매자를 희생시키면서 자신의 지위를 높이려는 몇 가지 관행에 주목한다. 루터는 현금으로 결제할 수 있는 고객과 외상으로 결제하는 고객에게 차별적인 가격을 부과하는 관행에 대해 비판한다. 여기서 상인은 외상으로 결제하는 고객에게는 더 높은 가격을 부과하는 경향이 있다. 이것은 외상으로 구매할 수밖에 없는 사람을 상인이 착취하는 것이다. 또한 독점업자, 특히 가격을 통제하기 위해 상품 공급량을 모두 사들이려는 사람들과 시장을 통제하기 위해 함께 뭉친 상인들을 비판한다.

첫째, 현금으로 팔 때보다 더 높은 가격에 외상으로 물건을 파는 것에 대해 양심의 가책을 느끼지 않는 사람들이 있습니다. 아니, 현금으로 물건을 팔지 않고 모든 것을 외상으로 팔아서 큰 이익을 얻으려는 사람들이 있습니다. 하나님의 말씀과 이성과 모든 공평에 명백히 어기고 순전히 무자비함과 탐욕에서 비롯된 이러한 거래 방식은 이웃의 손실을 고려하지 않고 그에게 속한 것을 빼앗고 도둑질하는 죄이며, 정직한 생활을 추구하는 것이 아니라 탐욕스러운 이득만을 추구하기 때문에 이웃에 대한 죄라는 것을 관찰하십시오. 신의 법에 따르면, 상품을 현금보다 외상으로 더 높은 가격에 판매해서는 안 됩니다.

다시 말하지만, 어떤 사람들은 일반 시장이나 무역에서 관례적인 가격보다 더 높은 가격으로 상품을 판매하고, 그 나라에 더 이상 그 상품이 없거나 곧 공급이 중단될 것이기 때문에 사람들이 그것을 가져야 한다는 것을 알고 있어서 다른 이유 없이 상품 가격을 올립니다. 그것은 이웃의 필요를 구제하는 것이 아니라 이웃의 손실을 이용해 부자가 되려는 탐욕의 눈이며, 매우 불량한 탐욕의 눈입니다. 그런 사람들은 모두 명백한 도둑, 강도, 약탈자입니다.

다시 말하지만, 어떤 나라나 도시에서 특정 상품이나 상품의 공급량을 모두 사들여 자신의 힘으로만 그 상품을 소유한 다음, 가격을 고정하고 올려서 자신이 원하거나 할 수 있는 만큼 비싸게 팔 수 있는 사람들도 있습니다. 이제 나는 위에서 사람이 자신의 물건을 마음대로 팔 수 있다는 규칙이 거짓되고 비기독교적이라고 말했습니다. 그 목적을 위해 상품 전체를 사들이는 것은 훨씬 더 가증스러운 일입니다.

황실과 현세의 법에서도 이를 금지하고 '독점', 즉 사리사욕을 위한 구매라고 부르는데, 이는 도시나 나라에서 용납할 수 없는 일이며, 왕자와 군주가 이를 저지하고 처벌할 것입니다. 이런 행위를 하는 상인들은 마치 하나님의 피조물과 하나님의 재물이 자신만을 위해 만들어져 자신에게만 주어진 것처럼, 다른 사람에게서 빼앗아 마음대로 가격을 책정할 수 있는 것처럼 행동합니다.

(무역과 고리대금에 대하여 On Trading and Usury, 1524)

루터는 이러한 모든 행위를 타인을 희생시키면서 자신의 삶을 개선하려는 시도로 간주했다. 다만 루터는 이러한 시장 관행을 없애야 한다고 주장하지 않았다. 그는 기독교인이 이러한 관행에 참여하지 않도록 권고하였고, 이러한 시장 관행 속에서 구매자의 이익을 보호하기 위해 정부의 개입을 주장하였다.

칼뱅은 무역과 상업의 유용성을 언급하였고, 무역에 종사하는 사람들이 위험을 감수하면서 사회에 서비스를 제공한다고 주장했다. 칼뱅은 제네바에서 사회 복지 시스템을 조직했고, 병자, 과부, 고아, 가난한 사람들을 위한 공공 주택을 설립하는 데 이바지했다. 그는 도시가 가난하고 병든 사람들을 돌볼 수 있는 의사를 제공해야 한다고 주장했다. 여기서 칼뱅의 신학을 기반으로 한 복지 국가 유형을 확인할 수 있다. 칼뱅은 선량한 도덕에 반하는 사업은 받아들일 수 없었지만, 농경 생활로 돌아가는 것을 그리워하지 않았고, 산업 생산에 대한 높은 보상이 근면과 산업의 정당한 보상이라고 생각했다. 실제로 칼뱅은 제네바의 빈곤을 막기 위해, 경제적으로 침체한 시기에 가내 수공업 사업을 도시에 도입하는 데 이바지하였다(Eaton, 2016).

Chapter

13

칼뱅의 경제사상

- 사회적 약자에 대한 배려
- 이자와 고리대금
- 성서 해석과 스콜라주의, 그리고 제네바
- 인간 연대의 정신과 제네바 정책

가난한 자를 위한 경제:
성서와 경제사상

Chapter

13

칼뱅의 경제사상

칼뱅은 일반적으로 예정론을 주장하고 스위스 제네바에서 성서적 신정주의를 확립하려 했던 강경한 종교개혁가로 분류된다. 이자 문제에 대해 기존 기독교 전통보다 긍정적으로 바라보았고, 16세기 제네바에서 고리대금업 금지를 종식했다. 이러한 칼뱅의 입장으로 인해 자본주의 금융의 병폐를 인정한다는 비난도 받고 있다. 하지만 기본적으로 종교개혁가로서 사회적 약자를 배려하는 태도를 보인다.

사회적 약자에 대한 배려

칼뱅이 활동하던 당시 제네바는 상업, 무역, 제조업에 의존하는 도시였다. 당시 무역이 감소하자 공예 길드의 장인들이 경쟁을 제한하고 자신의 지위를 유지하기 위해 새로운 장인의 등장을 막으면서 노동자 계급이 등장했다. 이 새로운 노동자 계급은 물가가 증가함에 따라 임금의 구매력이 3분의 2로 감소하는 상황에 부닥쳤다. 정부는 물가 상승을 막기 위해 임금을 제한했고, 고용주가 노동자보다 우위를 점하면서 임금이 기아 수준으로 유지되었다.

제네바 주변 지역에서 수천 명의 난민이 도착하면서 이미 제한적인 재화, 서비스, 고용에 더 큰 부담을 안겨주었다. 인구의 급증으로 인한 경제적 어려움은 급격히 증가했고 이에 대한 대책이 필요했다. 칼뱅이 제네바에 도착하기 몇 년 전부터 빈민의 수는 기하급수적으로 증가했고, 부유층과 빈곤층 사이의 격차가 커지면서 고리대금업과 사채업이 성행했고, 가난한 사람들을 위한 주택과 사회 서비스 제공이 필요해졌다. 칼뱅은 자신의 활동에서 가난한 사람의 상황에 중점을 두었다. 칼뱅에 따르면 부유하고 여유가 있는 사람은 자신에게 맡겨진 재물을 이용하여 도움이 필요한 사람들을 지원하는 청지기가 되어야 할 의무를 지닌다. 신명기 16장 11절에 대한 설교에서 그는 부를 가진 사람들에게 부과된 책임을 지적한다.

> 이로써 우리는 우리 각자가 하나님이 자신에게 맡기신 선한 일을 행하도록 우리 자신을 가까이 보라는 경고를 받습니다. 여기에는 옥수수, 포도주 및 다른 것들에 대해서만 언급되어 있습니다. 그런 다음 하나님이 사람을 풍요롭게 하셨다면 그는 하나님의 축복을 가까이 두어 억누르지 않는 것을 보아야 합니다. ... 모든 사람이 하나님의 손에서 풍성함을 받은 것 같이 이웃에게 나누어 주어야 한다고 여기 선언되어 있으니, 이는 하나님이 그 가운데 계신 목적이 이것이기 때문입니다. ... 각 사람은 이웃을 구제할 능력과 기술이 있는 것처럼 자신을 내어주고 자신을 내놓아야 합니다. 그렇지 않으면 하나님께서는 우리에게 어떤 목적으로 우리에게 의무를 부여했는지 보여주실 것입니다.
>
> (신명기 강해 Sermons on Deuteronomy)

칼뱅은 가난한 사람들이 사랑과 자선뿐만 아니라 시민 당국이 제공하는 보호와 보호를 기대할 권리를 갖는다고 말했다. 가난한 사람들의 실제 상황을 개선하는 것이 칼뱅 사상의 주요 관심사였다. 칼뱅은 책임 있는 청지기로서 공동선을 증진하고 나누기 위해 사람들에게 부가 맡겨진 것이며, 부자들은 가난한 사람들이 생계를 유지하는 데 필요한 것을 나누어 줄 수 있도록 부를 부여받았다고 표현한다. 제네바에서 칼뱅의 가르침은 자본 축적을 촉구하기보다는 빈곤에 대한 공격이었다.

칼뱅은 난민과 이주민에게 공정한 임금과 취업 지원을 촉구했다. 가난한 난민으로 제네바에 도착한 많은 이주민이 제네바가 제공한 기회와 서비스 덕분에 자립적인 중산층으로 성장하여 경제적, 정치적 목소리를 낼 수 있었다. 나아가 다른 도시로 가는 도중 제네바를 통과하는 난민들도 공공 지원, 고용, 경제적 착취로부터 보호를 제공받을 수 있었다. 칼뱅은 합법적이든 불법적이든, 자국민이든 외국인이든 신분을 고려하지 않고 오직 인간의 필요에 관하여 관심을 가졌다. 종교개혁가의 눈에 난민과 이주민은 황금률의 교훈에 따라 가진 자들이 돌보아야 할 이웃이었다. 칼뱅은 이사야 58장 주석에서 이러한 주장을 펼친다.

> **7.** 주린 자에게 네 떡을 나누어 주는 것이 아니겠느냐? 그는 앞 구절에서 간략하게 설명했던 이웃 사랑의 의무를 계속해서 설명합니다. 이전에는 모든 불의한 행위를 삼가야 한다고 말했지만, 이제는 비참한 사람들과 우리의 도움이 필요한 사람들에게 친절을 베풀어야 한다는 것을 보여 주었기 때문입니다. 정직과 의로움은 두 가지로 나뉘는데, 첫째는 아무도 다치게 해서는 안 된다는 것이고, 둘째는 가난하고 궁핍한 사람들에게 우리의 부와 풍요를 베풀어야 한다는 것입니다. ... "굶주린 자에게 빵을 나누어 주라"고 명령함으로써 주님은 탐욕스러운 사람들이 자신의 것을 계속 소유할 권리가 있다고 주장하는 모든 변명을 없애고자 하셨습니다. "이것은 내 것이므로 나 자신을 위해 보관할 수 있습니다. 하나님께서 내게 주신 것을 왜 내가 공동의 소유로 삼아야 합니까?" 예수님은 "참으로 네 것이

지만, 네가 혼자 먹지 말고 배고프고 목마른 이들과 나누라는 조건이 있다"고 대답하십니다.

(이사야서 주석 Commentary on Isaiah 58)

칼뱅에게는 그 사람이 어디에서 왔든, 그 사람이 어디로 가고 있든, 그 사람이 움직이는 이유와 관계없이 도움을 거부해야 할 사람은 없다. 칼뱅은 가난한 난민들을 돕기 위해 제네바 시민들로부터 자금을 모았고, 그 난민들이 자립할 수 있게 되자 1500년대 중반에 유입된 외국인 난민들을 돕기 위해 설립된 특별 기금에 그들의 자금을 추가했다. 칼뱅의 가르침을 끊임없이 적용한 덕분에 제네바는 난민들을 환영하는 도시로 유럽 대륙에 알려졌다.

앞서 언급한, 제네바에서 벌어진 경제적 어려움은 사재기 현상을 일으켰다. 제네바 주민들은 쉽게 이윤을 남기려고 식료품을 사재기 했고, 그 결과 제네바 주민의 일부는 생필품을 구할 수 없게 되었다. 이에 정부가 개입하여 가격 상한선을 설정했다. 또한 상점 주인들이 저임금으로 노동자들을 착취하는 경향도 주의가 필요한 또 다른 문제였다. 칼뱅은 이러한 상인들의 행태에 관하여 사업을 가장한 도둑질이라고 비판하였다.

이자와 고리대금

부에 대한 칼뱅의 관점이 고리대금과 이자에 대한 그의 논의에 영향을 미쳤다. 칼뱅에 따르면 가난한 사람들에게 빌려주는 대출은 소비적 성격이 강하기에 이자를 받아서는 안 되며, 부자들은 빈곤층으로부터 이익을 취해서는 안 된다. 또한 채권자는 부유한 사람에게 모든 자금을 빌려주는 것이 아니라 최소한 일부는 남겨두어 가난한 사람에게 무이자 대출을 제공해야 한다. 정부는 고리대금을 막기 위해 신용과 이자를 감독하고 규제할 의무가 있다.

칼뱅이 전통적인 고리대금업 금지를 거부하고 사회에서 이자의 역할에 대해 재해석하며 제네바에서 그의 가르침을 적용한 사례를 살펴보면, 칼뱅이 이자의 수취를 조심스럽게 허용한 의도가 다른 사람을 희생시켜 개인의 발전을 도모하려는 것이 아니었음을 알 수 있다. 칼뱅은 개인이 이자를 활용하여 공동선을 증진하여 사회적 책임을 다하는 사회를 꿈꿨다.

당시 유럽에서는 시장 경제가 확장하고 있었고, 초기 형태의 자본가들이 봉건제의 쇠락과 함께 나타나기 시작하였는데, 1536년 칼뱅이 제네바에 처음 모습을 드러냈을 때 이미 자본가 계급은 등장하였다. 16세기에는 군주에게 이자를 받고 돈을 빌려주어서 자본을 활용하여 이익을 얻고, 장거리 무역과 산업에 투자하는 관행이 당시 상업 도시에는 널리 나타나고 있었다. 제네바는 무역과 산업이 성장하고 여러 무역로가 교차하는 전략적 위치 덕분에 상업 도시가 되었다.

칼뱅 시대에 고리대는 일반적인 이자를 말하는데, 칼뱅은 당시 상업 도시 제네바의 경제 상황을 고려하여, 이자와 고리대를 구분하였다. 칼뱅에게 이자는 채권자와 채무자에게 합법적이고 유익한 것이지만, 고리대는 중세에 금지한 악의적 관행이었다. 칼뱅은 이자를 허용하였지만, 고리대금에 대해서는 계속해서 비판하였다. 당시 제네바와 같은 상업 도시에서 이자 금지를 유지하는 것은 현실적으로 어려웠다. 따라서 칼뱅은 당시 경제 현실에 대한 이해를 바탕으로 고리대에 대한 교리를 정립하였다. 그는 고리대에 대한 재평가의 필요성을 인식했고 이자에 대한 실용적인 접근법을 모색했다. 따라서 칼뱅은 교회의 고리대금 금지를 거부했지만, 신학자로서 칼뱅은 이자 수취를 전적으로 승인하는 것까지 나아갈 수는 없었다. 칼뱅은 기존의 교회 전통에 기대지 않고 교회와 국가의 사회적 책임을 명확히 하려고 했다. 자신의 신학적 세계관과 성서 해석을 바탕으로 고리대를 분석했고, 문자적 율법 적용이 아니라 율법의 공정성 정신에 초점을 맞추었다.

칼뱅은 생산적 대출에 대한 이자 금지는 부당하다고 생각했다. 가난한 사람도 투자 자금이 필요한 사람에게 돈을 빌려줄 수 있기에 이자로부터 이익을 얻어야 한다고 주장했다. 성서의 전통은 가난한 사람을 배려하는 목적을 지니고 있다. 이자를 받는 것은 공동선을 위한 일이 될 수 있다는 것이다. 고리대금업을 죄악으로 정죄한 교회 전통과 달리 칼뱅은 이자를 사회 전체에 유익한 역할을 할 수 있다고 주장한다. 칼뱅은 이자에 대해 실용적으로 접근하여 소액의 이자를 합법화함으로써 합법적 상업의 영역을 확장했다. 칼뱅은 고리대금 금지를 완화하였는데 이는 당시 상업화 수준이 높은 사회에서 활동하였기 때문으로 추정할 수 있다.

칼뱅은 이자의 사회적 역할을 긍정적으로 보았지만, 남용의 가능성을 우려했고, 이자에 대한 제한 규정을 제시했다. 전문 대부업자의 거래와 가난한 사람에 대한 대출, 이 두 가지 유형의 거래는 항상 죄악으로 간주했다. 칼뱅은 돈을 빌려주는 일을 직업으로 인정하지 않았는데, 이자 수취를 직업으로 삼는 것은 다른 사람의 돈으로 생계를 유지하는 것이고 부정직한 일로 간주했다. 또한 가난한 사람에게 높은 이자를 요구하는 것은 이웃을 사랑하지 않는 행위이므로 죄악으로 간주했다.

칼뱅은 이자의 범위를 좁게 설정하여 고리대금업의 남용 가능성을 억제하고자 했다. 그는 가급적 낮은 이자율을 합법적 이자율로 유지하고자 했다. 또한 채권자는 대출을 통해 채무자보다 더 많은 이익을 취해서는 안 된다고 주장했다. 칼뱅은 고리대금 금지를 완화했지만, 고리대금 관행의 본질을 비판하는 태도를 견지했다. 그는 속임수없이 이자를 받는 선한 사람을 찾기 어렵다고 언급했다. 또한 시장 제도는 가난한 사람을 억압하고 개인의 이윤만을 추구하도록 한다고 비판했다.

칼뱅은 고리대금을 재해석하여 새로운 정의를 내린다. 그가 죄악으로 정의하는 고리대는 대출에 대한 이자를 의미하는 것이 아니라 이득을 취함으로써 다른 사람에게 피해를 주는 이자를 의미하고, 거래에서 사기나 기만행위와 같은 것이었다. 칼뱅의 가르침에 따라 당시 제네바를 비롯한 유럽 사회에서 고리대금업은 대출금에 대해 과도하거나 불법적인 이자율을 청구하는 행위로 이해되었다. 칼뱅은 밭을 빌려주고 소작료를 받는 행위와 돈을 빌려주고 이자를 받는 행위가 도덕적으로 같다고 주장한다. 화폐의 가치는 그로부터 파생하는 산업과 고용 활동에 기반한다고 보았다. 칼뱅은 고리대금 이론에서 상호 호혜 또는 상호 이익의 규칙이 핵심이 되어야 한다고 주장한다. 대출에 있어서 두 상대방이 서로에게 이익을 줄 수 있는 상황을 전제한다. 이를 통해 토지 임대를 통한 소득과 대출에서의 이자 사이의 경제적 유사성을 강조한다(Shockley, 2012).

성서 해석과 스콜라주의, 그리고 제네바

신학자 칼뱅은 고리대금에 관한 성서적 근거에 주목했다. 이자 문제에 대한 칼뱅의 주장은 면밀한 성서 주석을 바탕으로 구축되었다(Wykes, 2003). 칼뱅은 구약성서에서 고리대금 비판 전통이 나타난 역사적 상황과 16세기 제네바의 상황을 구분한다.

흔히 교회의 이자 금지 명령의 핵심 성서 구절로 신명기 23장 19절이 거론된다. 칼뱅은 신명기 구절의 문맥을 고려하여 이 구절이 이자의 전면적 금지를 명령하는 것이 아니라고 해석한다. 신명기 23장

20절에 따르면 유대인은 외국인에게 이자를 받을 수 있지만, 동료 유대인에게는 이자를 받지 못한다고 명시되어 있다. 칼뱅은 고리대금 금지가 보편적인 영적 법칙이라면 하나님께서 예외 없이 금지했을 것이라고 주장했다. 그는 구약성서가 특정한 시대와 상황에서 유대인에게만 적용되는 지역적인 율법을 선포한 것으로 생각했다. 칼뱅은 이방인이 유대인과의 거래에서 이자를 청구했기 때문에 공정한 거래를 위해서 유대인이 이방인에게 이자를 청구하는 것을 성서에서 허용했다고 생각했다.

칼뱅은 기독교 등장 이후 유대인과 이방인의 구분은 사라지고 모든 사람이 형제가 되었다고 생각했다. 신약성서의 가르침에 따라 이방인과 유대인의 구분이 사라졌기 때문에 이자를 금지하는 구약성서의 율법은 더 이상 효력을 갖지 못한다고 믿었다. 또한 칼뱅은 구약성서에서 가난한 사람들에 대한 이자는 금지되었지만, 부자들의 거래에서 이자를 금지하는 명령이 없다는 점에 주목했다. 이러한 이중 기준은 정의와 자선에 대한 모욕이라고 생각하여 그러한 구절들이 보편적인 금지를 명령할 수 없다고 결론지었다. 이에 따라 칼뱅은 구약성서의 이자 금지법을 16세기 제네바에서 문자 그대로 적용할 수 없다고 주장하였다. 유대인들이 경험한 역사적 상황과 당시 제네바 상황을 같은 상황으로 볼 수 없다는 것이다(Shockley, 2012). 칼뱅의 성서 해석은 신약성서에도 적용된다.

> **35** 오직 너희는 원수를 사랑하고 선대하며 아무 것도 바라지 말고 꾸어 주라 그리하면 너희 상이 클 것이요 또 지극히 높으신 이의 아들이 되리니 그는 은혜를 모르는 자와 악한 자에게도 인자하시니라
>
> (눅 6:35)

일반적으로 누가복음 6장 35절은 이자를 기대하는 채권자를 비판

하는 것으로 해석된다. 하지만 칼뱅은 예수의 이 말씀이 금융 거래에서 진정한 사랑을 요구하고 있다고 주장한다. 예수는 상환 능력이 없는 가난한 사람들에게 돈을 빌려줄 것을 촉구하고 부자에게만 돈을 빌려주는 관행에 도전한 것이다. 즉 가난한 자들에게 공평한 대출 관행을 촉구한 것이다. 칼뱅은 모든 이자 대출의 경우 공평의 기준에 따라 판단할 것을 권고하고, 자선과 사회 복지 정신을 핵심으로 제시한다(Wykes, 2003).

칼뱅은 성서를 해석할 때 단순히 문자 그대로의 내용이 아니라 성서의 의도를 밝히고자 하였다. 그는 성서는 합리적으로 해석되어야 한다고 생각했고, 따라서 율법은 공평하고 합리적인 범위를 넘어 의무를 부과하는 것으로 해석해서는 안 된다고 주장했다. 칼뱅은 성서에서 이자 수취를 전면적으로 금지하는 규정이 없는 상황에서 이자 수취 자체를 거부하는 것은 옳지 않다고 주장한다. 또한 이자 대출을 통해 채무자가 더 나은 상황이 될 수 있기에 이자로 인한 이익이 모두 부적절하다고 말할 수 없다고 주장한다.

스콜라사상의 고리대 금지 전통에 대해 칼뱅은 이의를 제기한다. 아퀴나스는 <신학대전>에서 이자를 받는 행위는 본질적으로 죄악이고 상업에 관여하면 고리대금업의 기회를 증가시킬 위험이 있다고 주장했다. 물론 교회도 이자를 받는 사업에 관여하였고 스콜라학자들은 고리대 금지에 있어서 많은 예외 사항을 언급했다. 칼뱅은 예외를 많이 언급하여 실질적으로 고리대금 관행을 허용하는 것은 수치스러운 일이라고 주장했다. 반대로 그는 이자를 허용하되 여러 제한을 통해 실질적으로 성서의 정신을 지키고자 했다. 칼뱅은 당시 사회의 급속한 상업화 수준을 언급하며 생산적 용도의 이자 대출을 허용할 필요가 있다고 주장한다.

칼뱅은 소비적 대출과 생산적 대출, 이렇게 두 종류의 대출을 구분했다. 소비를 위한 대출은 즉각적인 필요에 따라 촉발되며, 종종 가난 때문에 실질적인 필요를 충족하기 위해 이루어진다. 가난하고 기본적인 생존 수단이 절실한 사람에게 소비 대출이 필요하므로 칼뱅은 이러한 대출에 이자를 부과하지 않아야 한다고 믿었다. 소비 대출에 대해서 칼뱅은 이자 금지라는 스콜라주의와 교회의 전통을 따른다. 생산적 대출은 투자라는 명시적인 목적을 가지고 돈을 빌려서 사용하는 대출이다. 칼뱅은 이러한 생산 대출은 공정하게 거래가 이루어지는 한 이자를 요구하는 행위가 적절하다고 생각했다. 스콜라학파는 이러한 유형의 대출도 고리대금 금지 대상에 포함하였다. 칼뱅의 고리대금에 대한 평가는 그가 이미 상업이 지배적인 요소였던 사회에서 활동하며 영향을 받았음을 드러낸다. 그는 소비적 대출과 생산적 대출을 구분하여 이자 수취의 적절성을 주장함으로써 스콜라주의와 분명하게 결별하였다.

제네바에서 칼뱅의 가르침을 적용한 사례를 보면 이자 문제에 대한 칼뱅의 의도를 명확히 파악할 수 있다. 1500년대 제네바는 금융 중심지로 발돋움하는 중이었는데, 프랑스 국왕과 신성로마제국 황제 사이의 갈등에 직접적 영향을 받았다. 이러한 갈등의 대부분은 개신교 성장에 따른 사회 혁명을 억제하려는 가톨릭교회와 무역의 전략적 요충지인 제네바를 통제하려는 세속 권력이 충돌한 결과이다. 이러한 상황에서 종교 운동으로 시작한 종교개혁은 정치적, 경제적, 사회적 변화를 추구하는 개혁 운동으로 전개되었다. 칼뱅은 시의회의 초청으로 제네바에서 종교개혁 조직을 구축하는 데 중심적인 인물이었으며, 그의 신학은 끊임없이 변화하는 상황에서 실용적인 접근을 취하였다. 비록 그가 공직을 맡지는 않았지만, 제네바에 있는 동안 세워진 법률에는 그의 흔적이 남아있고 그의 영향력이 기록되어 있다.

당시 제네바는 종교적 박해를 피해 프랑스에서 개신교를 믿는 이민자들이 대거 유입되었다. 인구가 75% 증가하였고, 이러한 급격한 증가는 자금의 부족으로 이어져 돈을 가진 사람들은 높은 이자율로 대출을 확장하려는 유혹을 받을 수밖에 없었다. 1387년 이후 제네바에서는 5%의 이자율이 합법화되었지만, 칼뱅이 도착할 무렵 이 제한은 무시되기 시작했다. 칼뱅은 이자율 제한을 무시한 사람들의 대출 관행으로 많은 사람이 경제적으로 억압받는 상황을 목격했다. 당시 제네바는 주택 부족, 자금 부족, 엄청난 부채 수준과 인플레이션, 큰 빈부격차를 경험하고 있었다. 칼뱅은 특히 가난한 난민들의 생존을 위협하는 착취 현상에 관심을 가졌고, 도움이 필요한 사람들에게 물질적 수단과 취업 기회를 제공해야 한다고 주장했다.

칼뱅은 제네바에서 산업과 상업의 남용 가능성과 함께 잠재력 또한 인식했다. 그는 제조업 발전을 위한 공공 자금 지원과 기업을 돕기 위한 공공 은행 설립을 권고했다. 물론 제네바 은행들은 정직한 업무 수행을 요구받았고, 대출자들은 법정 이자율 한도를 준수해야 했다. 칼뱅은 이자율이 높아지면 더 많은 자금이 합법적으로 풀려서 산업에 도움이 될 것을 기대하고 1543년 법정 이자율 한도를 6.67%로 인상한 주 정부 결정에 동의했다.

인간 연대의 정신과 제네바 정책

칼뱅은 각 사람이 자신의 소명에 따라 이웃과 인류의 연대를 위해 이바지해야 한다고 생각했다. 이에 따라 사람들에게 사회에서의 유용성을 기준으로 직업을 선택하도록 권고했다. 도시의 상업적 성공은 부유한 사람들이 이익을 기대하지 않고 가난한 사람을 도울 수 있다는 것을 의미했다. 자선 기부를 적극 권장하고 도움이 필요한 사람에게 즉각적인 도움이 제공되어야 한다고 주장했다. 칼뱅의 고리대에 대한 견해는 사회가 공평하고 공정해야 한다는 소망을 반영한 것이다.

칼뱅의 신학은 모든 인간이 하나님께서 제공하신 재화를 공유해야 한다는 믿음인 인간 연대 인식에 기초한다. 제네바는 당시 유럽 사회에서 피난처와 돌봄의 장소였다. 칼뱅의 지도하에 제네바는 난민을 포함한 주민들을 돌보기 위한 정책이 시행되었고, 공공은행과 공적 자금이 집행되었다. 병원이 설립되어 차별 없이 의료 서비스가 제공되고 식량과 주택 또한 제공되었다. 빵, 고기, 포도주에 대한 가격 통제를 시행하여 가격 폭리를 방지하였다. 칼뱅은 정당한 임금을 주장했고, 그의 영향으로 일일 노동시간이 정해졌다. 이러한 산업 규제는 노동자의 요구에 관심을 기울였다는 점에서 당시로서는 시대를 앞선 것이었다. 제네바의 첨단 기술인 인쇄업이 임금과 노동시간 문제에 관한 단체 교섭을 통해 관리된 것은 대표적인 사례이다.

칼뱅은 또한 교육이 지속적인 경제 성장의 기본이라고 믿으며 특히 가난한 사람들을 위한 교육을 강조했다. 남녀 모두에게 무료 교육이 제공되었고 제네바 최초의 대학이 설립되었으며 실직자들에게 재교육을 제공하여 취업에 도움을 주었다. 주민 생활에서의 안전을 위한 규정도 시행되었다. 교회 지도자들에게 시에서 시행하는 복지 시스템의 빈 곳을 채우도록 하였다. 제네바는 칼뱅의 지도하에 하층 계층을 위한 물적 서비스와 교육과 취업 기회 제공 등, 사회 안전망 구축 등이 이루어졌다.

칼뱅은 시 정부와 협력하여 가격 상한선을 제정하고, 지역 은행에 자금을 지원하고, 이자율 제한을 시행하고, 고리대금업을 포함한 억압적인 관행에 관여한 사람들을 처벌했다. 이탈리아에서 난민으로 온 은행가와 금융가들로 인해 고리대금이 도시의 심각한 문제가 되자 이와 관련한 엄격한 규제를 시행했다. 투기, 법정 한도를 초과하는 고리대금, 사재기는 모두 부당한 이익으로 간주하였다. 프랑스인 이민 증가와 흉작으로 인해 제네바에서 고리대금과 기만적인 사업 관행은 당시 세 배나 증가하였다. 1557년 평균 대출 이자율은 법정 한도의 3배에 달하는 14.5%였다. 칼뱅은 시장을 엄격하게 규제하지 않으면 계속해서 이러한 경제력의 남용이 발생할 것으로 생각했다. 따라서 그는 제네바의 통치 기구를 강화하여 경제 행위를 적극적으로 감시하는 데 주력했다. 칼뱅은 고리대금업을 사회 공동체에 해로운 비사회적이고 일탈적인 행동으로 간주하고 인간 연대에 필수적인 공동체 정신 함양을 위해 불공평한 상업 활동은 규제받아야 한다고 생각했다. 칼뱅은 국가와 교회가 분리되어야 한다고 생각했기에 시 정부를 직접 통치하지는 않았지만, 사회 및 경제 정책을 입법하고 집행하는 데 긴밀히 관여했다.

고리대와 같은 경제 문제에 대한 칼뱅의 주장에서 공동선, 공평, 공정, 형제애 등은 핵심적인 가치이다. 고리대 금지를 완화한 것은 이러한 의도가 배후에 있었다. 칼뱅은 시장 시스템이 공동체 전체의 선을 증진하는 역할을 해야 한다고 생각했다. 칼뱅은 인간이 공동체를 위해 창조되었기에 공동선을 증진하는 일을 해야 할 책임이 있다고 믿었다. 개인의 소명과 직업은 공동선의 증진을 위한 것이다. 자기 이득을 추구하는 행동과 부의 축적은 공동선에 반하는 것으로 배격하였다. 칼뱅은 모든 인간이 하나님과 서로에게 의존하는 존재이므로 경제적 교환은 하나님이 주신 부를 공평하게 분배하는 데 활용되어야 한다고 생각했다. 고리대금업은 이 틀에 맞춰야 했고, 사회에서 기독교적 인격을 형성하는 데 이바지할 수 있는 한도 내에서만 허용되었다. 칼뱅의 신학에서 고리대금업은 하나님의 영광과 공동선을 방식으로 사용될 때만 허용되었다.

·참·고·문·헌·

<성서>(개역개정판), 대한성서공회

Anderson, J. E., 2005, A Biblical and Economic Analysis of Jubilee Property Provisions, *Faith & Economics* 46, 25–41.

Beed, C., 2005, Jesus and Competition, *Faith & Economics* 45, 41–57.

Brue, S. L. and Grant, R. R., 2012, Economic Thought from Biblical Times to the Protestant Reformation, in Brue, S. L. and Grant, R. R., *The Evolution of Economic Thought*, South–Western.

Chaplygina, I. and Lapidus, A., 2016, Economic thought in scholasticism, in Faccarello, G. and Kurz, H. D.(eds.), *Handbook on the History of Economic Analysis Volume II: Schools of Thought in Economics*, Edward Elgar.

Chmielewska, L., 2017, The economic ethics of Calvinism: The reconciliation of piety and wealth, *Annales: Ethics in Economic Life* 20(7), 77–89.

Eaton, D. H., 2013, The Economists of the Reformation: An Overview of Reformation Teaching Concerning Work, Wealth, and Interest, *Sage Open* 3(3). 1–9.

Fiensy, D. A. & Hawkins, R. K.(eds), 2013, *The Galilean Economy in the Times of Jesus*, Society of Biblical Literature.

Geisst, C. R., 2013, *Beggar Thy Neighbor: A History of Usury and Debt*, University of Pennsylvania Press.

Hirschfeld, Mary L., 2018, *Aquinas and the Market: Toward A Humane Economy*, Harvard University Press.

Langholm, O 2014, Chapter 3 Voluntary Exchange and Coercion in Scholastic Economics, in Oslington, P.(ed.), 2014, *The Oxford Handbook of Christianity and Economics*, Oxford University Press.

LeFebvre, M. L., 2015, Theology And Economics in The Biblical Year Of Jubilee, *Reformed Presbyterian Theological Journal* 1(2), 13-32.

Lunn, J., 2002, On Riches in the Bible and the West Today, *Faith & Economics* 39, 14-22.

Munro, John H. A., 2011, Usury, Calvinism and Credit in Protestant England: from the Sixteenth Century to the Industrial *Revolution, in Religione e istituzioni religiose nell'economia europea* (1000-1800), 155-184.

Oakman, D. E., 2015, *Jesus, Debt, and the Lord's Prayer: First-Century Debt and Jesus' Intentions*, James Clarke & Co.

Oslington, P.(ed.), 2014, *The Oxford Handbook of Christianity and Economics*, Oxford University Press.

Schaefer, K. C. and E. S. Noell, 2005, Contract Theory, Distributive Justice, and the Hebrew Sabbatical, *Faith & Economics* 45, 1-19.

Shockley, M., 2012, Some history of economic thought on usury : Aristotle, Aquinas, and Calvin, *Lucerna* 7(1), 31-38.

Singleton, J. D., 2011, "Money Is a Sterile Thing": Martin Luther on the Immorality of Usury Reconsidered, *History of Political Economy* 43(4), 683-698.

Stander, H. 2014, Chapter 2 Economics in the Church Fathers, in Oslington, P.(ed.), 2014, *The Oxford Handbook of Christianity and Economics*, Oxford University Press.

Wilson, R., 1997, *Economics, Ethics and Religion: Jewish, Christian and Muslim Economic Thought*, London: Palgrave Macmillan.

Wright, W., 2019, "Ye Cannot Serve God and Mammon": An Institutional Interpretation of the Gospels, *Faith & Economics* 74, 5-18.

Wykes, M. 2003, Devaluing the Scholastics: *Calvin's Ethics of Usury, Calvin Theological Journal* 38(1), 27-51.

ㅣ가난한 자를 위한 경제ㅣ
성서와 경제사상

2025년 8월 15일 발행

저　　자 ㅣ 이상훈

발 행 처 ㅣ 한남대학교 출판부(탈메이지교양·융합대학/글누리)
34430 대전광역시 대덕구 한남로 70(오정동)
Tel (042) 629-7722

인 쇄 처 ㅣ 바름
Tel (042) 628-2412

ISBN 978-89-7066-432-3 03210
< 정가 27,000원 >